JN205734

ゆるい場を つくる人々

サードプレイスを生み出す17のストーリー

石山恒貴 編著

秋田志保　大川朝子　小山田理佐　片岡亜紀子

北川佳寿美　近藤英明　佐々木梨華　佐藤雄一郎　谷口ちさ

平田朗子　本多陽子　宮下容子　森隆広　八代茂裕　渡辺萌絵　著

学芸出版社

ゆるい場としてのサードプレイス

1 ゆるさとは何か、なぜゆるい場が生まれるのか

　米国の社会学者であるレイ・オルデンバーグが第1の場所である家庭でも
なく、第2の場所である職場でもない、とびきり居心地の良い第3の場所、サード
プレイスを提唱したのは1980年代でした [1]。それから40年ほどが経過
しようとしています。そして今、日本ではゆるい場としてのサードプレイス
が全国各地に次々と誕生しています。時代は移り変わりましたが、サードプ
レイスの価値はむしろ高まっているのです。

筆者は大学院の6名のゼミの院生とともに、サードプレイスに関する研究成
果を『地域とゆるくつながろう』という書籍 [2] にまとめました。この書籍
は様々な大学の授業で使われたり、韓国で翻訳されたりするなど、想像以上
の反響を呼びました。その反響の理由は、やはり日本におけるサードプレイ
スへの注目に他ならないでしょう。

サードプレイスにおける「ゆるさ」

　では、今なぜサードプレイスが注目されるのでしょうか。サードプレイスに
ついて述べた書籍で特に注目された観点は2つあります。第1は「ゆるさ」。
第2は「小さな物語」です。まず、ゆるさについては、次ページの図をご覧

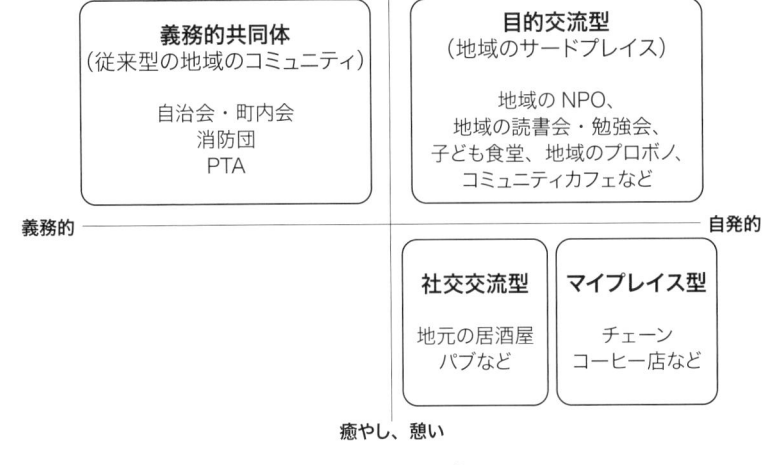

図1　従来型の地域コミュニティとサードプレイスの比較
出所) 石山恒貴編著 (2019) 『地域とゆるくつながろう−サードプレイスと関係人口の時代』静岡新聞社、p.12、
図1を一部改変

ください。

　図1は従来型の地域コミュニティとサードプレイスを比較したものです。ここでは、従来型の地域コミュニティの代表例として自治会、町内会、消防団、PTAを例示しています。従来型の地域コミュニティの特徴は、なんといっても参加が義務的であることです。もちろん、建前上はこれらの地域コミュニティへの参加は自発性に基づくものとされています。しかし実際のところ、それは「強制された自発性」[3] に近いものではないでしょうか。そのコミュニティに属している場合、そこに参加しないでいることには、相当な勇気が必要になります。もし参加しなければ、「あの人はこの地域（組織）に貢献しない人だ」と陰口を叩かれることを覚悟しなければなりません。

　しかしそうなってしまうことには理由があります。その理由とは、従来型の地域コミュニティが、地域において欠くべからず機能の維持に関する役割を担ってきたということにあります。しかも自然災害の危険性が改めて認識

されている昨今、防災という観点からも地域の機能維持の必要性はさらに高まっているといえるでしょう。地域の機能を担う役割がそのコミュニティにある以上、そこに参加しない人はフリーライダー（ただ乗り）とみなされてしまうわけです。

このように従来型の地域コミュニティへの参加が義務的（強制された自発性)であることは、もっともなことではあります。しかし従来型の地域コミュニティに負の側面があることも一面の真実でしょう。義務的であるという特徴は、そこから逃れることが難しいということを意味しています。そのため、従来型の地域コミュニティの人間関係は濃密であり、また上下関係を反映しやすくなります。さらに性別役割分業観が強い日本においては、男性が地域の有力者として幅を利かせる確率が高くなりがちです。こうした特徴に嫌気がさす人も多いことは容易に想像でき、そのために近年では地域コミュニティの衰亡の危機が声高に叫ばれるのではないでしょうか。

他方、サードプレイスの特徴は「自発的」であることです。サードプレイスに参加することに強制という要素はありません。サードプレイスに参加する理由とは、本人がそれを楽しいと思うからこそです。楽しくなくなってしまえば、その人はサードプレイスに参加しなくなってしまいます。これこそ「強制されない自発性」なのです。本書では強制されない自発性を、ゆるさと呼びたいと思います。そしてサードプレイスとはゆるさを持つ場であり、本書ではゆるい場と位置づけたいと思います。

マイプレイス型、社交交流型、目的交流型

図1にあるとおり、ゆるい場としてのサードプレイスには3つの型があります[4]。第1の型は、マイプレイス型です。マイプレイス型では、個人が自分1人の時間を楽しみ、それによって癒しと憩いを得ます。典型例は、ドトールやスターバックスのようなコーヒーチェーンでしょう。ただ個人で癒しを得ることができればどのような場でもかまいません。近年では、車中泊やテレワークにも対応できる軽自動車に乗って1人で過ごす状況[5]もマイプ

レイス型に該当するとされています。

　社交交流型は、もともとオルデンバーグが想定していたサードプレイスです[6]。典型例は、日本でいえば地元の居酒屋です。オルデンバーグはフランスのカフェやイギリスのパブを例としてあげていました。近所にあるなじみの店で、思い立てばふらっと訪れることができます。そこには常連がいますが、それは近所の顔なじみ。何気ない会話で癒しを得る、人生の潤滑油のような場です。

　目的交流型は、オルデンバーグのサードプレイスの概念を拡張した新しい型の場。典型例としては地域のNPO、コワーキングスペース、シェア図書館、本屋、コミュニティカフェなどが該当します。その場にはなんらかの目的が存在するのですが、参加者の動機は自発的なものです。その動機はあくまで、強制されない自発性（ゆるさ）に該当します。何かの目的を達成するために辛いことに歯を食いしばって耐える場ではなく、あくまで参加者同士が交流して楽しむ場なのです。その楽しさがあるからこそ、目的交流型はサードプレイスの拡張版に位置づけられるのです。

サードプレイスにおける小さな物語

　目的交流型は目的がある場ではあるものの、参加していて楽しい。これこそが、サードプレイスにおける小さな物語が意味するところの真髄です。前述の『地域とゆるくつながろう』という書籍に関する反応の中で、「小さな物語」への反響には大きいものがありました。たとえば静岡県三島市の観光協会長である西原宏夫さんは、小さな物語の考え方に共感し、三島サードプレイス研究会を立ち上げたほどです[7]。

　従来の日本では「大きな物語」という考え方が支配的であったように思います[8]。大きな物語とは、多くの人々が同じ物語の重要性を信じ、その目的達成のためにみんなが同じように努力するような状況に該当します。みんなが自分の属する国、組織、地域のために自己犠牲を厭わずに尽くすわけです。その場合に重視されることは、大きな集団における「やるべきこと」です。

結果として個人の「やりたいこと」は重視されません。大きな集団のやるべきことを達成するために、個人のやりたいことは邪魔であり、わがままとみなされることになります。

　ところが小さな物語では、個人のやりたいことが起点になります。やりたいことはなんでもいいのです。個人が自分の興味・関心・強みに基づき、社会や地域で取り組んでみたい「何か」なのです。そして、それは楽しいことです。楽しいからこそ、個人はそれに取り組んでいくのです。そしてそのやりたいことに共感した他者が、その場に集まってくることになります。そしてその他者にもやりたいことはあります。そこでその他者のやりたいことも大切にして、対話しながら小さな物語について取り組んでいくことになります。このように小さな物語の特徴とは、各人が自分の楽しさを大切にしていることにあるのです。

「風立ちぬ」の時代から「映像研には手を出すな！」の時代に

　この大きな物語から小さな物語への変化は、スタジオジブリの長編アニメーション映画『風立ちぬ』から漫画・テレビアニメ『映像研には手を出すな！』への変化だと考えてみると、わかりやすいのではないでしょうか。『風立ちぬ』では飛行機に憧れる主人公が飛行機の設計家になることを志します。しかし時代背景から戦闘機の設計に従事することを余儀なくされ、ゼロ戦の設計に取り組むことになります。ゼロ戦の設計は、国としてなんとしても達成しなければならない重要な目的です。国家プロジェクトとして多くの人々と協働しながら、主人公はゼロ戦をつくり上げていくのです。

　このプロジェクトには多くの人が参加しており、ワイワイガヤガヤと楽しそうにゼロ戦を設計している場面もでてきます。しかし、その参加者はほとんどが男性。しかも必達しなければならない国家プロジェクトですから、楽しそうに見えても、その貢献が強制されているという側面もあるでしょう。つまり『風立ちぬ』とは、強制された自発性に基づく大きな物語を表す事例なのです。

　これに対し『映像研には手を出すな！』では、浅草、金森、水崎という 3 人の女子高生が、自分たちの力だけで映像研（映像研究同好会）を立ち上げます。それはアニメをつくることを夢とする 3 人が、すでに存在するアニ研（アニメ文化研究会）とは別に、学校に「映像系の部活」とごまかして立ち上げる同好会。そして 3 人のやりたいことは異なります。浅草がやりたいことは、空想世界をつくりだすアニメの設定。現実主義者の金森のやりたいことは、映像研のプロデューサー的役割。そして水崎のやりたいことは、アニメーターとして力を発揮することなのです。

　そもそもすでに学校にはアニ研があるのですから、映像研を新たにつくる必要はないわけです。映像研の立ち上げは、やるべきことではなくて、やりたいこと。しかも、3 人の個人的なやりたいことは別々。同時に 3 人はお互いのやりたいことを尊重しています。やりたいことが異なるからこそ、映像研としての活動は成立します。そして 3 人とも情熱を持って映像研に取り組み、心から楽しんでいます。まさに映像研は強制されない自発性に基づく小さな物語なのです。

集中から分散の時代へ

　本書でとりあげる 17 の事例で紹介する人々は、小さな物語を生きる人々です。出発点として、社会や地域への貢献を目的としていたわけではありません。ただ、自分のやりたいことを楽しみながら追求しただけなのです。しかしそのやりたいことは他者の共感を生み、ゆるい場として多くの人々が参加します。結果として、その小さな物語は社会や地域の貢献にもつながっていくのです。

　この大きな物語から小さな物語への変化は、集中から分散への変化と位置づけることもできるでしょう。日本では大都市圏への一極集中の弊害が認識され、地方創生への取り組みが進んできました。コロナ禍では、ますます一極集中に様々なリスクがあることが明らかになりました。

　集中から分散への変化は、大都市と地方という対比だけにとどまりませ

ん。複雑化する現代社会では、中央が全てを制御できるという世界観に、かなり無理があります。唯一の正解があるわけでなく、人の数だけやりたいこと、目指すことは異なることになります。そうであれば、中央が制御するという考え方を、草の根的な個人のやりたいことの創発が社会と地域にとって望ましいものだという考え方へと転換していく必要があるのではないでしょうか。こうした集中から分散へという考え方の転換が、小さな物語の背景には存在しているのです。

2　ゆるい場の特徴と条件

　ではこうしたゆるい場には、どのような特徴と条件が存在するのでしょうか。もともとオルデンバーグは、「中立の領域」「人を平等にする」「会話がおもな活動」「利用しやすさと便宜」「常連」「目立たない存在」「遊び心がある」「もう1つのわが家」という8つのサードプレイスの特徴をあげていました[9]。この8つの特徴は、近所のバーやカフェ（日本なら居酒屋）などの「たまり場」をイメージしたものです。常連たちがインフォーマルな会話を楽しみ、ゆったりと時間を費やす地域密着の小規模な店舗が典型例でした。これは、前述の社交交流型サードプレイスに当てはまります。

拡張されたサードプレイスとしてのゆるい場

　しかし、本書でとりあげるゆるい場はオルデンバーグの唱えたサードプレイスの特徴が拡張されています（図2）。

　オルデンバーグの提唱したサードプレイス（伝統的サードプレイス：社交交流型）は、左横方向へはマイプレイス型として、右上方向へは目的交流型として拡張されています。オルデンバーグは地域密着の小規模な飲食店をサードプレイスとして評価していたので、商業的なチェーン店には否定的でした。ただ商業的なチェーン店であっても、その場で個人がゆったりと過ごせるなら、そこにはマイプレイス型としての意義があるのではないでしょうか。

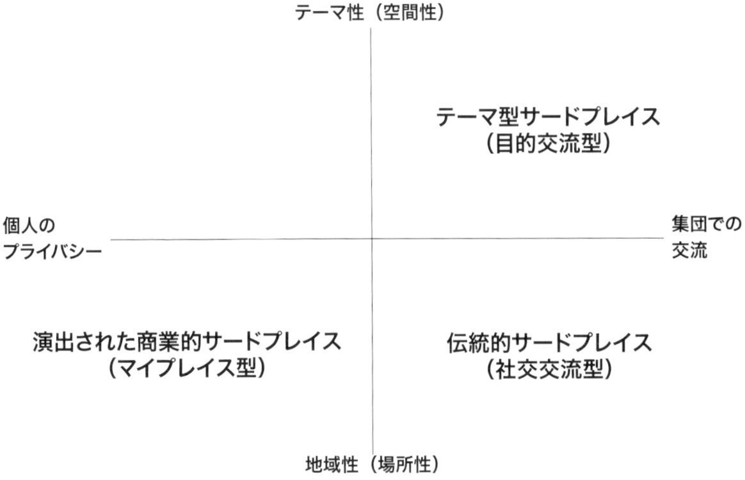

テーマ性（空間性）

テーマ型サードプレイス
（目的交流型）

個人の
プライバシー

集団での
交流

演出された商業的サードプレイス
（マイプレイス型）

伝統的サードプレイス
（社交交流型）

地域性（場所性）

図2　サードプレイスの拡張
出所) 石山恒貴。(2021)「サードプレイス概念の拡張の検討：サービス供給主体としてのサードプレイスの可能性
と課題」『日本労働研究雑誌』Vol. 63（7）、pp.4-17, p.11, 図1を抜粋

　注目すべきは、右上方向への目的交流型としての拡張です。目的交流型に
は、地域性にとらわれない「テーマ型」としての性質があります。なにか特
定のテーマに取り組むことがそのコミュニティの中核の意義であり、そのた
め地域を越えて個人と個人がつながり、多様な人々が集まるのです[10]。これ
は「場所」と「空間」の対比ともいえます。場所には愛着、安全性があります
す。空間には開放性、自由、脅威があります[11]。つまり、伝統的サードプレ
イス（社交交流型）には愛着、安全性という性質があり、地域性にとらわれ
ないテーマ型（目的交流型）には、開放性、自由、脅威という性質があるわ
けです。
　しかしコミュニティを考える時、場所と空間を二項対立と捉えるべきでは
ないということが指摘されています[12]。性質は異なるものの、場所と空間は
お互いを補いあうべきものだと捉えれば、それでいいわけです。そう考える
と、伝統的サードプレイス（社交交流型）に、空間の性質をくわえた場。そ

れがゆるい場ということになるでしょう。

「空間」としての４つの特徴

　では開放的で自由だとされる空間の性質がもたらす、場としての特徴とはどのようなものでしょうか。本書ではそれを「出入り自由」「常連がえらくない」「事務局が目立たない」「楽しいから参加する」の４点に定めたいと考えます。これはオルデンバーグの唱えた８つのサードプレイスの特徴と対立するものではなく、それを補うものです。つまり本書では、サードプレイスの特徴を12に拡張したことになります。

　「出入り自由」とは、個人がその場にとどまり続けること、またいったんその場から離れてしまうことなどが自由な選択であるということです。テーマ型（目的交流型）には、そのテーマに共感した人々が参加します。しかしその参加は、あくまで強制されない自発性。テーマが面白ければ参加し続ければいいし、面白くなくなったと感じれば、退出してもよい。そうした自由な選択肢があるからこそ、かえってその場は盛り上がっていくのです。

　「常連がえらくない」という特徴は、一見、オルデンバーグの常連という特徴と矛盾するように見えるかもしれません。しかしゆるい場に常連が存在することと、その人たちが「えらくない」ことは矛盾することではありません。なぜわざわざこの点を指摘するのかといえば、常連たち自身に威張るつもりはなくとも、自然とその場を仕切る言動をするようになる場合があるからなのです。

　実はこれはゆるい場にとっては難しい問題になります。常連たちが意識していないとしても、ゆるい場の中で常連が上、その他の人たちが下、というような上下関係が生まれてしまうことになりかねないのです。そうなってしまうと、新しく参加する人が少なくなってしまう、参加する人が常連ばかりで活動がマンネリ化してしまう、などの問題が発生してしまいます。

　本書の事例を先取りしますと、ゆるい場では集まる人々がなるべく階層化しないような工夫をしています。階層が存在しない場であるというビジョン

を明確にする、新規に参入する人が入りやすい工夫をしてメンバーが固定化しないようにする、多様な企画を実施することで一部の人だけが毎回参加する状況にならないようにする、など工夫は様々あります。こうした工夫については、ぜひ各事例をご参照ください。

　「事務局が目立たない」こともゆるい場の重要な特徴です。ゆるい場の事務局は、その創設者と一致することが多々あります。創設者は思いを持って、そのゆるい場をつくりあげたわけですから、自然に目立ってしまっても不思議ではありません。しかしなんの工夫もしないまま、ただ創設者が目立ってしまうと、それはゆるい場というより、その創設者を囲む会（あるいはファンクラブ）になってしまいます。そうなってしまうと、そのゆるい場には創設者の関係者しか集まらなくなってしまいます。それは結果的に、常連だらけになってしまうことも意味します。

　この点についても事例を先取りしますと、創設者、あるいは事務局は自らが目立たないような工夫をしています。創設者が新しい事務局に代替わりする、事務局を複数にしてチームにする、事務局だけが意思決定せずに他のメンバーも積極的に様々な意思決定に関与する、などの工夫です。

　最後の特徴は、「楽しいから参加する」。これはまさに小さな物語の考え方と一致する特徴です。ゆるい場に参加する人たちの自発性に、強制の要素は見当たりません。これは各人が、自分が楽しいと思うから参加しているためなのです。裏を返せば、楽しいと思えないのなら、その場への参加を取りやめればいいのです。この点は、第1の特徴の「出入り自由」につながることになります。

ゆるい場とは『ゆるキャン△型サードプレイス』

　この4つのゆるい場の特徴は、漫画・テレビアニメ『ゆるキャン△』に合致するものではないでしょうか。筆者はこの4つの特徴を持つゆるい場を「ゆるキャン△型サードプレイス」と呼んでいます。

　『ゆるキャン△』は、リン、なでしこ、千明、あおい、恵那の女子高生5人

がキャンプを楽しむ物語です。キャンプを楽しむために、なでしこ、千明、あおいの3人は、高校の部活動として野クル（野外活動サークル）を結成しています。しかし実際のキャンプには野クルの3人だけではなく、顧問の鳥羽先生をくわえ6人で行くことが多いのです。

それはなぜかといえば、千明ら3人は、リンと恵那の2人を無理に野クルに誘わないからです。リンは基本的にはソロキャンパーであり、1人でキャンプをすることを大切にしています。また恵那は元日でも初日の出を見ることに関心はなく、日が高くなるまで寝ているほどのインドア派。千明ら3人は、こうしたリンと恵那の気持ちを尊重していて、野クルの部員になってもらうことを無理強いしないわけです。しかし、リンと恵那が参加してみんなでキャンプをすると楽しいことも事実です。そこで季節の節目節目のキャンプでは全員が参加してグループキャンプを行うのです。これは「出入り自由」の特徴に該当します。

また野クルには上下関係はありません。一応、千明が部長ということになっています。しかし千明が部長として発する指示は遊びかギャグのようなものです。実質的な意思決定や役割分担は全員が自分の得意なこと、できることに応じて自発的に行っているのです。顧問の鳥羽先生も、キャンプに関する意思決定は千明ら5人に任せています。自動車の免許を持っているのは鳥羽先生だけなので、キャンプに車を出すという貢献はします。しかし鳥羽先生は通称「グビ姉」と呼ばれているとおり、キャンプになると酔いつぶれてしまうので、キャンプ場の役割においては、ほとんど貢献できないことが実態です。これは「常連がえらくない」「事務局が目立たない」という特徴にあてはまります。

そしてむろん、全員が楽しいからキャンプに参加しています。リンのソロキャンプへの情熱、恵那の愛犬と過ごす時間を大事にする気持ちは最優先されています。これは「楽しいから参加する」という特徴にあてはまり、全員が自分の小さな物語を大切にしているということなのです。『ゆるキャン△』の

映画では、5人がキャンプ場をつくって地域に貢献しようとするストーリーが描かれ、小さな物語が結果的に地域貢献につながっていく状況も示されています。

3 ゆるい場をつくる人々

本書では、ゆるい場をつくる人々に焦点をあてます。ゆるい場をつくる人々には種類があります。大きく分けると3種類です。その場を立ち上げた人（創設者）。運営する人（運営者）。参加者として、その場の役割を持つ人（参加者）。それぞれが単独とは限りません。創設者や運営者が複数であることは珍しくありません。

コミュニティの創設者や運営者には様々な名称があります。最もよく知られている名称は「コミュニティマネージャー」でしょう。ただ、この名称は、多様な意味で使用されていることが実態です。もちろん、ゆるい場の創設者・運営者という意味で使われる場合もあります。しかしビジネス性の強いコワーキングスペースやオンラインサロンの管理者としての意味で使われる場合もあります。その場合は、本書のゆるい場をつくる人々とは性質を異にすることになります。

ゆるい場をつくる人々の種類

そこで本書ではあくまで様々な名称に関しては「ゆるい場をつくる人々」で統一し、その3種類の分類を「創設者」「運営者」「参加者」と呼んでいきます。3種類の中でも、本書の事例では主に創設者と運営者に焦点を当てます。創設者は、ゆるい場の立ち上げの初期段階では運営者でもあります。創設者がそのままずっと運営者を続けていくこともあります。あるいは、創設者が意図的に代替わりして、別の人に運営者を譲る場合もあります。さらに創設者と運営者は、単独である場合も複数である場合もあります。

ゆるい場のようなコミュニティの支援を行う、NPO法人CRファクトリー

という団体があります[13]。筆者にとって、その代表の呉哲煥さんの次の発言は印象的なものでした。「参加できるコミュニティがある人は、そうでない人よりも幸福感が高い。しかし、もっと幸福感が高い人がいる。それは自分でコミュニティをつくる人だ」。この発言のいわんとするところは、ゆるい場の創設者や運営者になるということは、他者のためになるだけでなく、何よりその人自身が楽しいということなのです。

　ただし創設者や運営者と、参加者の間に大きな違いがあるわけではないのです。そもそも参加者は、何かの役割を果たし貢献することで、ゆるい場をつくっているわけです。また最初は参加者として気軽にゆるい場に関わっても、もしそこが気に入ってなにがしかの役割を果たせば、運営者になることもできます。またこれは本書の事例でもしばしば紹介されていますが、あるゆるい場の参加者になることで刺激を受け、自分が別のゆるい場をつくることもあります。そういう意味では、創設者、運営者、参加者はそれぞれに意義ある存在なのです。

ソフトとハード

　ゆるい場をつくる際には、ハードの場とソフトの場という違いを意識すると良い、という意見があります。これは「みんとしょ（みんなの図書館）」と呼ばれる「シェア型図書館」の仕組みを静岡県焼津市で構想した土肥潤也さんの意見です[14]。「みんとしょ」とは民営の図書館であり、一箱一箱を貸し出すスタイルの図書館。その一箱を本棚オーナーに対して、有料で貸し出します。本棚オーナーは自分の好きな本をその棚に置き、「みんとしょ」を訪れた人々に貸し出す仕組みです。焼津市から始まったこの仕組みは、全国に広がっています。

　「みんとしょ」の仕組みは、ハードの場。物理的に人々が利用できる空間・物件が存在する場だからです。ハードの場では、その物件を購入する、もしくは借りる費用が発生します。そのためハードの場には一定のリスクがあります。それに対してソフトの場とは、固定的な空間・物件がなくとも、定期

的にイベントを行う場です。オンラインで主にイベントを行う場合も、これに該当するでしょう。空間・物件に関する費用がないため、リスクも低くなります。

　土肥さんは、ハードの場づくりを目指すにしても、まずはソフトの場づくりから始めることを勧めています。ソフトから始めると、リスクを低くとどめながら場づくりの経験を積むことができ、さらにその場を応援する人々を増やすことができるからなのです。本書の事例でも、ソフトとハードの両方の場が対象になっています。それらの事例では、全てがソフトから始めてハードに至ったわけではありません。しかし土肥さんの意見は、ゆるい場をつくる場合に、おおいに参考になるものでしょう。

ハードとソフトのゆるい場が入り交じる静岡県三島市

　ある地域ではハードとソフトのゆるい場が多く存在し、それらがお互いに連携しあっている状況が見受けられることもあります。本書の事例では、神奈川県茅ヶ崎市を中心とした湘南地域が該当します。ここでは静岡県三島市の状況について紹介します。

　前に述べたとおり、三島市の観光協会は三島サードプレイス研究会を立ち上げました。これは三島市にゆるい場が多いという状況も関係しているのです。新幹線を使えば、三島市から東京の都心にある企業へ通勤することも十分に可能です。こうした地域特性により、三島は移住、二地域居住などの対象として注目を集めています。多様な人々が三島市に訪れる状況がうまく影響していて、そのためにゆるい場が増えているといえるでしょう。

　三島市のハードの場としては「あひる図書館」「ゲストハウス giwa」「ワーカーズリビング三島クロケット」などがあります。「あひる図書館」は中島あきこさんが代表を務める「一般社団法人ママとね」が運営しています[15]。前に述べた土肥さんとも連携している「みんとしょ:シェア型図書館」です。ママとねは、子育てをする母親同士、また母親と地域のつながりを促進、サポートすることを目的とした団体です。そのため子育て家庭の居場所となる

ことを目指していますが、それだけでなく地域のあらゆる世代がつながることを目指しています。実際、筆者があひる図書館を訪ねてみると、本棚オーナーは三島市内外のゆるい場をつくる人々が名を連ねていました。あひる図書館が、ゆるい場のハブのようになっているのです。

「ゲストハウス giwa」[16] と「ワーカーズリビング三島クロケット」[17] は山森達也さんが運営しています。「ゲストハウス giwa」は移住や二地域居住など三島に関心がある人が利用する宿泊施設です。ユニークなのは、21 時から 22 時の間だけにバーとして営業される「giwa タイム」。ゲストハウス giwa は寿司屋を改装してつくられました。その寿司屋のカウンターを居抜きで利用し、1 時間だけのバーを営んでいるのです。筆者は giwa タイムにも参加してみました。やはり三島市内外のゆるい場をつくる人々が集い、1 時間だけの貴重な交流の場を楽しんでいました。ゲストハウス giwa のほど近くにはワーカーズリビング三島クロケットがあり、コワーキングスペースおよび移住前のお試しの住居として利用されていますが、そこではしばしば交流イベントも開催されています。

三島市のソフトの場として代表的なものは、「みしま LINK」という行政・学生・企業がつながる場です。人と人、地域をゆるやかにつなぎ、みんなの「やりたい」を応援しあう場です。不定期に開催され、多様なワークショップや交流会が実施されます。みしま LINK を主宰するのは、株式会社結屋代表取締役の川村結里子さん。川村さんはその他にも、三島の飲食店が多数参加する飲み歩きイベント「三島バル」や、「三島 100 人カイギ」を運営し、多様なゆるい場をつくりあげています。

中島さん、山森さん、川村さんは 3 人とも三島市への移住者。移住者を包摂する懐の深さが三島市という地域にはあるのでしょう。また 3 人とも、もともと地域への関心が高く、地域でのゆるい場をつくりあげようと思っていたわけではありません。三島市への移住をきっかけとし、三島市の人々との交流に面白みを感じ、自分のやりたいこと（小さな物語）としてゆるい場を

つくりあげたのです。

　三島市の特徴として興味深いことは、三島駅周辺の一定の地域に、ハード
とソフトのゆるい場が密集していることです。そしてそれらのゆるい場をつく
る人々はお互いに仲が良く、交流しあっています。ゆるい場にはお互いに
共振するという特徴があるのかもしれません。

4　本書の4テーマ

　ここまで述べてきたとおり、本書ではゆるい場をつくる人々に焦点を当て
ます。ゆるい場をつくる人々には3種類ありますが、特に創設者と運営者の
事例を中心に述べていきます。創設者と運営者の小さな物語を理解すること
で、地域にゆるい場が存在する意味や意義が明らかになることと思います。
それが明らかになれば、今後ゆるい場をつくろうと思い立つ人々にとって参
考になるのではないでしょうか。それが、ゆるい場の創設者と運営者を増や
していくことにもつながるでしょう。

　さらにゆるい場の特徴がわかることで、そこに気軽に参加できる人が増え
ていくことが期待できます。もちろん、すでにゆるい場の参加者である人が、
本書をきっかけとして創設者か運営者になることを志す、という効果も期待
しているところです。

　本書では17の事例を4つの章に分けて紹介していきます。各事例は共通し
て次のように構成されています。最初にその事例の概要を紹介します。次に
各事例の執筆者と事例の主人公（ゆるい場の創設者もしくは運営者）の関係
について説明します。そのうえで、主人公のキャリアと、そのゆるい場をつ
くろうとしたきっかけを詳しく述べていきます。また、ゆるい場の立ち上げ
と運営で苦労したことはなにか、それをどのように乗り越えていったか、と
いうことについても焦点を当てます。そして最後に、そのゆるい場ではどの
ようなことを得ることができたのか、今後についてはどのような展望を持つ

ているのかについて述べていきます。

　各章の内容は次のとおりです。第1章のテーマは「行きたい時に行ける場所」。地域に密着した場でありながら、地域内外の人々の訪問を歓迎するゆるい場です。ふと思い立って、そこに行きたいと考える人々が集う場でもあります。

　第2章のテーマは「自分が行きたいと思える場所づくり」です。ゆるい場がなければ、地域の中で何気なく対話し、心を癒すことは意外に難しいかもしれません。この章で紹介する事例は、地域の中でふと立ち寄ることができ、思いのままに話して交流できる場なのです。

　第3章のテーマは「女性もシニアも心地良く働けるコミュニティ」です。この章ではゆるい場の活動が、多様な人々の働きやすさにつながっていく事例を紹介しています。

　第4章のテーマは「楽しいから楽しい、地域活動」です。この章では、地域における多様なゆるい場を紹介しています。どの事例でもゆるい場をつくる人々が自分たちの楽しさを大切にし、それが結果として地域活動につながっています。

　いかがでしょうか。これらが本書でご紹介する17のゆるい場です。多様な個性に満ち溢れた17のゆるい場の小さな物語。さっそく、その物語を語っていきましょう。ぜひ次ページからの、17の小さな物語を知る旅にご一緒ください。

石山恒貴

1章

行きたい時に
行ける場所

事例1

「まちの非武装地帯」としての
コワーキングスペース

—— チガラボ｜神奈川県茅ヶ崎市

茅ヶ崎のゆったりした雰囲気が漂うチガラボ

1 　まちの非武装地帯

　チガラボは茅ヶ崎駅からほど近くのビルの5階にある、2017年に創設されたコワーキングスペースです。コワーキングスペースを直訳すれば、共同して働く空間ということになります。その言葉どおり、一般的なコワーキングスペースでは、多様な人々とカフェのように開放的な空間を共有しながら、多様な人々と働くことができます。またコワーキングスペースでは、月額の会費を払う会員とドロップインと呼ばれる一時利用の2パターンのいずれかを選べることが多いようです。チガラボも、月額会員とドロップインのいずれかを選んで利用することができます。

　コワーキングスペースでは、もくもくと個人作業をしてもいいのですが、気が向けば、そこにいる多様な人々と交流できることも売りになっています。

そうした意味で、多くのコワーキングスペースには、物理的な場であると同時にコミュニティでもあるという特徴があります。しかしその中でも、チガラボは他に類をみないコミュニティづくりを実現していると言っても過言でありません。

　そもそもチガラボが拠点としている茅ヶ崎という地域は都心への通勤圏でありますが、適度な距離もあり自然豊かで、平日の昼間から自転車のラックにサーフィンを積んで走っている人がいるなど、ゆったりした雰囲気に満ちています。チガラボの創設者で代表の清水謙さん（通称、謙さん）は、チガラボに関わりを持つ人には、こうした茅ヶ崎の雰囲気をじっくり味わってほしいと言います。この茅ヶ崎の人々が纏う空気を体感できれば、忙しい日常を括弧に入れて、身体性、精神性を回復することができるのではないかと考えているからです。

　謙さんが目指すチガラボの姿とは安心安全な「まちの非武装地帯」であり、その場でメンバーは失敗を恐れず、自分の実験的な企画をイベントなどの形で実践していくことができます。「まちの非武装地帯」とは、「やりたいこと・アイデアを自由に言える安心安全な場」であることを意味します。またチガラボでは自分のプロジェクトや活動のことを「たくらみ」と表現し、それをチガラボメンバーが、主体的に実施していきます。つまりチガラボは「ヒトがつながり、たくらみがうまれ続ける社会」をめざす姿としているのです。具体的な「たくらみ」の内容は食、農業、写経、働き方、音楽、落語など、その人自身から生まれたイベントやプロジェクトならどんな内容でもよく、多様です。

チガラボが湘南のコミュニティのハブになる

　チガラボのビジョンは、「多様で愉快な人たちの出会いとつながりであふれ、その結果、社会や地域がすこしでも良い方向に向かう」というものです。このビジョンがいかに結実したのか。それは本書の他の事例が、なによりの証拠となっています。事例3「EdiblePark 茅ヶ崎」、事例4「湘南サステナブ

ルライフ研究会」、事例 7「とまり木」、事例 9「NPO 法人セカンドワーク協会」、事例 12「NPO 法人湘南スタイル」。これらの湘南のコミュニティは、何らかの形でチガラボと関わりを持っています。いわばチガラボは、湘南のゆるいコミュニティのハブ機能の役割を果たしているのです。こうした稀有な特徴を持つチガラボを謙さんはどのようにつくり上げていったのか。謙さんの足跡をたどっていきたいと思います。

2 理想のサードプレイスが存在した

謙さんの足跡をたどる前に、まずは筆者とチガラボの出会いを説明します。筆者が最初にチガラボを訪問したのは、2020 年 3 月 16 日。当時は、国内でコロナが本格的に流行し始めたさなか。しかし流行は短期的に終息するのではないかという根拠のない楽観論を筆者は持っていて、その後の苦難をあまり予測できてはいませんでした。

もともと筆者は、地域の特徴ある活動を研究しているゼミ生から「茅ヶ崎にチガラボという注目すべき場がある」と聞かされていました。さらに梅本龍夫先生が立教大学で実施していたサードプレイスの授業にゲストとして講師を行った時のことでした。その授業の別の回のゲスト講師がチガラボの謙さんだった、と梅本先生に教えてもらったのです。サードプレイスの研究をしていた筆者は、チガラボに行くべきだ、と強く感じました。そこでゼミ生に仲介してもらい、チガラボを訪問したのです。

チガラボでは、謙さんがその全体像をわかりやすくプレゼンしてくれました。謙さんのプレゼンに、同行したゼミ生たちも目を輝かせながら聞き入っていました。その時の筆者の感想を一言で表現すれば「自分が理想としていたサードプレイスが、本当に存在した」というものでした。なぜそう思ったのか、それは後述するチガラボの特徴のところで詳しく説明します。ただ、ここで 1 つの理由をあげておくとすれば「My 本棚」の存在です。

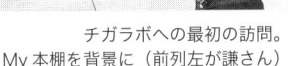

チガラボへの最初の訪問。
My 本棚を背景に（前列左が謙さん）

コワーキングスペースとして使用されている
チガラボのソファ席

My 本棚

　「My 本棚」とは、棚一つひとつがメンバーの自己紹介の場になっているものです。チガラボの登録メンバーになると、棚を 1 つ使えるようになります。そうすると、メンバーは自分の個性が現れるように、自分が好きな物、思い思いの本や小物などを置いているのです。このことにより、メンバーがその場にいなくとも他の人はそのメンバーを知り、つながることが容易になります。このようにチガラボでは、多様なメンバーのひととなりを知ってもらう工夫がされているのです。チガラボには、出会った人々の「ひととなりを知り、オープンに違いや変化を楽しむこと」を大事にするという考え方があります。まさに「My 本棚」はその象徴。チガラボに心地良いコミュニティが存在していることに、筆者はすっかり魅了されてしまったのでした。

地域の場づくりを考えるオープンダイアログ

　2022 年 8 月には、謙さんにお願いして、チガラボで筆者の研究室のゼミ夏合宿をやりました。初めてチガラボを訪問してから 2 年半が過ぎていましたが、コロナ禍はまだ終息してはいませんでした。感染対策に留意しながら、「地域の場づくりを考えるオープンダイアログ」というイベントを実施しました。メンバーはチガラボの関係者、湘南の地域ゲスト 8 名、そして筆者の研究室のゼミ生です。

　このオープンダイアログには地域ゲストとして、事例 3「EdiblePark 茅ヶ崎」の石井光さん、事例 4「湘南サステナブルライフ研究会」の斎藤佳太郎

「地域の場づくりを考えるオープンダイアログ」の様子

さん、事例7「とまり木」の大西裕太さん、事例9「NPO 法人セカンドワーク協会」の四條邦夫さん、事例12「NPO 法人湘南スタイル」の渡部健さんが参加されていました。オープンダイアログは、地域ゲストの方々が自己紹介プレゼンした後に、テーブルごとに地域ゲストが分かれ、ゼミ生が興味のある地域ゲストのテーブルでグループ討議をする、という形で進んでいきました。

　グループ討議では様々な意見がでたのですが、それぞれのコミュニティが個性を大事にしながら、お互いに連携して、多様な人々が生きやすくなる社会をつくっていきたいという点で共通していました。参加したチガラボのスタッフの吉川遼（きっちー）さんは、チガラボで働き始めて4か月。「チガラボ像をつかみ始めたタイミングで、チガラボという場を考える良いきっかけになった。チガラボの本質は、仕事をする人、勉強する人、談笑する人、イベントを行っている人など多様な人が同じ空間にいるだけの混在ではない。共に認知し関わり合って（共存して）化学反応を起こすことを意図的にデザ

インしている場だと理解した」と語っていました。

　この機会に筆者が理解したことは、チガラボとは湘南の多様なコミュニティを生み出す場であり、ハブであること。たとえば、「湘南サステナブルライフ研究会」の斎藤佳太郎さんは「けいちゃん」、「とまり木」の大西裕太さんは「ジミーちゃん」と呼ばれるチガラボのスタッフでもあるのです。このようにそれぞれのコミュニティが有機的につながっています。しかも効率性・機能性だけを追求するのではなく、それぞれのコミュニティだからこそできる事を実現して、場として豊かな空間になっているのです。

　こうして筆者はあらためて、チガラボの価値を認識しました。では、いよいよチガラボをつくりあげるまでの謙さんの歩みを辿っていきましょう。

3　ゆるい場をつくる人：清水謙さん
──新しいことに 1 人で挑戦し続ける

　謙さんのキャリアを一言でいえば、独自性と新しさの追求、と表現できるのではないでしょうか。謙さんは、幼少期を岐阜県各務原市で過ごしました。謙さんには小学校 1 年生の時の、鮮明に記憶に刻まれた思い出があります。

　各務原市には航空自衛隊の基地があります。基地には飛行場があり、年に 1 回、ブルーインパルスなどが飛ぶ、大掛かりな航空ショーが行われます。航空ショーは大人気で、多くの人々が集まります。謙さんの一家も航空ショーにやってきたのですが、そこで謙さんは迷子になってしまったのです。

　とても恥ずかしがり屋だったという謙さん。ただ、迷子になったこと自体への恐怖や不安はありませんでした。むしろどうしても嫌だったことは、迷子の放送をされてしまうこと。迷子の放送で自分の名前を呼ばれることが、恥ずかしく感じられて嫌だったのです。そこで謙さんがとった行動は驚くべきものでした。自宅までは 10 キロぐらいはあるというのに、迷いなく、自分 1 人で歩いて家に帰り始めてしまったのです。

　自宅までの帰路には、国道 21 号線という幹線道路がありました。謙さんに

は、なんとなく国道に出て、ずっと歩けば自宅に着くというイメージがありました。国道を歩いていた時の気持ちを謙さんはよく覚えています。ずっとウキウキしていたのです。今まで家族の運転する車で通ったことはあるけれど、自分1人では歩いたことのない道。その道を自分1人で歩いて帰っている。自分1人で新しいことをやっている。その状態こそが、なにより楽しく高揚することだったのです。

その後、謙さんは自力で家にたどり着きます。しかし勝手に歩いて帰ったということで、家族からこっぴどく怒られました。特に家父長的な位置づけだったお祖父さんからの怒りは手厳しいものでした。謙さんの記憶にあるのは「謙は頑張ったんだから」と言って謙さんをお祖父さんから庇うお母さんの姿でした。

とにかく新しいことに自分1人で挑戦してみる。それが楽しい。謙さんのキャリアの特徴は、この小学校1年生の原体験の時から、ずっと同じなのかもしれません。

新しいことをやり続ける

謙さんいわく、学生時代は引っ込み思案で、先頭に立つことはしない性格。ただ、1つのことだけをやり続けるのは嫌で、スポーツもいろいろやりました。中でも長続きしたのはサッカー。ポジションは中盤の底のボランチです。先頭に立つポジションではありませんが、後ろの方から全体が見渡せることが好きだったそうです。コミュニティ運営と相通じるところがあるかもしれません。

大学は、新しい世界を求めて大阪で1人暮らし。バイクや日本酒バーでのバイトに明け暮れました。そして4年生になり、就職を考える時期。新しいことをやることに価値を置く謙さん。今度は大阪から東京に行こうとだけ決めていました。ただバイクばかりに夢中になっていて、就職に実感がわかなかったため、まず海外にちょっと数年行きたいと親に相談してみました。ところが父親は大反対。とにかく、いったんは就職しろと説得されました。海

外に行くことに謙さんはそれほど強い思い入れはなかったので、ここは親に
従い就職活動をすることにしました。

3 回の転職

ところが、謙さんが就職活動を思い立ったのは、大学 4 年生の秋。すでに
多くの会社の新卒採用活動は終わっていた時期でした。新しいことをやりた
い謙さんは、なにか新規事業がやれる企業が良いと思いながら企業を探し続
けました。その結果として縁があったのは東京の御徒町にある専門商社でし
た。ところが、新規事業を希望して入社したのに、配属された部署は宝飾品
のバイヤー・営業・企画の部門。期待と違う仕事でしたが、イスラエルなど
に海外出張もして、モノを売るビジネスの基本を学ぶことができました。

入社して 4 年がたったところで、また新しいことをやりたいと思った謙さ
ん。今度は、モノを扱う営業や企画でなく、モノではないことを扱う職種を
やろうと思い立ちました。そこでパーソナルコンピュータが好きだったこと
もあり、IT のコンサルティングの職種を目指すことにしました。入社したの
は、パーソナルコンピュータのサポートとコンサルティングを行う会社でし
た。

IT 業務の経験がない謙さんが入社できた理由は、その会社の採用方針がコ
ミュニケーションスキルの高い人材を重視していたからでした。謙さんは、
2 〜 3 か月ひたすら IT 関連の本を読み独学。くわえてサーバー、ネットワー
ク、システム開発の業務を見よう見まねで実践しました。そのうち、自宅に
も自作で組み立てたサーバーを 4 台ぐらい置き、IT 業務の習得に励みました。
謙さんは新しいことには夢中になって取り組むし、速習する能力に長けてい
ることもわかります。

しかし、その会社は創業期のメンバーと社長の対立が起こり、経営どころ
ではなくなりました。そこで謙さんは 3 社目として IT 系の会社に転職しま
した。大手電機メーカーが新規事業として始めた情報セキュリティコンサル
ティングの事業を行う企業です。謙さんとしては、上流の IT コンサルタント

としての専門性を磨きたかったのです。

　当時はちょうど個人情報保護法が施行された頃。謙さんは個人情報保護法対応の情報セキュリティのルールや運用を踏まえた仕組みを、現場まで落とし込むコンサルティング業務の専門家として活躍するようになっていました。新しいことに挑戦し続けた結果、謙さんは 30 歳すぎそこそこで、高い市場価値を身につけるまでに至っていたのです。

　ところが、結局その会社でも大手電機メーカー出身のトップと立ち上げの役員の間に対立が起こってしまったのです。その対立に巻き込まれ、「お前はどっち側なのだ」などと派閥争いにおける自分の立場を明らかにするよう迫られたこともありました。そんな対立に嫌気がさした謙さんは、4 社目の会社へと転職しました。

リクルートマネジメントソリューションズ社で組織開発コンサルタントになる

　4 社目に転職したのはリクルートグループのリクルートマネジメントソリューションズ（RMS）という会社。ここで、結果的に謙さんは組織開発コンサルタントとして活躍することになります。もともと新規事業が担当できるのではないかという期待で入社したのですが、実際に配属されたのは社内の情報システム部門。IT 業務の担当でした。この部門は時間に余裕があり、ほぼ定時で帰ることができました。社会に出てからがむしゃらに働いてきた謙さんは、しばらくはワーク・ライフ・バランスを楽しんだのですが、同時に業務に物足りなさも感じていました。

　そんなある日のこと。社内研修のグループワークの中で、謙さんは何気なく「コンサルティング業務をやってみたい」と口にしていました。その謙さんの発言を、研修にオブザーブ参加していたコンサルティング部門の人事部門長は覚えていて、気にかけていたのです。しばらくして謙さんは人事部門長に呼び出され、「コンサルティング部門で新しい取り組みを始めるが、そこへ異動してみないか」と声をかけてもらったのです。

　情報システム部門の業務を物足りなく感じ、そろそろ新しいことをやって

みたかった謙さん。コンサルティング部門への異動を希望し、組織開発コンサルタントとしてのキャリアを歩むことになりました。しかし、これは異例中の異例。その後の RMS 社では、情報システム部門として配属された人がコンサルタントへと転身することはなかったそうです。

　当時、RMS 社では組織開発のコンサルティングを事業として立ち上げることを模索していました。それまでの RMS 社では人事系のコンサルティングが主力事業。RMS 社のみならず日本においても、当時は組織開発のコンサルティングは黎明期で珍しい概念でした。リクルート出身のメンバーと外部のコンサルティング会社から転職したメンバーが入り交じり、喧々諤々と議論が交わされる難しい状況の中、謙さんは着々と経営理念を現場にまで実装する取り組みで実績を重ねていきました。そうした状況の中、謙さんのキャリアに大きな転機が訪れました。

　組織開発のコンサルティング部門のマネージャーに登用されたのです。プレイヤーとしての力量が重視されるコンサルティング部門では、マネージャーになることを全員が望むわけではありません。しかし新しいことを好む謙さんは、マネージャーへの登用に同意しました。

　しかしコンサルティング部門でマネージャーを務めることは想像以上に大変なことでした。コンサルタントは専門性も高く、一匹狼であることに誇りを持つ、一筋縄ではいかないメンバーぞろい。その状況でメンバーをまとめていくには、「メンバーみんなが共感するビジョンで引っ張る」か「圧倒するコンサルティングの実力で引っ張る」か、通常はいずれかの方法しかないそうです。しかし人材系のコンサルティングの経験年数が少ない謙さんは、自分にはどちらの方法も難しいことを自覚していました。何かを指し示して引っ張ることもできないし、他を圧倒する実績もない。その結果、メンバーからの謙さんへのフィードバックで、「明確なビジョンを示し、組織をリードしている」という評価項目が低くなってしまったのです。

　新しいことに挑戦し、苦労を厭わない謙さんもこの時は悩みました。とこ

ろがある日、いつもは自分に厳しいフィードバックをくれるメンバーと話していた時のこと。謙さんは「やっぱり自分のマネージャーとしての評価項目で、厳しいフィードバックがあった」と打ち明けたところ、その人が「めちゃめちゃ清水さんらしいじゃないですか」と言ってくれたのです。その人は「いやそうかもしれないけど、マネジメント的にはちょっとやっぱりしんどいかもしれないけど、でもそうでもないんじゃないですか。清水さんはスタイルとして、ひっぱらないマネジメントを考えた方がいいんじゃないんですか」とアドバイスしてくれたのです。

このアドバイスは謙さんの転機となりました。その人にそうアドバイスされたことによって、謙さんは割り切ることができました。チームメンバーの変態ぶり（強み）をとことん活かせばいい。その人が好き放題言ってることに対して、「この文脈だったらここにつながるじゃん、だからここ一緒にやりませんか」とその人にアドバイスすればいい。それが結果として、組織価値とか事業価値に転換すればいい。だから自分が、何か先に示して引っ張ることはやらなくていい。こうして謙さんは自分なりのマネジメントスタイルを確立することができたのです。

謙さんは当時のチームメンバーとその後、飲んだことがありました。その時に「チガラボを立ち上げました」と話をしたら、そのメンバーは「清水さんは組織開発のコンサルマネージャーの時と同じことをしてますね。当時から職場のコンサルチームのことをラボだと言ってましたから」と返答したのです。チームメンバーの変態ぶり（強み）をとことん活かして事業価値に転換することは、当時から謙さんにとって、実験であり、ラボであったのでした。

4 チガラボという実験の始まり

マネージャーとしての自分のスタイルに開眼した謙さん。一方、リクルートグループは40代前後で会社を卒業をすることが当たり前で有名な会社。た

とえば、年齢の偶数年で会社を辞めると、退職金の支給額が増加する仕組みがあったそうです。根っから新しいことが好きな謙さんは、36歳、38歳でも退職を検討していましたが、とうとう40歳の時に独立してしまいました。

もともと独立する時に備えて、色々な計画は考えていました。しかし実際に独立した時、その後についてはノープラン。きちんと計画してもつまらない、と謙さんは思ってしまったのです。家族あり、ローンありの40歳が突如、何の予定もないという状態をつくった時に、今の日本では何が起きるんだろう。謙さんは、それを自分で実験しようと思い、完全に白紙状態で独立したのでした。

茅ヶ崎への移住

謙さんが独立したのは2014年。時は少し遡ります。東京に来てから謙さんは結婚し、特に大きな理由はなく足立区の綾瀬に居を構えていました。しかし子どもが小学校に入学したタイミングで、じっくり住める環境の良い場所に引っ越そう、と家族で考えたそうです。謙さんが幼少期を過ごした岐阜県各務原市は濃尾平野に位置し、木曽川が流れています。水辺のあるところ、せっかくだから海の近くがいいということで、家族の意見が一致しました。

海の近くであるけれども、通勤できる場所がいい。湘南エリアで葉山、逗子、鎌倉、藤沢、茅ヶ崎、平塚を検討しましたが、条件に一番合う場所が茅ヶ崎。あまりにも大きすぎるターミナル駅でもなく、開放的で移住者を受け入れてくれそうで、ほどほどの余白があるまち。謙さんの一家は茅ヶ崎を気に入り、移住を決断しました。

ただ、移住当初の茅ヶ崎は、謙さんにとっては仕事が終わって帰る場所にすぎませんでした。しかし茅ヶ崎に住み続け、その地域への興味が徐々に高まり、少しでも茅ヶ崎を知ろうと思い、「ふれあい畑塾」という市民農園に申し込むことにしました。その時は、たまたまFacebookで案内を見かけたので、軽い気持ちで説明会に申し込んだだけでした。ところが、このふれあい畑塾を運営していたのは、事例12のNPO法人湘南スタイル。謙さんは湘南

スタイルの活動に関わるようになり、畑の人々と様々な活動を企画することをつうじて、「こんなにも地域に関わりたい人たちがいたんだ」と、茅ヶ崎という地域への関心が高まっていくことになりました。

ヒトコトデザインの立ち上げ

茅ヶ崎への関心が徐々に高まる中、謙さんは独立しました。前に述べたとおり、独立しても何をやるかは白紙の状態。とりあえず、まずは屋号をつけた会社をつくろうと思い、2014 年の 11 月に「ヒトコトデザイン株式会社」を設立しました。その思いはヒト（人）とコト（事）をつなげ、それによりヒトが自走するデザインをしたい、ということ。これは、組織開発チームのマネージャーとして、「チームメンバーの変態ぶり（強み）をとことん活かして事業価値に転換する」ということの発展形ということになるでしょう。ヒトが自走するデザインをしたいということは、ずっと大変なことであるものの、結局今につながっている、と謙さんは振り返ります。

ヒトコトデザインという名称は、独立してからの謙さんの活動を象徴するものとなりました。謙さんはソーシャルデザインと呼ばれる社会課題の解決を目指す取り組みを行う人々と交流を深め、NPO 法人 ETIC. という団体と連携して、東北の震災復興の取り組みなどを進めていきました。

東北で出会った復興に取り組む人々は、強い情熱を持って動く人々。大変な災害という試練にも踏ん張る人々。謙さんは、大きな衝撃を受けます。同時に、平時の状況であり、大きな試練に直面していない茅ヶ崎という状況だからこそ、人々が楽しみを見出しながら地域をデザインすることを実現できないか、と思うようになっていたのです。

チガラボの物件と出会う

こうした状況の中、謙さんはチガラボが現在入居している物件（ビルの 5 階）と出会うことになります。そのきっかけは湘南スタイルでした。湘南スタイルを設立したのは、藁品孝久さん。茅ヶ崎で生まれ育った企業経営者で、地域に恩返しをしたいと NPO 法人によって、様々な事業を展開されている

方でした。

　先に述べたふれあい畑塾という市民農園で、謙さんは藁品さんとの交流を深めていました。その当時、謙さんはふれあい畑塾のメンバーの有志で、今後の活動について勝手に企画して、藁品さんに提案したのです。藁品さんにしてみると、謙さんのように独自に企画して提案してくれる存在は、面白い人でもあり、貴重な人。謙さんは湘南スタイルのプロジェクトとして、「EdiblePark 茅ヶ崎」、「湘南 100 プロジェクト」などを立ち上げ推進していきました。

　そんな時です。藁品さんが、かつてイベントスペースだったワラシナビルの５階を活用して、地域のみんなの思いが形になる場、サロン的な場をつくりたいと言い出したのです。

　謙さんは、これは渡りに船と感じました。そこですかさず藁品さんに「それは業態がわかるものがあった方がいいですよ。コワーキングスペースという業態があります。それが実現できたら、ふれあい畑塾のようにみんなやる気になっていろんなことやりだすし、助成金も引っ張ってこれますよ」と企画提案したのです。藁品さんは喜んで、湘南スタイルのメンバーに提案してほしい、と謙さんに告げました。

　ところが、湘南スタイルの理事たちの反応は、謙さんのイメージとは微妙に違うものでした。「スタバとなにが違うの」という議論の論点がずれている反応だったのです。NPO の会員たちも「そういうところ、あったらいいかも」といいつつも、自分が運営にまで関わりたいとは思わないという反応でした。他方、湘南スタイルの経営状態も踏まえると、新たにお金かけることが NPO の新規事業としてどうなのか、という意見もありました。

　正直なところ、謙さんはこれらの反応はまずいと思いました。総論は賛成でコワーキングスペースがあってもいいが、本気で関わりたい、リスクを取ってもいいという人はいなかったのです。そこで謙さんは、コワーキングスペースを湘南スタイルが設立するという提案は理事会で否決してもらったのです。

　謙さんはこの場の意味を理解しないまま湘南スタイルでコワーキングス

ペースを運営していくことは望ましくないと思っていたので、むしろすっきりした気持ちでした。そのうえで、謙さんは「僕はこういうことをやっぱりやれたらいいし、コワーキングスペースはあったらいいと思う。だから、僕が設立します」と藁品さんに告げたのでした。

藁品さんは謙さんの決意に少し驚いたようでしたが、「それなら貸すよ」と即答で提案を受けてくれたのでした。それだけでなく、立ち上げ段階の経営がうまくいくように条件面の相談に応じて取り計らってくれたのでした。

5 交流×学習×実践のコミュニティ

こうしてチガラボは 2017 年 1 月に立ち上がりました。チガラボは謙さんが計画的に設立したものではありません。藁品さんがやりたいと言い出したことを謙さんが具体化したものですし、当初は湘南スタイルとして運営することが想定されていました。

しかし謙さんがチガラボを設立したことは、全くの偶然だったのでしょうか。筆者には、そうは思えません。アップルを創業したスティーブ・ジョブズは、学生時代に興味のままカリグラフィー（書法：文字を美しく見せる方法論）の授業を受けていました。それが、後にアップルのマッキントッシュのフォントに活用されたことは有名な話です。

謙さんも好奇心のまま、新しいことに挑戦し続けてきました。その結果、組織開発チームのマネージャーとして、「チームメンバーの変態ぶり（強み）をとことん活かして事業価値に転換する」という極意を会得し、日常的にラボ（実験すること）の概念を実践するようになりました。また、被災地の復興に携わったからこそ、平時の茅ヶ崎という地域への関心が高まりました。多くの人々との出会いの中、勝手に提案してみるという姿勢により、藁品さんとの交流が深まりました。これらの全ての要素が、チガラボにつながっていったのです。筆者には、謙さんがチガラボを設立したことは、偶然がつな

ヒトとヒトのゆたかなつながりから、 あたらしい"たくらみ"が生まれつづける社会に

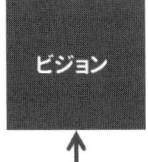

- 多様で愉快な人たちの出会いとつながりであふれている。
- 誰もが自分らしい働きかた・くらしかたを実現している。
- その結果、地域や社会がすこしよい方向に向かっている。

- まずは人となりを知り、オープンに違いや変化を楽しむ。
- やりたいこと・アイデアを自由に言える安心安全な場。
- 広く大きく長く描いて、まずは小さくやってみる。

※ラボ(Lab / Laboratory)… 研究室、実験室、演習室

チガラボのめざすこと ©HitokotoDesign Co.,Ltd

がる必然だったように思えます。

チガラボの理念

謙さんの経験が具現化されたものが、チガラボの理念です。上図「チガラボのめざすこと」をご覧ください。ヒトとヒトがつながりあたらしい「たくらみ」が生まれる。「たくらみ」こそが、ラボとしての実験そのものです。ヒトがつながるためには、出会った人々の「ひととなりを知り、オープンに違いを違いや変化を楽しむこと」が必要です。冒頭ご紹介した My 本棚のように、チガラボはつながる仕掛けに溢れています。それと同時にやりたいことを「広く大きく長く描く」ことが必要ですが、そのためには「まずは小さくやってみる」ことが重要なのです。

たくらみ

小さくやってみることの仕組みが「たくらみ」です。「たくらみ」とは、年代も職種も多様なチガラボメンバーが、自ら企画して実施する多様なプロジェクトや活動のことなのです。上図は、イベントのテーマの一覧です。

地域	さまざまな地域、食や農林水産業、お酒、くらし、
食	未活用魚、牡蠣、オーガニック野菜、ワイン・ぶどう、ジビエ
働きかた	起業、キャリア、働き方改革、ワークライフバランス
文化	映画、音楽ライブ、落語、写真・カメラ、アート
テクノロジー	IT、Web、動画、SNS、ドローン、ものづくり
ヘルスケア	姿勢、カラーセラピー、コーチング、
社会課題	SDGs、人生100年時代の生き方、空き家、子育て、教育

テーマの幅広さと、参加のハードルの低さによって人が気軽に集まる

たくらみ（さまざまなテーマのイベント）©HitokotoDesign Co.,Ltd

　図にあるように、イベントのテーマは幅広く、それぞれのメンバーが自分の興味に基づき設定するので、気軽に主催できます。参加者も気軽に集まることができます。また、テーマにある、食、酒、キャリアなどは、チガラボの外の世界へのつながりのきっかけになります。これらのイベントを企画する際には、茅ヶ崎周辺のチガラボ以外の様々な関係者（農園、商店街、企業）を巻き込むことになり、自然とチガラボメンバーと茅ヶ崎周辺の人々がつながっていくのです。

階段をつくる

　ただ小さく始めるとはいえ、いきなり「たくらみ」を主催すること自体もハードルが高いと感じる場合がありそうです。そこでチガラボメンバーが失敗を恐れて、「たくらみ」を主催することを諦めないように、チガラボでは階段をつくるという工夫をしています。次ページの図のように登れるサイズの階段をつくるということです。具体的には、「気軽に参加する→整理して発信する→イベントを主催する→活動を始める」という階段になります。「気軽に参加する」ということは、どのような形でもいいので、チガラボに参加して

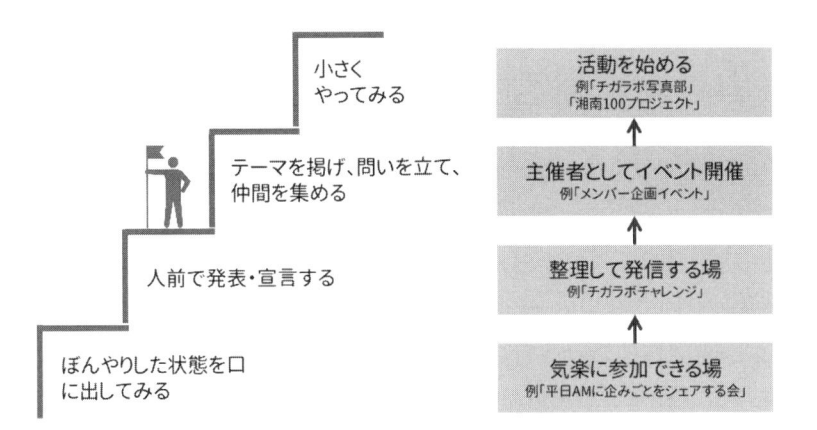

お客さんではなく、いかにやる側の人を増やすかがカギ

登れるサイズの階段をつくる ©HitokotoDesign Co.,Ltd

みることが該当します。「イベントを主催する」ことが「たくらみ」の実験。そして継続性のある「たくらみ」として「活動を始める」ことが可能になっていくのです。ところで「たくらみ」を始める時や立ち止まって考えたい段階のために、「整理して発信する」場を用意しています。この仕掛けこそが、チガラボチャレンジです。

チガラボチャレンジ

チガラボチャレンジとは、なにかやりたいことを持っている人が、まずはその考えを他者に向けてプレゼンすることで、その場の参加メンバーからアイデアや支援をもらい、やりたいことを整理してさらに実践していく場です。チガラボチャレンジは、原則として月に1回開催され、チガラボのホームページやSNSなどで周知されます。そのためチガラボメンバー以外の一般の人も参加可能です。

2023年9月13日には、筆者はゼミ生数名とともに、チガラボチャレンジ

チガラボチャレンジの様子

第78回に参加しました。プレゼンは毎回2名行われるのですが、そのうちの1名はゼミ生の平田朗子さんでした。平田さんがプレゼンしたテーマは「貧困家庭の子どもの越境」。貧困家庭の子どもが多様な場に参加する機会を、どうやって提供すればいいか、というテーマです。かねてから平田さんは、貧困家庭の子どもの状況に関心を持ち、なにか自分にできることはないかと思っていました。しかし、それは漠然とした思い。なにかしらの行動を取るにはいたっていませんでした。

　謙さんによれば、プレゼンのコツは「なぜやりたいの」「何を実現したいの」「どうやってやるの」という3つの観点に留意すること。平田さんは3つの観点を踏まえながら、15分程度で自分の思いをプレゼンしました。平田さんの思いに参加メンバーは感動しつつ、その後、グループに分かれて平田さんにどんなアドバイスができるか話し合いました。各グループが発表した平田さんへの提案はとても具体的なもの。次に何をやればいいか、誰に相談すればいいか、実行計画にどんな点を留意すればいいかなど。これがきっかけになり、その後平田さんは関係する団体への接触を図り始めているそうです。

　筆者がチガラボチャレンジで感じたことは、プレゼンする人だけでなく、プレゼンされる側にとっての価値。チガラボチャレンジのプレゼンで、その人のやりたいことを聞いていると、その思いが理解できて、応援したい気持ちが湧いてきます。同時に、自分はどうだろう、と振り返ることになります。おそらく、自分自身もやりたいことの実現を目指したい、チガラボチャレンジもやってみたい、と思う人が多いのではないでしょうか。そういう意味では、チガラボチャレンジとはプレゼンする側も、される側も、自分のチャレ

チガラボ6周年

ンジに向けて背中を押してもらえる場なのでしょう。

　チガラボでは誰もが無理なく登れるサイズの階段を設計していて、ヒトとヒトがつながり、あたらしい「たくらみ」が生まれています。このようなチガラボの取り組みに共感する人は多く、2022年のチガラボ6周年には、多世代で多様なメンバーが集結してお祝いをしました。6周年の写真にあるメンバーの笑顔が、チガラボの価値を何より証明しているのではないかと、筆者は感じます。

6 まち自体が実験場になればいい

　2017年の設立後、チガラボのメンバーは100人を超え、なんとか収支もトントンで回るようになっていきました。チガラボのスタッフは10人ほどにまで増えています。前に述べたように「湘南サステナブルライフ研究会」のけいちゃん、とまり木のジミーちゃんはチガラボのスタッフです。この2人の

存在は、チガラボにおいてスタッフがどんどん成長していくこと、また新しいコミュニティが派生していくことの証明そのものでしょう。

　しかし順調なことばかりではありません。3周年イベントの直後に生じたコロナ禍はチガラボにとって大きな試練でした。リアルな対面イベントは全く行えなくなり、たちまちチガラボは赤字構造に。ヒトコトデザインの他の事業で赤字を穴埋めするなど、なんとかその状況をしのいで来たことが実態です。

　ところがそんな状況でも、謙さんは横浜市港北区日吉のカフェレストランの新設に奔走し、チガラボの運営はスタッフに任せるなど新しい試みを続けてきました。その根底には、最終的にはチガラボという存在がなくても、まち自体がラボ（実験の場）になればいいという謙さんの思いがあるのでしょう。誰もが気兼ねなく新しいことをたくらめる、まちや地域。その実現は夢ではないように筆者には思えます。

石山恒貴

事例2

まちの学校、コラーニングスペース
—— HLS 弘前 | 青森県弘前市

金曜の夜は、ふらっと

1　まちの中でこそ実現する教育

　本事例で紹介する HLS 弘前の正式名称は、Heart Lighting Station（ハート・ライティング・ステーション）弘前（以下、HLS）。所在地は青森県弘前市。弘前駅から徒歩 10 分の市街地という利便性の高い場所に位置しています。ハート・ライティングとは、多くの人が自ら未来を切り拓く勇気の火を灯すことを意味しています。ステーションとは、それができる場所である、ということになります。

　そして HLS のもう 1 つの名前は、コラーニングスペース。事例 1 でご紹介したチガラボは、コワーキングスペースでした。一般的に多くのゆるい場が基盤とする場所は、コワーキングスペースになるでしょう。そこでは、自由でリラックスできるレイアウトの中で、多様な社会人が交流することができます。

HLS の入口

おやこコラーニングスペース cotto

スパイスカレー研究部

これに対して、HLS は「まちの学校」。一時利用（ビジター）や月額の料金を払えば、スペースを利用できる仕組みはコワーキングスペースと同様です。しかし、なんと高校生・大学生は無料でスペースを利用できるのです。それというのも、HLS の掲げる理念は、学校の中だけでは、これからの時代を生き抜く人材が生まれない、「まち」でこそ学ぼうということだからなのです。いわば、学校の方から「まち」に飛び出してきた形です。

そこで、HLS では、次世代を担う若者たちを中心に、世代や地域を超えた学び合いを行うことを大切にしています。「教える・教えられる」という関係性ではなく、年齢に囚われず多世代が学びあっていくのです。具体的には、朝活やスパイスカレー研究部など年間 100 本のイベントを開催し、学びの場づくりを行っています。またインターンシップを中心とした「まちなかキャンパスプロジェクト」という、弘前市・弘前大学・HLS が協働した 10 年後の弘前を引っ張っていく人材を育成するプログラムを推進しています。さらに、子連れで働ける場づくりを目指し、HLS の 2 階には「おやこコラーニングスペース cotto」も開設されています。

HLS 開設の経緯

若い世代を中心に多世代が地域で学びあう「まちの学校」という斬新なサードプレイスはなぜ誕生したのでしょうか。HLS を開設した辻正太さんは、埼玉県の中高一貫校で体育教師を 11 年間経験。その後、それまで縁がなかった弘前に移住し、誰 1 人として知人もいなかった中で、手探りで HLS を開設したのです。辻さんは何を目指し、なぜ弘前を選んだのでしょう。辻さんのキャリアを辿ることで、その答えを探っていきましょう。

2 ゆるい場をつくる人：辻正太さん
―― 「ルイーダの酒場」（冒険する仲間を探す場所）をつくりたい

筆者（石山）と辻さんの出会いは、2020 年の 12 月、サードプレイス・ラボ主催のオンラインイベント「サードプレイス・フェス 2020」でした。サード

プレイス・ラボとは代表の安斎輝夫さんを中心に、サードプレイスの意義を伝え、人がつながりあうことで、それぞれ人生が拡張していくコミュニティ。ブログ、SNS、イベントなどを中心とした活動をしています。

　2020年といえばコロナ禍の1年目、事態はまだ深刻な時でした。そのような状況で、安斎さんは地域のサードプレイスの活動はどうなっているのかを話し合うイベントを企画したのです。そのイベントに、筆者と辻さんが登壇しました。筆者はその際にHLSを初めて知ったのですが、大学生、高校生、中学生を活動の中心に据え、同時に多世代が関わるという特徴に心惹かれました。筆者にとって「まちの学校」という特徴のサードプレイスは、それまで全く馴染みがなかったのです。

　そこでイベント登壇後、辻さんには筆者の大学院の授業にオンラインでゲスト講義をお願いしました。また筆者の研究室の中でサードプレイスに関心がある学生が多かったので、SNSのクラブハウスで、筆者の研究室メンバーとHLSの運営を担当している大学生たちが交流するイベントを、2021年3月に企画しました。その際に感じたことは、HLSを運営する大学生たちは、サードプレイスという考え方に強く共感し、その特徴をHLSで実現したいと思っているということ。創設者の辻さんだけでなく、運営する大学生たちが、我がことのようにHLSをより良くしていきたいと考えていることを知り、筆者はますますHLSに興味を持つようになっていきました。

研究室で弘前を訪問する

　となれば、弘前を現地訪問してHLSの実態を知りたいところです。しかし当時は、コロナ禍がずっと続く状況。なかなか弘前を訪問する目途がつきませんでした。そして念願かなってHLSを現地訪問できたのが、2022年11月でした。筆者の研究室でも、現地でHLSの実態を知りたいと考える学生が多く、20数名で訪問することになりました。

　訪問した当日、11月5日の午後は、辻さんのHLSの概要に関するプレゼンの後、本書事例17の「医カフェ」を主宰する白戸蓮さんのプレゼン、そし

て弘前で地域活性化に取り組む境江利子さんからの弘前の地域情報のプレゼンを実施いただきました。その後に、サードプレイスの持続性について、参加者全員がワークショップで議論しました。

石山ゼミのHLS弘前への訪問

　この訪問で筆者が注目したのは3点です。第1に、辻さんが誰ひとりとして知人もいなかった弘前で、徒手空拳でHLSを創設する過程で目指したものとは、スクウェア・エニックスの『ドラゴンクエストシリーズ』に登場する「ルイーダの酒場」だった、ということ。「ルイーダの酒場」とは冒険の仲間を見つける場所なのですが、この詳細は後に説明します。

　第2に、HLSには、地域の多様な人々が巻き込まれているということ。当日も境江利子さんをはじめとして、弘前市役所など多くの地域の関係者がワークショップに参加していました。そして、辻さん、白戸さん、境さんのプレゼンからも有形無形のHLSと地域のつながりを知ることができました。

　第3に、HLSの運営メンバーの大学生たちが成長し、今や表舞台で活躍しているということ。HLS自体、運営の代表は辻さんから、もともと学生アルバイトで運営を担っていた佐藤綾哉さんに移行しています。また白戸さんも、大学生としてHLSに関わったことをきっかけに、事例17の「医カフェ」を立ち上げました。HLSはサードプレイスに関わる人々を増やしていく孵化機能を持つ場なのです。

　辻さんのキャリアを理解すると、なぜHLSにはこの3つの特徴があるのか、その理由が見えてきます。さっそく、辻さんのキャリアを辿っていくことにしましょう。

3 体育教師を目指した学生時代

辻さんは、桜の名所として有名な奈良県吉野町で生まれ育ちました。源義経と静御前が潜行したり、後醍醐天皇が南朝を開いたりなど、歴史的にも由緒のある地です。辻さんによれば、まち中の人がお互いに知り合い、というイメージすら感じるまちであるそうです。

そんな馴染みきってしまった環境から、辻さんが飛び出すきっかけになったのは小学校4年生の時。同級生の女生徒2人が電車に乗って1時間もかかる進学塾に通っていることをたまたま知った辻さん。親に塾に行けと言われたわけでもなかったのに、自ら行ってみたいと言い出したのです。結果として進学塾のテストにも受かり、辻さんは電車で1時間かけてそこへ通うことになりました。そこで、他学校の生徒や塾の先生と新しく知り合い、刺激を受けたそうです。今思えば、その出来事が吉野という1つのコミュニティから飛び出し、世界が広がるきっかけになったと辻さんは振り返ります。

進学塾での勉強は順調だった辻さん。中学受験では、心に決めた志望校がありました。しかし、たまたまそのタイミングで阪神淡路大震災が起こり、関西の進学校で入試が中止になったところがありました。そのため、本来そこをうけるはずだった成績優秀者がその志望校を受けることになり、そのあおりで辻さんは不合格。結果的に西大和学園という中高一貫校へ入学することとなりました。

中学入試でたまたまのめぐりあわせが起きてしまい、辻さんは少なからずショックを受けたそうです。しかし西大和学園では充実した学生生活を送ることになり、何が幸いするかわからないと、今では辻さんは考えています。

サッカーに明け暮れた中高時代

辻さんは、西大和学園では待ちかねたかのように、即座にサッカー部に入部しました。実は、小学生の頃からセレッソ大阪とガンバ大阪の大ファンで、

サッカーをやりたくてたまらなかったのです。しかし塾通いがあるため、小学生の時は断念していました。

　念願かなって入部してみると、予想以上にサッカー部は充実していました。進学校なので部活は週3日までと決められていました。しかし少ない練習日だからこそ、もっと練習したいという渇望も生じます。

　ここで、辻さんはサッカー部での生き残りをかけて、一工夫しました。サッカー部では左サイドのポジションが不足しがち。左サイドでは、左足でクロスを上げることが求められますが、左利きの選手がなかなか見つからないためです。そこで中学1年生の時に、辻さんは監督に「自分は左利きだ」と嘘をついたのです。そして監督にそれが嘘だと見破られないために必死に練習したそうです。自分を努力しなければならない状況に追い込む癖は、この頃から始まっていたと辻さんは振り返ります。

　実は、辻さんはサッカーの練習をすること自体、他の人よりも相当大変でした。西大和学園へは通学が片道2時間、往復4時間もかかったからです。しかしそれが苦にもならないほど、サッカーに打ち込むことは楽しいことでした。辻さんたちの代のチームはとうとう県大会に進むことはできませんでしたが、そうした結果にかかわらず、一生ものの財産をサッカー部で得たことができたと辻さんは考えています。

体育教師に憧れる

　高校生になって、辻さんは体育教師になるという進路を真剣に考えるようになりました。小学生の頃から、学校は好きでした。辻さんにはこだわりがあり、学校では無遅刻無早退無欠席を達成していました。いじめに関わるトラブルに巻き込まれたこともあり、小学校の生活は山あり谷ありでした。しかし小学校3年生の時に書いた、将来は学校の先生になる、という夢が変わることはありませんでした。

　辻さんにとって、強烈な原体験は、小学生の時に感じた机間巡視の怖さ。机間巡視とは、授業中に教師が生徒の机を巡回して指導すること。辻さんに

は、その様子が教師による生徒の監視にしか見えませんでした。いわば、生徒は監視され、支配されているわけです。その時に強く思ったことは、自分は絶対に支配されたくないということ。すでにこの時に辻さんの心の中には、「教師が支配しない教育」への志向が芽生えていたのでしょう。

もともと教師になりたかった辻さんですが、サッカーの楽しさも知り、プロ選手になれなくとも体育教師になれば一生サッカーに関わることができると考えました。高校の時の恩師は大阪体育大学出身で、その恩師から大阪体育大学のポロシャツをもらったのですが、休日は必ずそれを着るほど体育大学に憧れました。

東京大学へ入学

しかし、辻さんの体育教師になるという進路に周囲は大反対。親は、京都大学に進学し電電公社か関西電力のような大企業に入社する将来を辻さんに期待していました。学校も進学校ですから、体育大学に行く進路には反対。ところが、辻さんが調べた限り、京都大学では体育教師の免許を取ることはできないのです。一方、東京大学であれば体育教師の免許が取得可能なことを知りました。

辻さんはそこで一計を案じます。国際公務員になりたいから、京都大学ではなく、東京大学に行くと周囲に宣言したのです。これには周囲もびっくり。しかし体育大学ではないのだし、東京大学ならやむを得ない、と周囲も納得しました。そして猛勉強の末、辻さんは晴れて東京大学に進学できたのです。

2人の親友の死

左利きという嘘も、国際公務員という嘘も、自分のキャリアを切り拓く辻さんなりの戦略でしょう。とはいえ、辻さんも親の期待は気にしていました。東京大学に進学すれば、自分自身の興味が変わり、ひょっとすると親の期待に添えるようになるのでは、という淡い期待もありました。しかし結局、辻さんは自分の意思を貫くことになりました。そのような結果に至るうえでは、辛い経験がありました。

　東京大学に入学し、辻さんはすぐにサッカー部に入部、部の練習についていくのにいっぱいいっぱいの状況になっていました。中高の時のように、サッカー漬けになっていたのです。そのころ、中高6年間で一番の親友が8月に入院したという連絡を受けました。その親友は京都大学を受験しましたが不合格で浪人していたのです。入院していた親友からは、辻さんのもとへ、しばしばメールが届くようになりました。最初はすぐに返信していた辻さんでしたが、サッカーのことでいっぱいいっぱい。やがて返信は3日に1回、4日に1回、そのうちに2週間も放置するようになっていきました。親友からは、「無視せんといてやー」というメールも来たほどです。

　そして翌年3月12日のこと。同級生から突然連絡があり、その親友が亡くなった、と告げられたのです。実は、その親友の病気は癌だった、ということでした。しかし親友は辻さんに心配をかけまいとしたのか、癌であることを辻さんには告げてはいませんでした。あまりの衝撃と自身のメールの対応への悔悟の念に辻さんはしばらく立ち直ることができず、帯状疱疹にもなってしまいました。

　ところが、さらなる試練が辻さんを襲います。この時期、母親が重い病気にかかったこともあり、辻さんは東京を離れ、吉野で1か月ほど静養することとなりました。1か月経過し、ようやく辻さんは東京へ戻り、サッカー部に復帰しました。

　復帰した翌日のことでした。辻さんのもとへ、中高6年間を共にしたもう1人の親友の訃報が届きました。その親友は慶應義塾大学に進学していたのですが、前日までは元気であったのに、朝目覚めることなく突然死してしまったのです。

日々悔いなきように生きる

　2人の親友の死は、辻さんには受け止めきれないほどの衝撃でした。今夜寝たら、もう明日の朝に目が覚めることはないのではないか、という考えから辻さんは離れられなくなりました。寝ることが怖くなってしまったのです。

実際それからの辻さんは、午前6時に起き、それからお昼までモスバーガーでバイト、昼に学校に行き、夕方はサッカー部、そして午後10時から深夜3時までバイト、睡眠は3時間という生活を繰り返していきました。

そんな睡眠を切り詰めた日々を送りながら、明日死んでも悔いが残らない人生を送ることの大切さを子どもに伝えるために、やはり体育教員になろうと決心しました。そして大学3年になる時には、教育学部身体教育学コースを選択。この選択を知った親は、体育教師への志望を辻さんがまだ諦めていなかったことに半ば呆れ、兜を脱いで、それを認めたのでした。それでも母親からは、体育だけはやめてくれ、せめて英語教師に、と懇願されましたが、辻さんは初志貫徹しました。

4 中高一貫校の教師に

紆余曲折はありましたが、ついに辻さんは夢を実現し、体育教師として埼玉県有数の進学校である中高一貫校に赴任しました。私立を選んだのは、腰を落ちつけて生徒を指導し、その生徒が卒業してからも母校にいる自分を訪問してほしいと思ったからでした。公立の場合は、異動が多く、学校が変わる可能性が高くなります。

赴任してからも、辻さんには目まぐるしい日々が続きました。まず東京大学出身の体育教師という存在が異色。他の体育教師は学生時代に打ち込んだ競技で全国大会などで活躍した実績があり、そこに肩を並べる教員としての実績を出すことに必死になりました。

辻さんの役割は、担任・体育教師・中高それぞれの部活の監督という1人4役。たとえば週末になると、午前7時から午後1時までは中学の試合を監督し、その後急いで移動し、午後2時から6時までは高校の試合の監督をするという状況です。平日には朝5時に学校に行き、校門を開け、1時間校門の前を掃除し、生徒の登校の交通指導をします。

中高一貫校時代

その頃の朝の開門には、定年退職後にその学校の柔道のコーチをしている、柔道の達人が付き合ってくれました。その達人は、「私は鳥を自在に鳴かせることができる」と辻さんに宣言し、実際に朝の校門に佇む鳩に気を放つと、その鳩は鳴きだすのでした。毎朝、ゴミが1つも落ちていない校門の前を1時間掃き清めることは根気強さが求められましたが、いつか鳥を鳴かせることができるようになるための精神修養だ、と辻さんは自分に言い聞かせていたそうです。

「ぶっ倒れるまで」という旗を6年間のクラスに立てる

辻さんは、いずれ母校である西大和学園で体育教師を務めたいと思っていました。そして西大和学園側も辻さんを受け入れる方向で話が進んでいました。ところが赴任してから3年目、辻さんは中1のクラスの担任になったのです。中1の担任になるということは、6年間、そのメンバーを受け持つということ。辻さんは覚悟を決め、西大和学園には、教師として戻ることができなくなったという謝罪の連絡を入れました。

それからは怒涛の日々でした。辻さんは学校が好きだったので、学校に来さえすれば何かいいことがあると本気で思っていました。そこで「倒れるまでやろう」と生徒たちに呼びかけ、結果的に全員が無欠席を達成するという信じられないことが起きてしまいました。

辻さんはクラスの生徒全員の個性を考え、適材適所で良いところを伸ばすことを心がけました。また進学だけを目的とせず、部活動の引退の時期を延ばしてぎりぎりまでやることも推奨しました。その結果、生徒たちは進学にも部活動にも、こだわりを持って取り組みました。39人のクラスのうち現役で7名が東京大学合格、13名が納得いくまで入試に取り組みたいと浪人、そのうち5名も東京大学に合格しました。

「倒れるまで」苦楽を共にした生徒たちは、今も辻さんを慕っています。結婚式に呼んでくれる生徒、弘前を訪ねてくれる生徒など、絆は続いています。

学校教育の限界を感じる

6年間のクラス担任を終えたら、辻さんは新しいキャリアを歩もうと考え始めていました。社会で求められていることと、学校で教えようとしていることとの乖離が埋まらないと感じていたからです。特にそれを痛切に感じたのは、2011年の東日本大震災の時。今こそ、社会で求められる学びを追求したいと辻さんは考えました。そして6年間のクラスを終え、大きな達成感を覚えたのでした。

ところがそこで校長から、成績が2番手の中1クラスをもう一度担当して、徹底的に成長させてほしいと要望されました。その要望を意気に感じた辻さんは引き受けることにしました。しかしふたを開けてみると、担当クラスは高1。辻さんは話が違うと思いましたが、とにかく3年間で結果を出してくれ、と校長に要望されます。

その時、辻さんが感じていたことは、前の6年間のクラスの取り組み方への反省。倒れるまで熱烈に取り組んだことは良かったのですが、あまりにも辻さんが方向性を出しすぎ、生徒の自由な選択の機会を奪ったのではないか、と懸念していたのです。そこで、高1から担当したクラスでは、今度は徹底的に放任し、生徒の自主性を最大限に尊重することにしました。結果としてそのクラスも大学入試では大成功し、進学校としての目標を達成しました。

しかしその過程で、とにかく進学実績を重視する学校側と、部活動など多様な場面での教育を重視する自分との間に乖離があるように辻さんは感じていきました。結果として11年間の教師生活に辻さんは終止符を打ち、新たなキャリアへと踏み出したのです。

5　弘前で「ルイーダの酒場」を実現する

　新しい学校の形を模索して2016年3月に教職を辞した辻さんが参画したのは、BOLBOPという株式会社。実は東京大学のサッカー部の3年先輩が創業した会社でした。その先輩とは大学時代から、いつか一緒に学校をつくろうと夢を語り合っていました。先輩はコンサルティング会社への道を進み、辻さんは学校教育の現場への道を進み、そのうえで、いつか手を組もうと話していたのです。

　BOLBOPは気仙沼の復興支援を中心に立ち上がった会社。2016年当時の復興支援は、緊急的な復興から息の長い地方創生へと移行する段階にありました。そのため、BOLBOPも東北のみならず、全国でゆるい形ではあるものの、拠点を増やしていました。そのような段階で、辻さんは青森にBOLBOPの新しい拠点をつくる前提で入社したのです。

　辻さんが青森という地に惹かれたのは、配偶者のご実家が青森県の鯵ヶ沢町であったから。また、偶然にもBOLBOPを創業した先輩の生まれ故郷が青森だったから。辻さんにとって見知らぬ地ですが、そういう地でこそ学校教育の限界を超える「まちの学校」をゼロベースで立ち上げてみたかったのです。ただ青森県の中では、青森、八戸、弘前という3つの都市のどこを選択するのかという問題もあります。辻さんが選んだのは弘前。弘前には弘前大学があるので学生が多く、「まちの学校」に向いているという理由がありました。しかしダメ押しになったのは、弘前が吉野と同じく桜の名所である、という要素だったそうです。ちょっと運命的で、ロマンチックな理由です。

「ルイーダの酒場」を目指す

　辻さんは気仙沼の復興に携わりながらも、2016年7月には弘前に移住し、「まちの学校」の立ち上げを目指しました。目指したのは「教える・教えられる」という教師と生徒の関係ではない学び。もはや唯一の正解が頼りになら

ず、というよりも存在しない時代に、知識を一方通行で伝える教育の限界は、辻さんには明らかに思えました。では、どんな学びが望ましいのか。「まちの学校」として望ましい学びを体現する場のコンセプトが、「ルイーダの酒場」でした。

「ルイーダの酒場」とは、前述のとおり、ロールプレイングゲームの『ドラゴンクエストシリーズ』に登場する仮想の場。ドラゴンクエストで冒険をする旅人が仲間を見つけ、冒険が終われば解散する場所。いわば、多様な人々との出会いと別れを演出する場です。これぞ、サードプレイスの特徴を象徴する場かもしれません。

辻さんが「ルイーダの酒場」を着想したきっかけは、BOLBOP の東京オフィスにあります。コロナ禍の以前には、東京オフィスに「ルイーダの酒場」を開設、一般公開していた時期があったのです。辻さんは、それを弘前のまちなかに再現したいと思ったのでした。BOLBOP の創業者はかつて 1 人で気仙沼に乗り込み、活動を開始したのですが、今や単独の動きには限界がありました。何かを変えるには、仲間が必要。だからこその「ルイーダの酒場」だったのです。

仲間づくりに奔走する

誰も知り合いがいない中で、どうやって「まちの学校」をつくればいいのか。辻さんには、まちの小さな物件を借り、なにか大学生への取り組みを実施したいという漠然とした事業構想しかありませんでした。そこで、とにかくは仲間づくりに励みます。辻さんは、その頃の仲間づくりの日々を、克明にメモに記録していました。弘前での数年の記録は詳しく残した方がいいと、アドバイスしてくれた人がいたそうです。筆者もこのメモを見せていただきましたが、当時の辻さんの行動と気持ちが手に取るようにわかりました。

弘前に移住する直前、辻さんは BOLBOP の創業者から、JTB コミュニケーションデザインの社員を紹介してもらっていました。その社員は、弘前の桜に魅了されていました。弘前には、桜守と呼ばれる樹木医が 3 人いて、日々

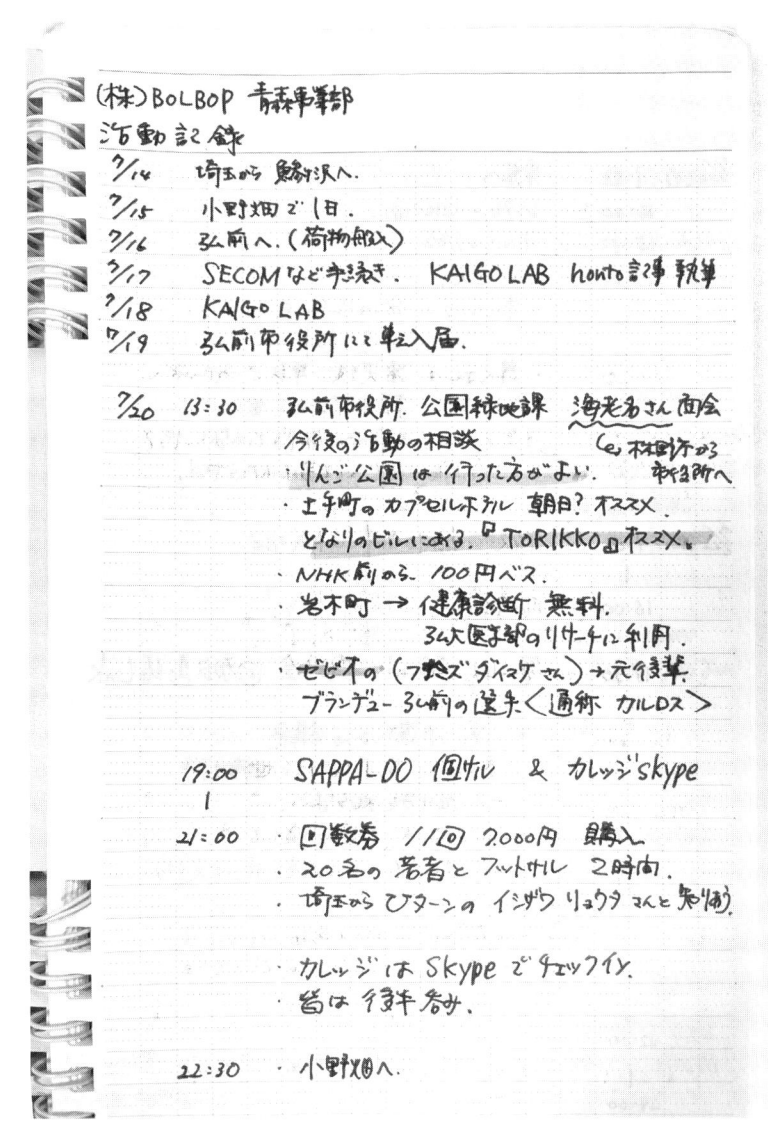

（株）BOLBOP　青森事業部

活動記録

3/14　埼玉から鯵ヶ沢へ.

3/15　小野畑で1日.

3/16　弘前へ.（荷物解以）

3/17　SECOMなど手続き.　KAIGO LAB honto記事執筆

3/18　KAIGO LAB

7/19　弘前市役所にて転入届.

7/20　13:30　弘前市役所. 公園緑地課　海老名さん面会
　　　　　　　　今後の活動の相談　　　　　（c木坂行から
　　　　　　　・りんご公園は 行った方がよい.　　本る所へ
　　　　　　　・土手町の カプセルホテル 朝日? オススメ.
　　　　　　　　となりのビルにある 『TORIKKO』オススメ.
　　　　　　　・NHK前から. 100円バス.
　　　　　　　・岩木町 → 健康診断 無料.
　　　　　　　　　　　　　34大医学部のリサーチに利用.
　　　　　　　・ゼビオの（フッズダイスケさん）→元役筆
　　　　　　　　ブランデュー弘前の送矢〈通称 カルDス〉

　　　　19:00　SAPPA-DO 個サル　& カレッジSkype
　　　　　　　　　｜
　　　　21:00　・回数券 1/回 2000円 購入
　　　　　　　・20名の 若者と フットサル 2時間.
　　　　　　　・埼玉から ひターンの イシザワ リョウタさんと知り合う
　　　　　　　
　　　　　　　・カレッジは Skypeで チェックイン.
　　　　　　　・皆は 行半済み.

　　　　22:30　・小野畑へ.

仲間づくりの日々を克明に示したメモ

かだれ横丁で自分の構想を語り続けていた頃（左端が辻さん）

桜の保全をしています。JTB コミュニケーションデザインでは、その桜守の活動を映像に残すプロジェクトを始めていたのです。辻さんは、移住前にそのプロジェクトメンバーに同行し、その時に弘前市の観光課と緑地課の職員と知り合うことができました。行政とつながることは視野になかった辻さんですが、観光課と緑地課こそ弘前の基幹産業を支える部局。移住の翌日、早速あらためて観光課と緑地課に挨拶に行き、訪問した方がいい場所や知り合うべき人物などの情報を得ることができました。

それからの辻さんは、とにかく地道に行動。たとえば若者が集まるフットサル場に飛び込み、辻さんもフットサルに混ぜてもらいガチンコのサッカーをやり、終わった後に食事をしながら「まちの学校」の構想を聞いてもらうなど。そんな手探りの日々の中、観光課を訪ねた辻さんは、当時の観光部長（現弘前市長の櫻田氏）が企画した「やわラボ」の存在を知り、その会合に参加します。「やわラボ」は、大学生と社会人とのネットワークづくりを目的としたゆるい交流会。辻さんの人脈は、「やわラボ」に参加したことで一気に広がります。ここで市役所の若手で佐々木絵理さんという熱意ある方とも知りあい、2人でキャリア教育関係のイベントなどを手掛けていくことも可能になりました。

人脈が広がる中、弘前のまちづくりを進めるキーパーソンの方々とも知り合うことができました。大浦さんというキーパーソンに、弘前のかだれ横丁

という屋台村で飲みながら、辻さんはひたすら自分の夢を語り続けました。しかし、大浦さんは辻さんの話に納得しているようには見えませんでした。ところが辻さんが「まちの学校」をつくりたい、と説明を始めると、急に大浦さんの目が輝き、雰囲気は一変しました。実は大浦さんも教育が今のままではいけないという問題意識を持っていたのです。大浦さんは眼光鋭く「いつまでにそれを実現したいんだ」と尋ねてきました。具体的に、実現の時期までは即答できなかった辻さん。ただ「弘前に骨をうずめる覚悟です」と伝えました。

　その後、しばらく大浦さんから連絡はありませんでした。しかしある日のこと。大浦さんから弘前大学で授業を担当してみないか、という連絡がありました。弘前の学生を巻き込みたい辻さんにとっては願ってもない話、即座に引き受けることにしました。知り合いのいなかった弘前で、辻さんの地道な活動と「まちの学校」というコンセプトが多くの人を巻き込んでいったのでした。

HLS 弘前の立ち上げ

　弘前の人々とのつながりは確実に増えていったのですが、実はこの頃が辻さんにとって一番苦しい時期でした。事業収入を確保していく道筋が何も見えていなかったからです。辻さんは、移住して半年すぎても何も見えてこなければ構想自体を見直そうか、などと考えるようにもなっていました。そんな時に大きな転機になったのは、「My ひろさき創生市民会議」。佐々木絵理さんに弘前のまちづくりに関わる人たちのワークショップがあるから、と紹介され参加してみたのです。そこで、辻さんは「地域×教育」を実現するために、「弘前にルイーダの酒場をつくりたい」とプレゼンしました。そのワークショップでは共感したプレゼンに参加者がシールを貼るのですが、辻さんのプレゼンには一番多くのシールが貼られました。この結果に辻さんは勇気を得て、居場所づくりに向けて邁進することになります。

　そのワークショップで同じグループには、弘前大学の学生がいました。そ

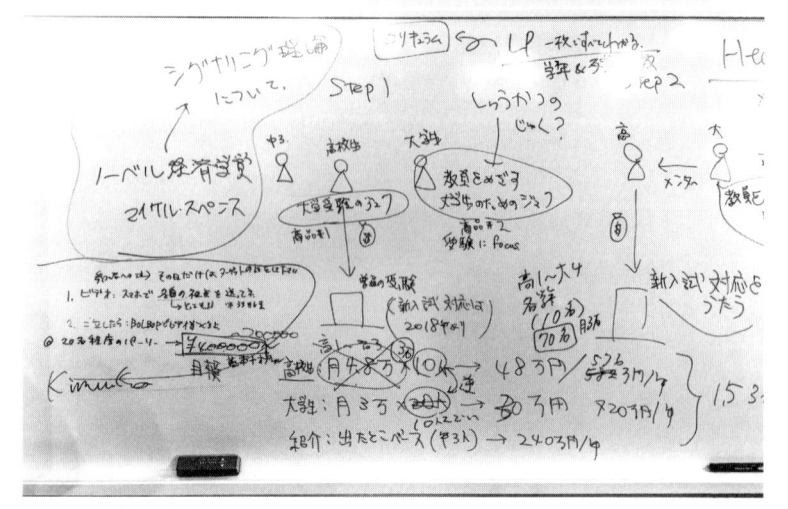

BOLBOPで練った事業計画のホワイトボード

の学生は弘前大学の北原啓司研究室に所属していました。北原研究室は都市計画・まちづくりの研究室。その学生から、まちの遊休不動産である空き家をいかしたまちづくりの勉強会を紹介してもらいました。遊休不動産の勉強会に佐々木絵理さんとともに参加した辻さんは、そこでHLSを立ち上げる具体的なイメージを構想することができました。

それからというもの、弘前のまちを歩き回った辻さん。HLSを開設するのにぴったりな遊休不動産の物件のめどをつけることができました。ちょうどその頃、知り合いを弘前の名所であるりんご公園にアテンドしていた時に、狙っていたビルのオーナーと偶然にも遭遇、「絵理さんから、辻さんがまちづくりで色々構想しているのを聞いているよ」という言葉をかけてもらうことになります。

そこからは一気呵成に辻さんは計画を進めていきました。2017年1月にはBOLBOPのオフィスで事業計画を練ります。そしてビルのオーナーに正式に遊休不動産の賃貸を申し込むこととなったのです。

6 HLS の始動と成長

　こうしてついに 2017 年 4 月に、コラーニングスペースとして HLS がオープンしました。移住してから 9 か月間、肝臓を酷使しながら毎晩飲み続け、弘前の多様な人々との対話を繰り返した結果でした。しかしその過程は偶然の縁が別の縁を呼び込み、オープンに結びついていったようなもの。この過程を辻さんは、ジョン・D・クランボルツが唱える計画的偶発性理論（プランド・ハップンスタンス理論）[18] のようなものだったと振り返ります。ある方向性を目指して頑張ってきたものの、様々に起こる偶然を素直に受け入れて活かしてきたことが、偶然をいかしてキャリア形成することの重要性を指摘する計画的偶発性理論と合致しているからです。

　金曜の夜は、ふらっと

　HLS オープンと同時にまず始めた企画が「金曜の夜は、ふらっと」。地域の人なら、誰でも参加可能。それぞれが食べ物や飲み物を持ち寄って、「ふらっと」集まり、年齢、地位、肩書に囚われずフラットに会話を楽しむという企画です。「金曜の夜は、ふらっと」はすぐに軌道にのり、盛会となりました。ねぶたを先頭で引っ張るようなまちの重鎮と目される人に、弘前大学の学生が臆せず意見を述べて、重鎮がタジタジとなっていることすらありました。しがらみなく、多様な人が入り乱れて飲み交わす様子を見て、辻さんは、いきなりルイーダの酒場が実現したと感無量でした。

　年間 80 本から 100 本のイベントを打つ

　HLS 発足当初は、とにかく多くのイベントを実施することを心掛けました。なるべく HLS の入り口をオープンにして、多様な層に参加してもらい、その多様な層にまじりあってもらいたいと考えたからです。新しい人が参加すればするほど、メンバーが固定し、常連だけで固まるという状態は避けることができます。

起業家の講演、「地域 × 教育」をテーマにした朝活、「スパイスカレー研究部」など多種多様なイベントが開催され、狙い通り HLS の参加者の層は拡大していきました。

事業の柱としてのインターンシップ事業

　イベントの実施は順調でしたが、実はそれでは事業収入は確保できません。コラーニングスペースの貸し出しの収益も、なにしろ学生は無料ですから、やはりそれだけを頼りにすることはできません。HLS がオープンしてしばらくは、辻さんが市役所の他の仕事をして、なんとか HLS を維持している状態でした。もともと BOLBOP のオフィスで練った事業計画では人材紹介業まで考えていましたが、HLS を運営する中で事業計画は柔軟に変わっていきました。

　そんな時に転機になったのは、宮城県女川町から HLS を訪ねてきた南三陸石けん工房 KURIYA の厨勝義さんに聞いた、北九州市立大学の眞鍋和博教授の取り組み。眞鍋教授は「まちがキャンパス」と考え、学生が地域でアクティブラーニングで学ぶ取り組みを推進していました。辻さんは市役所の職員とともに北九州に出張し、その取り組みを学ぶとともに、眞鍋教授の講演会を弘前で開催しました。

　そのような準備を経て立ち上がったものが、「まちなかキャンパス（まちキャン）」プロジェクト。弘前市、弘前大学、HLS が協働し、地元の土手町商店街を中心とした事業者に対し弘前大学の学生がインターンシップを行います。そしてこのインターンシップ自体が授業の単位にもなる仕組みです。まちキャンは事業収入の柱として順調に成長し、2020 年 1 月には辻さんは株式会社まちなかキャンパスを設立し、BOLBOP から HLS に関する事業を引き継ぎました。

学生に運営を託す

　その後、辻さんは 2021 年 4 月に、HLS の運営を学生としてアルバイトをしていた佐藤綾哉さんに託すことになりました。そのきっかけは 2019 年 1 月

の辻さんの父の葬儀がきっかけでした。最終的には体育教師になることを許してくれた父との別れ。辻さんは、弘前と吉野を物理的に3往復することになりました。その時、辻さんは、自分にしかできないと考えていた重要なイベントの実施をいくつか抱えていました。しかし、物理的に弘前を離れざるを得ない状況で、イベントの実施は学生アルバイトのチームに託さざるを得ませんでした。ところが結果としてイベントは大成功。イベントの参加者どうしの良好な関係性の構築もできました。

辻さんは思いました。自分にしかできない、と勝手に思い込んでいたんだ、と。それ以降、辻さんは HLS の運営の権限委譲を進め、どんどん学生に任せていきました。これは埼玉の学校で高1からのクラスを3年間担当した時に、生徒の自主性を最大限に尊重したことと似ているかもしれません。

7 学校教育に戻る

すっかり弘前に根付いた HLS。コロナ禍という試練もありましたが、逆にオンラインイベントを増やすきっかけにもなりました。冒頭紹介した「おやこコラーニングスペース cotto」の開設、影響を受けた学生による「医カフェ」の開設など、その取り組みは多様化しています。

しかし軸は地域で「学ばせていただく」というコンセプト。学生は地域での「圧倒的な実践」を通して、答えのない問いに立ち向かう力を着実に身につけてきています。そのような地域での学びは、地域に住むお互いを、もう他人とは思えなくなる気持ちが醸成されることにもつながっています。

サードプレイスの機能と役割

ここまで述べてきた HLS の機能と役割は、サードプレイスとしては次のように分析できるでしょう。

① 強いビジョンを持つ創設者の辻さんと学生主体の運営の組み合わせ：サードプレイスとしての理想を目指しつつ、辻さんだけに頼らないサ

ステナブル（持続可能）な運営と、学生が多様な人を呼び込むことで属人化しない場所を実現。

② オンラインを含むイベント数の多さ：多種多様な関心を持つ人々を呼び込み、巻き込むことができる。属人化しない場所を実現するとともに、新しいプロジェクトを自ら考える人々のハブにもなる。

③ 地域密着の物理的な場がある：物理的な場があるので、地域住民が気軽に立ち寄れる。地域との信頼関係が構築されるので、「まちキャン」のような地域密着型の事業を構築することができ、収益基盤が安定する。結果として、HLS を取り巻く多様な関係者の地域愛着が醸成される。

FC 今治高校里山校の校長に

そしてなんと、辻さんは 2024 年に愛媛県今治市で開校する「FC 今治高校里山校」の校長に就任することが決まっています。きっかけは、同校の学園長であるサッカー元日本代表監督の岡田武史さんが登壇者のオンラインイベントに参加したこと。気軽な気持ちで参加したら、辻さんはその場でいきなり登壇者側に呼び込まれ登壇者と質疑する機会がありました。実は、サッカーチームの FC 今治の社長は、辻さんの大学のサッカー部の先輩だった、という事情がありました。

FC 今治高校里山校では「教える・教えられる」という教師と生徒の関係ではない学びを実現しようという教育理念を有しています。まさに学校教育で「教師が支配しない教育」を実現できると感じた辻さんは、校長就任を決意したのです。

学校教育の限界を感じ、「まちの学校」を創設した辻さん。「まちの学校」の経験を得て、辻さんは学校教育に回帰します。日本の学校教育そのものを変える取り組みを辻さんが実現していくと、筆者は確信しています。

石山恒貴

事例3

全員で運営するコモンズ農園
—— EdiblePark 茅ヶ崎 | 神奈川県茅ヶ崎市

農作業で使う水は井戸からくみ上げる

1 会員制コミュニティ農園というチャレンジ

　EdiblePark 茅ヶ崎（以下 EdiblePark）は、茅ヶ崎市にある、会員制コミュ
ニティ農園です。一般的な貸し農園では、1区画5坪などと自分の区画があ
らかじめ決められており、そのスペースの中でそれぞれが作物を育て、自分
の分を収穫します。周囲のお隣さんと農作業の合間に言葉を交わすこともあ
るかもしれませんが、基本的には個人個人の作業になります。しかし、この
EdiblePark は違います。晴れた日には富士山の望める800坪の農地を区切る
ことなく、会員みんなでシェアし、一緒に作物を育て、収穫もみんなで分け
あうのです。つまり、農園という場を通じたコミュニティとなっています。

　だから収穫が目的というよりも、もっとそれまでの過程、みんなで一緒に畑
を耕す時間や、お互いの意見を出し合い試行錯誤しながら野菜づくりにチャ

上左：手づくりの看板が掲げられた畑の入口
上右：畑で飼っているニワトリ小屋、時々放し飼
い
下左：うみたて卵もみんなで分け合う
下右：土を掘り起こすと出てくるミミズを食べ
る放し飼いのニワトリ

レンジする時間を大切にしています。みんなでわいわい会話しながらの野菜
づくりは、1人よりも圧倒的に楽しいといいます。また、1人で全部をやろう
とすると行き詰ってしまう農作業も、みんなで協力しての作業なので、お互
いの得意なことを持ち寄って協力しあうことができます。そんな思いに共感
する人たちが集まり、スタートして6周年、今では28組の会員が参加してい
ます。

炭素循環農法で目指すは自然との共生

　もう1つ、EdiblePark の特徴は、自然と共生しながらの野菜づくりを目指
していることです。無農薬・無化学肥料で、炭素循環農法を行っています。
炭素循環農法とはいったい何のことでしょうか。化学肥料や農薬を用いる代
わりに、ウッドチップなどの炭素資材を土に混ぜ、菌や微生物の動きを活発
化させて虫が寄ってくるのを防ぐという、生態ピラミッドの仕組みを活かし
た自然農法のことです。

　たとえば、ビールの製造過程で生まれるビールかすを利用した土壌づくり。
地元のクラフトビール屋さんで残ったビール酵母をもらい、畑にまいて発酵
させて肥料代わりにしています。ビールかすには、ビタミンBやミネラル、
アミノ酸など、多くの栄養素が含まれており、微生物の育成につながるので
す。健全な生態系になってくると、畑に虫やミミズが増え、放し飼いで畑を
歩き回るニワトリがミミズやバッタを食べ、そのニワトリの糞がまた肥料に
なっていきます。まさに生態ピラミッドが循環しているといえます。

緩やかに「農的な暮らし」を目指すコミュニティ

　また、EdiblePark では野菜づくり以外でも、畑でニワトリを育てたり、DIY
をしたり、満月の夜は焚火を囲む「焚火ナイト」などのたくさんのお楽しみ
があります。いずれも、昔の農村では暮らしの中で自然にやっていたことば
かりです。古来からそういった農的な暮らしの中で地域のコミュニティは育
まれてきました。それを、無理のない範囲でゆるやかに導入していくことで、
関係性が希薄になりがちな現代にもつながりの深いコミュニティが生まれて

いくと石井さんは考えています。いわば農村共同体の良さを現代版にうまく
チューニングするということなのかもしれません。

2 ゆるい場をつくる人:石井光さん
——気さくな近所のお兄ちゃん

　一見クールな印象もあるけど、とても情熱的な人だな。それが、筆者が初
めて石井光(ひかる)さんに会った時の感想でした。2022 年夏、社会人大学院のメン
バーで、地域のサードプレイスである茅ヶ崎の「チガラボ」(事例 1) を訪問
した時のことでした。それは、チガラボから始まった複数の団体のリーダー
がそれぞれの団体の概要と課題を語り、それについてゼミ生と一緒にどうし
たらいいかディスカッションする場でした。

　少し緊張した面持ちで早口で語る石井さんの話は、客観的で理路整然とわ
かりやすく整理されていました。パワーポイントの資料も同様でした。しか
しその語り口には熱がこもっており、地域で農地を運営していく、いわゆる
農地コミュニティに関する熱い思いが伺えました。いったい、この人は、ど
んな背景を持っているんだろうか。その二面性に興味を持ち、筆者は石井さ
んのキャリアに深く興味を持つことになったのでした。

　そもそも、子どもの頃、自宅に隣接する畑でほうれん草やダイコンなどの野
菜を育てることに熱中していた筆者は、作物を育てることに強い関心を持っ
ていました。大人になってからのマンション暮らしの中で、自ら育てること
はなかったものの、無農薬野菜の宅配を 10 年以上続けていました。そして当
時、コロナ渦の閉塞感の中で、遠出できない代わりに、近所の貸農園で野菜
づくりでもしたいなと考えていました。EdiblePark に強い関心を抱いた背景
には、そんなことも影響していたのかもしれません。

フットワーク軽く頼りになる、ひかるくん

　翌年、取材で EdiblePark を訪問する機会がやってきました。メールで取材
のお願いをするとすぐに返事が返ってきて、その週末に石井さんのご自宅を

上：みんなで鍬を振るって土をならす
右：コミュニティリーダーの石井光さん

　訪問させていただくことになりました。当日は朝から天気があやしく、夕方になるにつれ、激しい雨が降ってきました。「良かったら迎えにいきますよ」。ますます激しくなる雨の中、チャットに連絡があり、急遽、石井さんが辻堂の駅まで車で迎えにきてくれました。

　ご自宅では奥様が快く迎えてくださり、無農薬のたんぽぽ茶をいただきながら、話がはずみました。興味深く伺っている間にあっという間に時間がたち、夕方になりました。その夜は石井さんの自宅で仲間が集まる持ち寄り食事会が予定されていました。取材がその時間までかかったこともあり、その場にも参加させていただくことになりました。お子さんがいらっしゃるEdiblePark メンバーが中心の集まりでした。よちよち歩きから小学生までの子どもを連れた5〜6家族が集まり、手づくりの料理がふるまわれる温かい場でした。

　そこで印象的だったのはまず、石井さんのフットワークの軽さです。みんなに座布団をだしたり、机の上にお箸を並べたり、子どもの世話をしたりと、誰よりも働いていました。また料理がみんなにちゃんと行きわたっているか、常に気を配っていました。さらに、「ひかるくん」「ひかるくん」とみんなから親しげに呼ばれる人気者で、あちこちで会話を交わしているのが印象的でした。年齢も様々な人たちからまるで「ご近所の石井さんちのお兄さん」み

EdiblePark 茅ヶ崎がきっかけで農園を始めた菊池啓輔さん、レイコさん夫妻

たいに頼られているのを見て、最初に出会った時のクールな人という筆者の印象はすっかり払拭されていきました。

出入り自由なゆるい集合ルール

翌日は誘われるままに、EdiblePark の畑に伺いました。大きな麦わら帽子をかぶって鍬をふるう石井さんが筆者を快く迎えてくれ、会員のみんなに次々引き合わせてくれました。毎週土曜の午前がみんなで畑に集まり作業をする日です。その日も三々五々とみんなが畑にやってきました。近所に住んでいてふらりと歩いてやってくる人、自転車を走らせてくる人、子ども連れで家族全員で自動車でやってくる人、それぞれのスタイルでそれぞれのタイミングでやってきます。

その日は月に一度のミーティングということもあり、30 名ほどが集まりました。会員は 27 家族で総勢 40 名程度です。ゆるい決まりとしては毎土曜午前に集まる、ですが、毎週は来ることができず隔週参加、仕事の都合で 1 か月くらい顔を出せない、そんな人もいます。普段は 20 名前後が毎週集まるそうですが、午前中からくる人もいれば、来てもすぐ帰る人もいればと、自由なスタイルが EdiblePark の特徴です。

怒られない自由な場所

「ここは怒られない場所だから」。そう笑う黒田早苗さんは、辻堂に住むセラピストで、ずっと美容に携わるお仕事をしています。もともと学生時代に園芸を学んだことがあり、野菜づくりにも興味を持っており、EdiblePark にやってきました。

いつ来て、いつ帰っても誰にも何も注意されない、そんな自由な空気がと

ても居心地がいいと話してくれました。また、ご両親の介護をしていた時期は畑に来ることで精神的にとても助けられたそうです。そんな風に毎週会って一緒に農作業をするメンバーは、黒田さんにとって、家族より家族みたいな存在だといいます。

　快活で積極的な黒田さんとは前日の石井さん宅での食事会でも一緒でした。大きな鍋に味噌汁をつくって持ってきたり、美味しいケータリングのお弁当を人数分発注したりと、幹事的な役割を担っていました。その日も、見知らぬ人ばかりの畑の中で、私に色々説明してくれ、色々な人を紹介してくれました。

それぞれが得意なことを持ち寄る、自分の居場所

　みんなが集まる集会所のテーブルや設えがあまりに素敵だったので、誰がつくったのか尋ねると、それは最年長の小平二郎さんの手によるものでした。70代になる二郎さんは EdiblePark からすぐの徒歩圏内に住んでおり、もともとここは散歩コースだったそうです。当時会社を引退したばかりで、どこかサードプレイス的な場所を探していて、散歩のついでに立ち寄り、入会しました

　二郎さんは手先が器用なため、「農作業よりも舞台装置担当」と自ら語るように、看板や柵づくり、みんなの休憩場となっているスペースの設営など、日曜大工を主に担当しています。畑をやると時間の流れが変わる、とにこやかに語る二郎さんにとって、太陽の下で身体を動かし、若い人たちと触れ合うこの場所は、自分の役割が自然とある、居場所となっているといいます。

　この場所の良さをみんなに伝えていきたい、という二郎さんは突然やってきた筆者のことも親切に気遣ってくれました。二郎さんがつくった大きな木のテーブルを囲んでいるミーティングの時に、勝手がわからず所在なげだった筆者に、自分の近くにあった椅子替わりの石に座るようにと、声をかけてくれました。

　こんな場所をつくり上げた石井さんはいったいどんな人なんでしょうか。

3 地主の13代目として辻堂で育つ

　辻堂で生まれ育った石井さんは、江戸時代から代々続くその地の地主の13代目です。幼い頃の石井さんを語るキーワードは、「お祭り」と「生き物」でした。

　石井さんの家の2軒隣に、辻堂諏訪神社があります。毎年夏には東西南北の4つの町内会でそれぞれ山車が出て、お囃子をする盛大な夏祭りが開催されていました。山車の上に立つ人形は藤沢市の有形文化財になっており、このお祭りはまちの誇りでもありました。夏が来ると胸が騒ぐという石井さんは、小学1年生の時から家族と一緒に、毎年このお祭りに参加しています。今振り返れば、そんな中で自然と地域との関わりを学んできたのかもしれない、といいます。

　当時近所には今より緑が多く、そこにはカエルやトカゲなどの生き物がいました。爬虫類や両生類、特にカエルやトカゲが好きだったという石井さんの大好きなテレビ番組は『どうぶつ奇想天外！』で、動物学者の千石先生に憧れていました。

　その後成長して小学校高学年になりテレビのニュースに耳を傾けるようになった石井さんは、地球温暖化について取り上げられている番組を観て、人間が地球環境を汚染している事実を知ります。もしかしたら人間なんていない方がいいのではないか。そんなことも真剣に考えるようになりました。そう思うと、近所の昆虫や生き物も減ってきているように感じられました。

地主であることに悩む多感な青年時代

　そんな無邪気な少年時代を経て、中学生では地元を離れ、私立の中高一貫校に進みます。偏差値の高い進学校でした。外の世界を知り、またちょうど思春期ということもあってか、その頃から、人目を気にしたり、社会的な評価を気にしたりするようになったそうです。

もともと石井さんのお母さんは江戸時代から代々続く地主の跡取り娘でした。一人っ子だった石井さんは、生まれた時からゆくゆくは後を継ぐことが決まっていましたが、その後両親の離婚により、代が1つ飛び、祖父から石井さんへと引き継がれることになりました。

同居していた祖父は先祖からの土地や家屋を所有し、不動産業を生業にしていました。そんな環境の中で、外で働かなくても、地主は今ある土地を守れば生きていけるという恵まれた立場であることへの罪悪感を持っていました。同時に、恵まれている反面、そうはいっても自分で将来を選べない、という鬱陶しさもぬぐえませんでした。石井さんはその頃から、その両方の葛藤に苦しむことになります。

パーマカルチャーとコミュニティデザインに夢中になった大学院時代

石井さんは大学・大学院では、生態系をテーマに学びました。「持続可能な自然と人間の共存」「生き物の恵みを得ながら人間社会が存続するにはどうしたらいいか」など、生物多様性保全の研究に没頭しました。子どもの頃から生き物が大好きで、地球温暖化に心を痛める少年時代を過ごした石井さんにとって、それは必然の選択だったのかもしれません。

奄美大島で森林伐採と生態系の関係を研究したのち、休学してロンドンに渡った石井さんは、そこでパーマカルチャーに出会います。パーマカルチャーとは、パーマネント（永続性）、アグリカルチャー（農業）、文化（カルチャー）を組み合わせた造語であり、農を主軸にした持続可能な暮らしを意味します。これだと感じた石井さんは帰国後、日本で相模原にあるパーマカルチャー・センター・ジャパンのデザインコースに通います。なにか特別なことをするのではなく、普通に暮らしながら、日常の中で人と自然が寄り添いながら共生していくことを追求したいと感じていたからです。

また当時夢中になって読み漁ったのが、つながりの大切さを訴え現代におけるコミュニティの在り方を提唱するコミュニティデザインの山崎亮さんや群馬県上野村で田畑を耕し里山で生活する哲学者の内山節さんの本でした。

そうやって多くの知識を得ると、今度は実際にそれを実践で試してみたくなり、畑を借りることにしました。まず最初に、1人で区間貸し農園を借りました。こういった区間貸しの農園では、それぞれの個人が自分の区画を担当します。なので「2年間借りていたけど、たまに野菜どうですか、と周りの人と声をかけあうくらいでした」と石井さんは振り返ります。コミュニティ運営に興味関心を持っていた石井さんにとって、それは少し物足りない経験でした。

自分は何者なのか、名刺のないあてどなさ

　その後大学院を中退した石井さんは、友人たちのようにフルタイムで働くことはできませんでした。家業を継がねばならなかったからです。そこで家業の傍ら自然保護系のNPO法人で週3日のパートタイムという形で働くことを選びました。働くうえで大切にしたいことは、「たとえば環境を破壊しまくっている会社には入りたくない」ということでした。また、お金を稼ぐことへの罪悪感がありました。そう考えると一般企業で働くということはなかなか選択肢に残りませんでした。

　一方で学生時代の友人たちは次々と企業に就職し、○○企業に勤めている、と自ら名乗るようになっていきました。会社から給料をもらい、飲み会でも名刺交換をする友人たちを前に、石井さんは孤独を感じるようになっていきました。友人たちが社会で自分の場所を確立していく中で、自分は何やっているのか、と悶々とする日が続きました。

　その頃、石井さんはまだ現役であった先代である祖父との考え方の違いにも苦労していました。持っていた土地に何を建てるか、会社を法人化するか否かなど、何についても2人は意見が分かれていました。学んできた生態系とコミュニティについての知識を活かし、地域に根差したコミュニティ住宅を建設したかった石井さんでしたが、借金が悪だと考える祖父からの許可はなかなかおりませんでした。

　しかし諦めない石井さんは祖父を説得し続け、6年半かけ、「ちっちゃい辻

堂」と名付けたコミュニティ住宅を 2023 年夏にスタートさせました。自然と
共に 4 軒の集合住宅が軒を連ね、お互いに行き来もできるような現代版の長
屋ともいうべき住宅です。さらにこれを機に家業を法人化し、今ではその会
社の代表取締役社長となっています。

4 「巻き込まれ事故」のような流れで代表に

　実は、EdiblePark を最初に始めたのは、石井さんではありません。2017 年
10 月、チガラボから始まった NPO 湘南スタイルの一事業であり、長谷さん
（通称トニーさん）が発起人でした。会社員だったトニーさんは脱サラ後新規
就農して 3 年目。ウッドチップを畑にまき、それを餌に微生物が増え、それ
により野菜が育っていくという、炭素循環農法での農業を茅ヶ崎で始めると
いうことでメンバーを募集していました。

　石井さんが興味があるのではないかと考えた、父の友人であるチガラボ代
表の清水謙さん（通称謙さん）から「この畑をやってみないか」と誘われま
した。自然と人間が共存して生きていくことを幼い頃から模索していた石井
さんにとって、それはまさにぴったりの興味深い試みでした。また、大学卒
業後に働いていた NPO 法人は勤務がフルタイムではなかったことに加え、家
業も祖父がまだ健在で仕事をなかなか任せてくれなかったこともあり、時間
的余裕がありました。

　当時の運営メンバーは、謙さん、トニーさん、石井さんと同じくパーマカ
ルチャーコースに通っていた美歩さん、そして石井さんです。農家であるト
ニーさんが先生となり、毎週土曜日にメンバーに農業のイロハを教えてくれ
る、そんな仕立てでした。当時パーマカルチャーにはまっていた石井さんは
謙さんから「パーマカルチャーの実践になるのではないか」とすすめられ、
「そんな世界が実際に実現できるかもしれない」という期待を持って参加しま
した。

先生を失い、メンバーが自立を求められた

ところが、スタート1年で、トニーさんが徐々にフェードアウトしだしたのです。起業家精神が旺盛なトニーさんは、次々に事業を始めており、新たな別の事業が忙しくなってしまったようでした。そして、1年が過ぎるころには、全く畑に来なくなってしまったのです。農業の先生であり、みんなに好かれる人気者、ある種カリスマのようなトニーさんを失い、石井さんをはじめ、EdiblePark は最初の危機を迎えます。謙さんはチガラボが本業で忙しく、美容師である美歩さんは週末かき入れ時で忙しい。そんな状態で、毎週土曜日に畑にやってくるのは、運営メンバーでは石井さん1人、という状態が続いていきました。そんな流れで石井さん曰く「巻き込まれ事故のような流れ」で、気づいたらリーダーになっていました。

週末だけではなく平日も畑を見回る日々が続きました。生き物好きの石井さんは、畑で飼っているニワトリが心配で2〜3日おきに世話をするために足を運んでいました。責任感もさることながら、その頃には石井さんの中でEdiblePark に対する愛着が湧いてきていたのでしょう。そして、先生となるはずだったトニーさんの不在を乗り越え、農業の知識もなく残されたメンバーはそれぞれが野菜づくりを自ら学んでいき、結果として自立していったのでした。

野菜が採れなくてもみんなに会えることが楽しい

次に、発起人であり先生であるトニーさんの不在を乗り越えた後にやってきたのは、作物が育たない、という問題でした。初めの3年間は野菜が全く取れなかったのです。

何がいけなかったのか。それは土ができ上がっていなかったこと、知識と経験不足でいつ何を育てるかのリズムも理解できていなかったことが原因でした。EdiblePark の畑は、山の土を運んできて、田んぼだったところに乗せた状態でした。そのままでは作物は育ちません。どうやったら野菜が取れる土壌になるのか。農業の知識を全く持っていなかった石井さんは、色々な文

献を読み漁りました。そして実際に畑で試行錯誤しながら、農業を学んでい
きました。カオスの中で、様々な問題にぶちあたり、仲間と一緒に一つひと
つ解決していくことになったのです。

「野菜は全く採れなかったけど、楽しかったですね」。当時を懐かしそうに
語るのは、立ち上げ期から参加している田中佐知子さんです。土が固くて雑
草も生えず、種をまいても野菜が育たず、毎週みんなで畑を耕して、その繰
り返しだったそうですが、それでも、のんびりと無心に穴を掘り、毎週みん
なと会えるだけで楽しかったといいます。フラダンス講師をしている佐知子
さんは、ご主人と一緒に車で30分のEdibleParkを見学にきて、この場所に
一目ぼれして入会しました。空気の澄んだ冬には、富士山が臨める広大で気
持ちのいい場所だといいます。

そうして、みんなの熱心な土壌づくりの甲斐あってか、3年を過ぎるころ
には、やっと野菜が収穫できるようになっていきました。

みんなで話し合うことが身についてきた4年目

野菜づくりも順調になってくると、効率化を求める声があがるようになっ
てきました。もっと収穫したいし、もっと頑張りたい。そんな背景から、連
絡ツールも見直そうということになり、従来LINEで行っていた連絡をSlack
に変更しようという提案があがりました。みんなで話し合った結果、いった
んやってみようと決議されました。

ところがその変更は、2か月で廃止になりました。Slackのスピード感につ
いていけない人が出てきたからです。もちろんやめる時もみんなで話し合い
ました。

こんな風に、EdibleParkは導入も早ければ撤退も早いことが特徴です。何
でもやってみないとわからないから、前向きな提案はまずやってみよう、そ
んなチャレンジ精神がコミュニティに根付いています。

畑に伺ってインタビューした際に、会員メンバーから一番多かったのは「こ
こは何でもチャレンジできる場だ」という声でした。

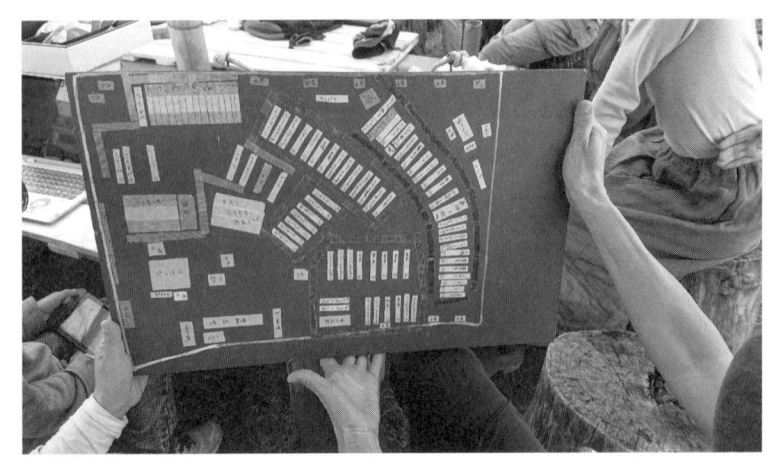
畑に何を植えるか、みんなで話し合う。好きな作物を提案する

　たとえば、発明家の矢口美香さん。最初はアウトドア好きの夫に連れられてしぶしぶやってきました。しかし今では美香さんの方が熱心なくらいです。昨年は大根と人参を担当しており、ニンジン班のリーダーでした。農作業の経験はありませんでしたが、持ち前の研究熱心を発揮し、YouTube で育て方を勉強したといいます。今は、手をかけるほどに美味しい野菜ができることに夢中になっています。

　そして何よりここが好きな理由は「なんでも自由に試せる実験の場である」ことだと話してくれました。美香さんに指示する人は誰もいません。それぞれ育てたい野菜があれば自己申告し、一緒にやってくれる仲間を募ります。そんな自由な雰囲気のもと、チャレンジできることに喜びを感じるそうです。

　「農業って正解がないんですよね。それが農的なところのいいところです」と、石井さんが説明してくれました。畑の土の状況、種や苗の持つ個体差、その年の天候などなど。農業には変動要素が多いといいます。だからこそ、商売としての農業は不確実で大変なわけです。逆にいえば、昔からやっていたから絶対的な正解を知っている、というものではないそうです。だから上下関係が生まれにくく、誰もがイチからスタートできる。それも EdiblePark

収穫はみんなで平等にわけあう　　　　　　　　間引きしたニンジン

というコミュニティが硬直化しない１つの理由かもしれません。

石井さんの目指す世界観の浸透

　１年前に加入した林真奈美さんは、EdiblePark の「みんなで分けあう文化」が好きだと教えてくれました。アパート暮らしで土に触れ合いたくてやってきた真奈美さんですが、野菜づくりそのもの以上に惹かれているのは、「みんなでシェアする」心地良さだといいます。初めて来た時からみんなが声をかけてくれて「これ、採れたから持って帰りなよ」と、そんな風に声をかけてくれることがとても嬉しかったそうです。それは隣に住む人の顔も見えない都会では考えられないことでした。

　塚本裕丈さんは美容業界の経営コンサルタントをしています。畑で声をかけてくれた塚本さんは、いかにも友人が多そうな朗らかなタイプです。そして、自分は人づきあいが多い方で友人も沢山いるが、この仲間のように濃いつながりは他にないと話してくれました。それは畑を通じ、毎週顔をあわせ協働作業をしているからに他ならないといいます。

　そんな話を聞いていると、石井さんが目指している農的な暮らしによるコミュニティのつながりをメンバーのみんなが実感していることがわかります。

5　時間をかけて共存できるようになればいい

　「コミュニティの中で最年少で僕が若くて何もわからない状態だから、余白やスキがあって周りも手助けしやすかったと思うんですよね」。スタート当時

のことをそう語る石井さんは、今も自分があまり前に出すぎないように、仕切りすぎないように、と思っています。

たとえば月に一度のミーティングでは、議題を集めるのは石井さんですが、当日のファシリテーターも書記も事前に決めません。また固定した役割にすることもあえて避けています。なので、当日「じゃあ、今日は私がやりますね」と誰かが手をあげるという、なんとなくの自主的当番制になっているのです。通常、会社などではそれでは話がうまく進まないのが常なので、それでうまく進むのかと聞いた時に筆者は懐疑的でした。

しかし、実際にミーティングに立ち会ってると、その疑問は氷解しました。その時の議題は、「ニワトリの新規買い付け及び飼育について」「リーダーである石井さんの処遇（給与）について」というものでした。いずれもすぐにまとまらないだろうな、と思われる内容です。しかし議論が紛糾すると、誰かがこうしてはどうか、こういう考え方はどうか、と解決策や指針の助け船を出していき、活発な意見交換のもと会議は小一時間で和やかに終了しました。

それでも、自律分散型組織を目指している石井さんは「今後、僕の属人性をもっと減らしていきたい」と語ります。つまり、リーダーである石井さんが抜けたとしてもまわっていく自走するコミュニティを目指しているのです。誰であれ、この人の言うことが絶対、みたいになってしまうと、ある種の宗教チックなコミュニティになってしまう。それはコミュニティの在り方として危険であり避けたいことだと、石井さんは考えています。

EdiblePark のようなコミュニティがもっと沢山あればいい

現在28組の会員がいる EdiblePark ですが、石井さんはこれ以上大きくすることを目指していません。小学校の1クラスの人数30〜35名くらいがお互いの顔がわかる限度人数だと考えるからです。お互いのバックグラウンドがわかる中で、毎週畑で顔をあわせ言葉を交わす。そこにコミュニティの意味があります。だから人数が増えてしまい、あまりよく知らない、ほとんど話したことのない人が出てくるような状態はコミュニティの密度が弱まり、好

ましくないと考えています。「ま
あ、でもあえて上限設定してコ
ントロールすることもしたくな
いので、ある程度成り行き任せ
ですけどね」、そう笑う石井さん
はどこまでも自然体です。

役割を固定しない。月一回のミーティングは
司会も議事録も持ち回りで

　だから、石井さんは EdiblePark のようなコミュニティがもっとたくさんで
きるといいなと考えています。個人ともコミュニティとも、それぞれの相性
があり、銘々が自分のあう場所を探すことができるといいと思うからです。
だから入会する時に、希望する人を拒否することはありません。まずは全員
畑に来てもらって一緒に農作業をしてもらいます。

　「体験をね、少なくとも半日はしてもらうんですよね。そこであう人はその
まま入るし、あわない人はそのまま入らないし。だいたいそこでわかります
ね。でもそれが良い悪いではなくて。コミュニティに、相性ってあると思って
いるので、もっと別のこういうところならあう、みたいな人もいると思うし、
だからこういうコミュニティが増えると、その人にあったコミュニティに出
会える確率が高くなるじゃないですか。だから、そうなるといいなと思って」

　石井さんが考えているのは、EdiblePark を大きくすることではなく、同じ
ような場所がいくつもできることなのです。

二項対立にならずに共存していくこと

　無農薬での農業を志す石井さんですが、日ごろから自分の価値観を押し付
けないこと、二項対立にならないことを心がけています。石井さんは農薬を
使うことも、その人たちは良かれと思って正義でやっており、実際のところ
世界の人口を賄うには化学肥料が必要だと理解しています。一方無農薬派は、
それでは地球の環境が壊れるからダメだと主張しますが、それも正解。石井
さんはそういうお互いの正義をぶつけあう、二項対立では平行線だと考えて
います。

たとえば、EdiblePark は農業を営んでいる農家の畑に囲まれています。その中にはもちろん、農薬を使った農業をしている人もいます。しかし思想が違っても、お互いに相手の主張を理解し、迷惑をかけないように、ちゃんと草刈りをする、挨拶をする、ゴミ拾いをする、など同じ地域で共存することを EdiblePark は常に意識しています。

　そんな石井さんの考える時間軸は普通の人より長いように思います。筆者は石井さんに、生き物の進化の過程が長いようにゆっくりと時間をかけて共存できる世界をつくっていく、そんな覚悟を感じました。

平田朗子

事例4

みんなでみんなに大丈夫力をつける
―― サステナブルライフ研究会＠湘南
｜神奈川県藤沢市

みかん収穫／箱詰めのお手伝い

1　有志のご近所メンバーでゆるく知識をシェアする会

　サステナブルライフ研究会＠湘南（以下サス研＠湘南）は、2021年に産声を上げたばかり。現在成長まっただ中にあるコミュニティです。活動の中心は30代、40代の子育て世代。メンバーは「サステナブル（持続可能）なモノ・コト」についてゆるく知識を深め活動しています。

　「サス研の楽しみ方3か条」には次のように明示されています。

① 　「楽しそう！」から、やってみる。「楽しい！」から、持続可能

② 　やりたい人がいるから、始まる。（やりたい人がいないうちは、やらない）。役割分担方式ではなくこの指とまれ方式

③ 　人の出入りは新陳代謝。誰かが何かの事情で活動に関われなくなった時も無理にひきとめたりしない

友人の海の家でごはん会

江の島灯台から見た藤沢市

第25回ごはん会
「みんなの苦手をあえてシェアしてみる会」

いわば活動は義務ではなく、メンバーはそれぞれの興味や関心に応じ、各活動が自然発生することを志向しています。そうして生まれた活動が、他の活動や団体と横にゆるくつながっていくことで、「湘南をサステナブルなまちに！」というビジョンの実現を目指しています。

「大丈夫力」が人生を豊かに

サス研@湘南は神奈川県辻堂を中心に、関わる人たちがご近所であることを最大限に生かして人と人とのつながりをつくり、サステナブルな活動を広げていく場であることを謳っています。しかしながらサス研@湘南は、特定の拠点を持っていません。物理的な場所を持たずに、どのようにご近所や同地域に住む人たちのつながりを生み出しているのか、筆者は大変興味を惹かれます。

活動の主体は、メンバーが思い思いに提案したテーマに沿って月に1回みんなで食事をしながら交流を楽しむことです。この活動に共感してくれた友人知人のつながりから様々な場所で開かれるこのごはん会への参加を通じて参加者の間に関係性が育ち、ご近所に頼り先や頼られ先ができていきます。それにより個人に「大丈夫」と思える安心感「大丈夫力」がはぐくまれ、さらにそこで知り合ったメンバーが、次々に新たなサステナブルな取り組みをスタートさせていきます。

サステナブルな取り組みは多様です。「コンポストを畑の野菜づくりに活かす取り組み」「土壌改良を考える取り組み」「防災を考える取り組み」「お互いのサステナブルな活動を応援しあう取り組み」「地域のエネルギーについて考える取り組み」「みんなで湘南の土地を歩き、土地を知り、循環を考える取り組み」などです。

またメンバーは他のコミュニティ活動にも横断的に関わりを持ち、時には共同で活動を企画します。定例化している活動の1つには、NPO法人湘南スタイルとのボランティア活動があります。二宮町で摘果（間引き）により捨てられてしまう青みかんの収穫ボランティアや海浜公園でのフェスのボラン

茅ヶ崎の縄文時代から人が暮らしていた
エリアを巡るサスウォーク

大磯のサスウォークでは
20人以上のメンバーでハイキング

仲間の田んぼの稲刈り

微生物舗装で使う素焼きの鉢をみんなで割る様子

Carnival 湘南にボランティアスタッフとして
参加

知人の NPO 法人が関わる畑の
青みかん摘果のお手伝い

ティアなどに参加し、主催側として関わると同時に参加者としても現地で遊び、地域の活動に貢献しています。

つまりサス研@湘南の目的は、自分が暮らす地域の中に顔の見える関係性をゆるやかにつくっていくことです。まずは自分を大丈夫に、次は地域を大丈夫に、という順番で「地域のモノゴトに関心を持つ地域の人」が増えつながり、様々な活動が自然に生まれていくことを目指しています。

齋藤佳太郎さん

湘南移住者、齋藤佳太郎さん

サス研@湘南の発起人は、湘南移住者である齋藤佳太郎さんです。齋藤さんはなぜ縁もゆかりもない湘南で、持続可能なまちづくりを目的としたコミュニティを立ち上げ、多くの湘南の人の賛同を得ることができているのでしょうか。筆者は湘南の開放的な土地柄と、齋藤さんの人柄の絶妙なペアリングに要因があったと考えています。齋藤さんと湘南の個性の相乗効果が、多様な人を受け入れるこのコミュニティの大らかな雰囲気を醸成しているのではないでしょうか。

しかし齋藤さんが湘南と出会い、サス研@湘南を立ち上げるまでには、自身のコンプレックスとの対峙や、諦めずに人と向き合うことに挑戦し続けた物語がありました。本事例では齋藤さんがこれまでの人生をどのように歩み、湘南の人たちと出会い、サステナブルをテーマに掲げたコミュニティをつくり上げたのかについてご紹介したいと思います。

2 住む人一人ひとりの安心感、大丈夫という感覚

筆者と齋藤さんとの出会いは、所属する法政大学大学院石山ゼミの夏合宿

サス研の畑でとれた夏野菜

でした。2022年8月、ゼミ生は茅ヶ崎にあるチガラボに伺いました（事例1）。訪問に際し、チガラボでは「地域の場づくりを考えるオープンダイアログ」と題したイベントが実施されました。齋藤さんはチガラボにゆかりのある地域ゲストの1人として、そのイベントに参加しコミュニティの一般参加者をどう増やすかというテーマについて話しました。コミュニティにおいて常連メンバーは大切ですが、メンバーの固定化はコミュニティのマンネリ化にもつながります。義務感はなく興味・関心のみの参加を促すことで、過度に固定化せず、従来のムラ的な閉塞感のない、自由で軽い雰囲気でつながりあうことができ、そのつながりの中で心の安心感「大丈夫力」がつくられる。地域や地球のことを考えるのであれば、まずは住む人一人ひとりの「大丈夫という感覚」を大切にすることだという意見を述べていたのです。

　筆者は料理家として、料理教室の主宰やメディアの料理制作に携わっています。食はプラネタリーバウンダリー（地球の限界）に対して、どの分野よりも影響を及ぼしています。筆者は日頃から食のシステムに危機感を感じると同時に、サステナビリティにおける飲食業界の問題点を感じていました。またサステナブルなライフスタイルが社会に根づかない要因は、手間と我慢の要素が強いからではないかと考えていました。そのため、齋藤さんのまずは個人が大丈夫力をつけることが大切だというお話と、サス研@湘南3か条の1つ、「楽しそう！」からやってみる。「楽しい！」から持続可能という理念に大変感銘を受けたのです。地域でのゆるやかで楽しいつながりが、地域や社会、地球の環境にアクションを起こす人を増やし、さらに地域に関心を持つ人たちを増やす。筆者にとってまさに理想の地域コミュニティ像でした。

サス研@湘南を知るにつれて、なぜ齋藤さんが湘南でコミュニティを立ち上げるに至ったのか、知りたくなったのです。

「サス研の楽しみ方3か条」と「みんなでみんなに大丈夫力をつける」という齋藤さんの言葉には、人と人の関わり合いについて大きな影響があったエピソードが隠されています。

3 ゆるい場をつくる人：齋藤佳太郎さん
——生活用品の手づくり実験から生まれたつながり

宮城県で生まれ育った齋藤さん。物心ついた時から、人との距離感に悩み誰を友達と呼んでいいかわからず、クラスのどこにも属せない。人付き合いはつくり笑いで乗り切る日々。気づくと友達はゼロに。いつしか友達がいない辛さから逃れるために、友達はいらないと自己暗示をかけるようになっていました。社会人になってからは転職を繰り返し、明日からやる気を出すが口癖に。無関心、無関係、無感動の3つの無を抱えて過ごしていたと話します。

人生を180度変えたあの日

しかしそんな齋藤さんの心を大きく揺さぶる出来事が起こります。2011年3月11日に起きた東日本大震災です。その日自宅にいた齋藤さんを、突き上げるような激しい揺れが襲いました。恐る恐る外に出た齋藤さんが目にしたのは、言葉を失うような光景でした。割れたアスファルトを不安げに見つめる人。ラジオを手にたたずむ人。電柱は傾き、見慣れたガラス張りの店舗は無残な姿に変わっていました。日が沈むとまちは暗闇と化し、道路に連なる車の赤いテールランプだけが辺りを照らしていました。

その日から約2週間、全てのインフラが停止し、被災生活を余儀なくされます。多くの命が奪われ、人々が必死に家族や知り合いの安否確認をする姿を見ながら、齋藤さんの心にある疑問が沸きあがります。「自分の安否を確かめたいと思っている人は、誰かいるのだろうか」。心が波立ちました。そんな齋藤さんを横目に、周囲には自身も被災しているにもかかわらず、懸命

杜（もり）の都 仙台

に助け合う人たちの姿があふれていました。食料配給所で「私たちはいいから」と、手にしたばかりの食料を子ども連れの家族に手渡す老夫婦。商品を支援物資のように配るスーパーの店員。携帯の充電も困難な状況下で、地域の情報を提供しあう人たち。避難所に給水車で水を届け続ける男性。齋藤さんはその時の情景を、「なんかもう訳がわかんないくらい、知らない人が優しかったですよ」と思い起こします。

　そして齋藤さんは、一生忘れることのできない光景に出会います。その日配給を待つ長い列に１人の女性がやってきて、大声で叫び始めたのです。「これから給水情報をお伝えします。〇〇地区、場所〇〇小学校校庭、〇時から〇時・・・」。拡声器も何もない中で、女性は懸命に給水情報を伝え続けました。齋藤さんは圧倒され、一日中その女性の姿が目に焼き付き、離れませんでした。齋藤さんは女性の心理を考え続けました。他人の気持ちに真剣に向き合う初めての経験でした。出た答えは、「彼女は自分ができること・やるべきことを、自分ができる方法でただやったんだ」ということでした。その気づきは齋藤さんが自分自身も含めた「人間そのものを見直す」きっかけとなった瞬間でした。

生き直す決意

　震災で目の当たりにした人の優しさと強さは、齋藤さんの価値観を大きく揺さぶりました。自分を出すことも相手を知る努力もせず、周囲の人を信じようとしなかった自分。友達はいらない、１人で生きていけると思い込んでいた自分。バリアを張って人を寄せ付けなかったこれまでの自分の生き方を悔やみました。震災で知ったことは、人は物も心もわかち合えるということでした。これからは、これまでの人生を取り戻すくらい人と向き合おう、生

き直そうと決意します。

　震災後多くの日本人が、自らの生き方について少なからず疑問を持ち、何のために生きるのかを自問自答する瞬間を経験したのではないでしょうか。震災は我々の生き方に問いを投げかけたと言えるでしょう。しかし齋藤さんほど、生き方を180度転換させた人は少ないのではないでしょうか。以降は、齋藤さんがどのように生き方の転換を実践したのかをひも解きます。

上京

　これまでの生き方や人との付き合い方は、なんてもったいなかったんだと悔やんだ齋藤さん。震災から数年後、東京に上京します。生き方を挽回しようと思った時に、過去の自分を知っている地元よりも、自分を全く知らない人が周りにいた方が新しい自分になりやすいと感じたからです。

　生き直す決意にしたがって、これまでの自分らしくないことにチャレンジし始めました。都内で暮らしながら、コミュニティや人が集まっている場所を見つけては、連絡し参加してみることを繰り返しました。しかしこれまでの自分とは真逆の行動で、東京に慣れるのにも、新しい自分に慣れるにも時間がかかりました。人付き合いの経験も少なく、決して上手ではありませんでしたが、前向きに人と関わろうと励みます。

湘南との出会い

　都内を転々とし、2019年に湘南に移住します。齋藤さんは震災の経験から家具家電などの大きな荷物を持たず、住む場所はシェアハウスを選択するなど気軽に身軽に動けることを大切にしていました。そんなライフスタイルだった齋藤さんが、なぜ湘南という地に根を下ろしたのでしょうか。

　齋藤さんは、湘南の気風が自分に合っていたと言います。肌に馴染むと感じたのは、湘南に暮らす人々のオープンな雰囲気でした。また話の合う人が多く、有言実行できる人が多いことや、新しいことに挑戦していく気構えを持ち合わせている人が暮らすまちという好印象が、暮らしがより豊かになりそうだ、茅ヶ崎で何かをやってみたいという齋藤さんの気持ちを促しました。

コロナという再選択の機会

湘南に移り住んでまもなく、コロナが流行し始めました。外出がままならず、生活様式の変更も余儀なくされる中、自分が心地良いと感じるものを新たに選び直してみたいと感じ始めました。生活用品や調味料は購入せずに、安全な無添加のものを使って手づくりできるのではないかと思い立ち、味噌や歯磨き粉などあらゆる手づくり品の制作を実験します。同時に物価も高騰する中で、できるだけ手づくりすることで過剰消費を抑え、ライフコストのかからない豊かな生活が送れるのではないかと気づき始めます。コロナ禍は、齋藤さんの再選択のきっかけとなりました。

手づくり品の実験を繰り返している中、湘南には手づくりに詳しい人たちがたくさん暮らしていることを知ります。そして個々の持つ専門知識を、1人で抱え込むのではなくシェアし合えたら楽しいのではないかと思いつきます。しかし知識のシェアも、人々が信頼し合えていなければ難しいのではと考え、まずは人と人との信頼関係を構築する場が必要だと思い至ります。

信頼関係構築の場づくりのために、齋藤さんは新たなチャレンジを試みました。2021年1月、当時齋藤さんがスタッフとして働いていたチガラボが主催する、やりたいことを発表するイベントである「チガラボチャレンジ」に出場し、自身のプロジェクトを発表しました。この時に参加者から、「面白そう」「つながりが生まれそう」といった前向きな言葉をもらいます。そして、一緒に活動を始めたいと思っていた友人が、チガラボチャレンジ当日に足を運んでくれたことが、励ましになったと語ります。チガラボでの発表は、コミュニティ発足の大きな推進力となりました。齋藤さんは、チガラボに関わっていなければ今はなかったと話します。そして今後も関わっていきたいと思う人、数名に声をかけ、サス研@湘南を立ち上げることになりました。

4 決めすぎない運営、選びすぎない人選

　発足にあたり、被災生活を余儀なくされていた東日本大震災当時を振り返り、その時にどんな言葉が欲しかっただろうと考え、沸き上がった言葉が「大丈夫」でした。そして「大丈夫」と思えるには、多くの関わり先、頼り先、頼られ先が必要だという思いに至ります。そうした人と人とのつながりは、有事の際のみならず、日常生活にも安心をもたらすと考えました。そして、「みんなで、みんなに、大丈夫力をつける」を、サス研@湘南のコンセプトに決めたのです。

決め過ぎないこと

　サス研@湘南第1回目は、声をかけた約10名の仲間とのご飯会でした。それ以降、みんなでご飯とお酒を持ちより、様々なサステナブルなテーマについて語り合っていきました。子どもを連れてくる参加者も多く、子どもがいても、気兼ねなく参加できる貴重な場所になっています。そこには地域のみんなで子育てをしたいという、齋藤さんの想いが表れています。開催場所は友人が厚意で貸してくれた、古民家を改築してつくられたコミュニティスペースです。

　サス研@湘南発足後、齋藤さんが最初に直面した壁は、毎月のテーマ決めでした。自分でテーマを提案しなければと気負い、次第にプレッシャーを感じるようになっていた齋藤さんは、メンバーに集まってもらい、胸の内を話すことにしました。するとメンバーの1人から、「毎回けいちゃんがテーマを考えるんじゃなく、それもみんなで回せばいいじゃん」という、思いもよらない答えが返ってきたのです。それ以降、毎回やりたい人が手上げ制でテーマを決める方法を取り入れています。この出来事はコミュニティの3か条の1つ、「やりたい人がいるから、始まる。(やりたい人がいないうちは、やらない)。役割分担方式ではなくこの指とまれ方式」に反映されています。し

久しぶりもはじめましても混ざり合う
ごはん会

かしテーマを手上げ制のスタイルにしたとはいえ、手が上がらない時もあります。その時は無理してテーマを設定せず、フリートークで交流を深める日に転換しています。コミュニティの運営には、決め過ぎないことが大事だと心がけているのです。

機を待つこと、理念の浸透

初期メンバーに、齋藤さんが印象的だったメンバーがいます。年上のその男性メンバーは、自ら次々に仕事をつくり物事を進めていく、リーダー的な資質を持っていました。男性は、熱い思いを持っており、社会にインパクトを与えることをしたいという考えを、日頃から力強く語っていました。

一方齋藤さんは、「今はみんなでご飯を食べて丁寧に関係性をつくりたい。たとえ時間はかかっても、その土台をつくるからこそ生まれるものがある気がする。」という自分の思いがあり、「この活動を盛り上げていこうぜ！」という気持ちはありがたくも、そのやり方の違いをうまく伝えることができなかったという経験がありました。

発足1年後、活動が活発化する中、男性は齋藤さんに「けいちゃんのゆるいやり方だからいいんだよ」と言い、齋藤さんらしさを込めて進めてきた運営方法を認めてくれました。時間はかかりましたが、大切に思っているメンバーに自分のやり方を認めてもらえたことは、感動的なことでした。齋藤さんはその時は他者の理解が得られずとも、自分がやってみようと思ったやり方を続けること、焦らずにその機を待つことの大事さを学びました。

また発足当初は齋藤さんが声をかけてメンバーを募っていたため、メン

バー内には初めから一定の安心感が保たれていました。しかしその雰囲気を守りたいと思うあまり、フィーリングの合わない人にはできれば入ってこないでほしいと考えるようになってしまっていたことがありました。このままではよくないと思った齋藤さんは、入り口を広くしたまま、場の理念やコンセプトをより明確にすることに注力しました。初めて参加してくれた人には、この場のトーンや大事にしていることを丁寧に伝えることで、メンバーを厳選しなくともお互いの違いも受容しながら共感する人が自然と集うようになりました。齋藤さんは後に、チガラボの代表である謙さんの、こんな言葉を思い出します。「場には自浄作用っていうのが起きるから、大抵大丈夫だよ」。

多様な人を受け入れるということ

コミュニティ運営の難しさの１つは多様性でしょう。参加の垣根が低いことで様々な人が参加し、メンバーの多様性は広がります。多様性は、同時に難しさを生じさせます。ある会でのワークショップの際に、場の進行が難しくなってしまうほど、自分の意見を主張する人がいたことがありました。齋藤さんはコミュニティを運営する上でこういった出来事もいつかは起こるものとは想定していましたが、そういった時に安易に追い出すようなことはしたくないと考えていました。

しかし、コミュニティの代表として伝えるべきことは伝える必要があると判断し、それを伝えました。決して個人攻撃ではなく、場にふさわしい行動を促すものでした。メンバーからは、当人を追い出すことを意図するのではなく、場の運営に関する建設的な意見が上がりました。メンバー間で忌憚のない意見交換ができる場の風土がつくられていることを知り、齋藤さんは対応の難しい出来事でしたがとても学びになったと語ります。

コミュニティ運営では、古くからいるメンバーを守りたいと思うあまり、はみ出してしまいやすい人を排除する光景を、よく目にします。しかし自分は違う形でコミュニティ運営をしていきたい、こうした齋藤さんの多様な人を受け入れる懐の大きさを醸成したのは、震災の経験も大きく影響している

と筆者は考えています。

　齋藤さんは、震災で人の強さと優しさに感銘を受けたのと同時に、人には時に単純な善悪では計り得ない状況・環境にみまわれることがあると語ります。それは東日本大震災の時、他人の車の給油口からガソリンを盗んでしまう人がいるという出来事を知った時です。しかし齋藤さんは、もしあの日あの時、たとえば自分の子どもが海沿いの保育園に預けられていて今にも津波が迫ろうとしている時に、自分の車にガソリンが入っていなかったら、きっと自分も同じようにガソリンを盗んだだろうと想像します。この出来事から齋藤さんは、人は常に、良くも悪くもその人が置かれている状況や環境、蓄積された経験や価値観がかぶさって人生を生きている。でももし玉ねぎみたいに外側からそれらを剥いていったら、芯にはみんな、「いいやつ」が残ると。コミュニティ運営の中で様々な人に出会う時、齋藤さんはいつもこうした視点に戻るように心がけているのです。

5　「軒先の未活用フルーツ」で湘南地域をつなげたい

　今後齋藤さんは、楽しくて自分の距離感で関われる、おおらかな地域コミュニティがまちにもっと増えていくサポートができたらと考えています。また、活動をより外に広げ、地域や既存コミュニティ間のつながりを形成していきたいと考えています。その1つの手段として湘南地域の庭先に実る柑橘類の活用に着目。未活用フルーツをまちに循環させながら人々をつなぎ地域のつながりをつなぎ直す活動「湘南のきさきフルーツプロジェクト」を仲間と共にスタート。齋藤さんの新たなチャレンジは始まっています。

　本書のサードプレイスには、出入り自由、フラットな関係、常連が偉くない、事務局が目立たない、楽しいから参加するという条件があります。サステナブルライフ研究会＠湘南はその条件を全て満たしています。ゆるやかなつながりを可能にするサードプレイス成立の背景には、人間嫌いから生き直

震災時の話と大丈夫力について話した
防災イベント

斎藤さんと筆者

すことを決めた、齋藤さんの人生が大きく影響しています。またサス研@湘南の運営は、齋藤さんが人と人の関わり合いの在り方を模索し、体現することでもあるのでしょう。

　最大のコンプレックスであり、無機質な人生の根源だと思っていた人との関わり合いが、人生の宝だったと知った齋藤さんがつくるサードプレイスは、これからも多様な人を受け入れてくれる寛容な場であり続けるに違いありません。インタビューの終わりに、齋藤さんは「これからも機を待つということを大事にしていきたい」と述べていました。齋藤さんの言葉から、「待つ」ということがきわめて能動的な行為であることを筆者は感じます。サードプレイスにおける人との関わり合いは、他者の背景にあるものに寄り添い、運営者やメンバーの「待つ」という働きかけによって構築されているのではないでしょうか。

　一方で「機を待つ」という言葉には、その時がきたら躊躇することなく勇気を持って進むという意味もあります。今後機が熟した時の、サス研@湘南のさらなる発展が楽しみでなりません。

秋田志保

2章

自分が行きたいと思える
場所づくり

十人十色、オトナたちのまちの学び舎
── こすぎの大学｜神奈川県川崎市

こすぎの大学 授業風景

1 武蔵小杉に生まれた学び舎

　本事例で紹介する「こすぎの大学」は、大人から子どもまで、地元が大好きな方たちが集まる"学び舎"です。地元とは、神奈川県川崎市に位置する武蔵小杉。そこに住んでいたり、勤めていたりする人々が自由に楽しく学んでつながり、「武蔵小杉に関わる人を知る・語る・好きになる」ことを体験・共有できる場です。

　武蔵小杉は川崎市中原区にあり、川崎市の中部に位置しています。武蔵小杉駅は JR 南武線、横須賀線、東急東横線など 3 社 7 路線が乗り入れる交通の便が大変良いターミナルです。以前は駅周辺に大規模な製造業の工場が立地する工業地帯のまちというイメージ。現在では、都心へのアクセスの良さから 15 棟ものタワーマンションが立ち並ぶ、関東でも有数の人気のまちになって

こすぎの大学ロゴ

現在の武蔵小杉周辺

います。新しい住民も増えており、小杉地区の人口は、20 年間で 34,940 人（2000 年）から 51,621 人（2020 年）と人口増加率約 150%[(19)]。飛躍的な増加です。

オカポンこと岡本克彦さん

10 周年を迎えた地域の学び舎

2013 年 9 月に開校した「こすぎの大学」は 10 周年を迎え、2023 年 9 月 8 日には、130 回目の授業として「こすぎの大学〜武蔵小杉に感謝！こすぎの大学 祝 10 周年！〜」が開催されました。この授業では、「こすぎの大学」を運営する企画編集ユニット 6355 のメンバーの 1 人である岡本克彦さん（通称、オカポン）がこれまでの 10 年を通じての生活の変化や思いを語りました。会場の中原区役所の会議室には 30 名以上の参加者が集まり、オカポンの話に熱心に耳を傾けていました。授業の最後には、参加者全員が自分たちにとっての「こすぎの大学」をメッセージにして発表しました。そして、全員のメッセージをまとめて校歌を作成することになりました。

武蔵小杉はまちの再開発に伴い、急速に発展した地域であり、昔からの地元住民も新しい住民も混在しています。大人から子どもまで多様な住民たちと一緒に学ぶ「学び舎」はなぜ誕生し、10 年間で 130 回も開催できたのでしょうか。そして、オカポンが「こすぎの大学」を立ち上げるきっかけはどのようなものだったのでしょうか。オカポンのキャリアを辿ることで、その答えを探っていきましょう。

2 ゆるい場をつくる人：岡本克彦さん
——堅苦しくない伸び伸びとした居心地の良さ

　筆者の森が「こすぎの大学」を知ったきっかけは、所属する石山研究室のゼミにオカポンがゲスト講師で参加したことでした。森は小学生のころ、東急東横線で2駅隣の日吉に住んでおり、武蔵小杉には買い物や電車の乗り換えで何回か下車したこともありました。隣の自治体でしたが、住宅地というよりも駅周辺に工場が立ち並ぶ工業地帯のまちという印象でした。最近は、メディアでファミリー層にとても人気があるまちと報道されていたので、武蔵小杉に実際に行ってみてその変化を見てみたいと思い、「こすぎの大学」に参加してみることにしました。初めて参加した時は、プロのダンサーに創作ダンスを習うという授業でした。翌月に参加した授業では、サラリーマンラッパーからラップを習いました。筆者にとって、創作ダンスもラップも初めてだったので貴重な経験でした。また、「こすぎの大学」終了後に開催される懇親会も溶け込みやすい雰囲気で、初参加でしたが十分楽しみました。実際に参加してみて、「こすぎの大学」の成り立ちや主催者のオカポンに興味を持ち、「こすぎの大学」とオカポンについて執筆することにしました。

　筆者の本多とオカポンの出会いは、2022 年の春、武蔵小杉の隣町エリアにある溝の口でした。筆者が Kawasaki Saroi Art プロジェクトという知的障がいがあるアーティストたちの自立支援活動のお手伝いをしている際に、作業している場にオカポンがひょっこりと訪ねてきたのです。「こすぎの大学」で活躍していた彼は、武蔵小杉のみならず、溝の口でもすでに多くの方に知られていました。地域活動の運営者と言えば、陽気で熱量が高い人をイメージしていましたが、その時のオカポンは、拍子抜けするくらい物腰が柔らかく、落ち着いた印象だったのです。この温和な雰囲気と地域活動の運営者に対するイメージとのギャップから、逆に興味が湧き、その場でオカポンにこれまでの地域との関わりについて話を聞きました。そしてオカポンのつくり

出す場のあり方に、堅苦しくなく伸び伸びした居心地の良さを感じたのです。この感覚は、石山ゼミの雰囲気と似ていると思い、石山ゼミへのゲスト講師としてお越しいただく機会をつくりました。出会ってからわずか1

「こすぎの大学」に参加した様子

か月半ほどの出来事でした。オカポンが石山ゼミで紹介してくれた「こすぎの大学」誕生の経緯から今後の展望までを聴いた私たちゼミ生は、大いに盛り上がりました。その後、筆者自身も「こすぎの大学」に参加するなど、その交流は続いています。

3 会社以外の誰とも交流しない日常に気づいて

　オカポンは横浜市の南部にある磯子区の出身です。小学生の頃、国語の文章問題が苦手でした。作者が何を考えたのかについては、本来は作者本人に聞かなければわからないのに、正解を回答しなくてはならないことに違和感がありました。はっきりした正解のある数学が好きで、地元の進学校を出た後、公立の理系大学に進みます。卒業研究をするため大学3年生の時にテクニカルライティングの授業を受けて、「事実」と「意見」の違いに気づき、これまで苦手意識を持っていた「言葉」に魅力を感じるようになりました。「たとえば、横須賀線が札幌駅に停車しないのは誰もが認める『事実』じゃないですか、赤ちゃんがかわいいというのは僕の『意見』ですよね。その違いを意識するようになって言葉が面白いと感じるようになりました」。オカポンは具体例を挙げて説明してくれました。

　オカポンはこの経験から、自分は明確な答えがある数学を求めていたわけではなかったことに気がつきました。求めていたものは、言葉が持つ豊かな

表現力や価値観に触れることによって、どんな考え方も許容されるということだったのです。それはその後の会社生活や「こすぎの大学」によって、確信となっていくことになります。

スマホ登場の衝撃から社外活動へ

大学卒業後は NEC ホームエレクトロニクス株式会社に入社し、その後、NEC に転籍して主に携帯電話の商品企画を担当しました。ファッションブランドのサマンサタバサやクリエイティブ・ディレクター佐藤可士和氏とのコラボケータイなどヒット商品を次々と世に送り出すことができました。大手企業で順調に実績を積み重ねてきて、当時のオカポンは自分が企画したものは必ずヒットすると天狗状態になっていたそうです。しかし、2008 年に衝撃を受けたできごとがありました。日本における iPhone の発売です。

iPhone を手にしたオカポンは、将来携帯電話（ガラケー）はスマートフォンに取って代わるのではないかと危機感を覚えました。そして、携帯電話市場がどんどんスマートフォンへシフトしていくにつれ、会社の中だけで考え進めることに限界を感じ始めたのです。ちょうどそのころ、レイチェル・ボッツマン著の『シェア』や Twitter（現在の X）にも刺激を受けていました。そこで、社内だけではなく社外のメンバーとのコラボレーションが必要ではないかと考えるようになりました。同じように、電気自動車の登場に危機感を覚えていた自動車メーカーの人たちなどを人づてに紹介してもらいました。そこには、自分と同じように会社を飛び出て、いろんな人とコラボレーションすることで新しい事業を共創したい、と思う人たちがいたのです。そのメンバーと一緒に対話を通じた価値創造を目的に立ち上げた研究会が、業種横断の「企業間フューチャーセンター[20]」でした。

オカポンの勤務先では、商戦期に 1 モデルしか市場投入できない苦境に直面していましたが、企業間フューチャーセンターで他業種の人たちとの議論を通じて生まれたアイデアを自分の会社に持ち帰って生かすことで、オカポンがプロジェクトマネージャーを務めた時期は従来とは異なる発想・価値に

溢れた7モデルもの商品を市場投入できたのです。

　また、2011年からは、月1回ペースで社内イベント「ムサコ大学」を立ち上げます。「ムサコ大学」は、社内の人的ネットワーク構築と新しいビジネスを共創することを目的としました。「企業間フューチャーセンター」を倣いつつ、部署や役職、年代の垣根を超えて、学んだり意見交換ができたりする場をつくりました。そこには、普段仕事をしている時とは違う参加者の姿があり、新しい発見と驚きがありました。参加者も楽しんでいましたが、何よりもオカポン自身が一番楽しんでいたのです。

友達も知り合いもいない、虚無感

　オカポンは、社内や社外での成功体験を通して越境や共創の可能性を実感していました。なぜなら、仲間と共に立ち上げてきた「企業間フューチャーセンター」や「ムサコ大学」を通じて多くの友達・仲間ができ、積極的な社内外活動で充実した日々であったからです。一方、プライベートでは、10年以上も武蔵小杉に住み、武蔵小杉で仕事をしているのに、友達はおろか知り合いもいませんでした。オカポンは自宅と職場を自転車で15分で往復できてしまう日常とは、会社関係以外の誰とも交流していない状況だと気がつきました。そんな状況に、時おり虚無感を覚えるようになりました。

　そこでオカポンは、まちの人たちと知り合うきっかけをつくるために地域のコミュニティを探し始めました。しかし、もともと超がつくほどの人見知りの性格。くわえて、閉鎖的なコミュニティも苦手。囲碁将棋クラブや太極拳などのサークルはあったものの、参加者の年齢層が高く、気軽に出入りできる雰囲気ではありませんでした。そんな中、会社帰りに立ち寄ることができ、本を読んでいなくても参加できる「こすぎナイトキャンパス読書会」という気軽なコミュニティの存在を知りました。このコミュニティはタワーマンションの住民が中心となってつくられていました。外部の住民も参加できたため、参加してみると居心地が良かったのです。

　ちょうど読書会で親しくなったメンバーが読書会以外の活動領域をもう少

し広げたいと考えていたタイミングでした。そこで、そのメンバーと一緒に新たなコミュニティを立ち上げることにしました。当時、オカポンはすでに社内で「ムサコ大学」を立ち上げていたので、そのノウハウを生かして地域と何かつながる機会を探していました。お互いがやりたいことを実現するアイデアとノウハウが一致した瞬間でした。「ムサコ大学」からのメンバー3名と、読書会で知り合ったメンバー2名が集まって、2013年に「こすぎの大学」を立ち上げたのです。

当初、社内で運営していた「ムサコ大学」をバージョンアップした「ムサコ大学院」という名称をオカポンが提案したところ、武蔵小杉に昔から住んでいる運営メンバーから、「地元の人はムサコとは言わないですよ」との指摘を受けました。それを聞いたオカポンは、それなりの年数このまちに住んでいたのに、そんな基本的なことも知らなかったんだ、とはっとしました。最終的に他の運営メンバーのアイデアを取り入れ、名称は「こすぎの大学」に決まりました。

4　月1回、地域の懇親の場に新旧住民が集う

「こすぎの大学」の授業は毎月第2金曜日に、武蔵小杉駅近くの川崎市中原区役所の会議室で開催されています。オンラインでの参加も可能です。会議室の入り口にある受付で参加費（授業料1,000円、懇親会3,500円　※2024年3月より4,000円）を支払い、飲み物と駄菓子を受け取って席につきます。授業は19時28分から始まります。スタート時間は19時30分ではなく、なぜ28分からなのでしょう。19時30分スタートだと、みんながこの時間に合わせてくるので、ピッタリ19時30分からスタートできないことが理由です。このアイデアは、運営メンバーである保崎幸一さんが開催する「こすぎナイトキャンパス読書会」のスタート時間が19時28分であったことに由来しています。「こすぎの大学」では、それをそのまま踏襲し、いつの間にか「こす

ぎ時間」と言われるようになり
ました。

最初の 30 分は先生が自己紹
介や、そのテーマに取り組むこ
とになった経緯を語った上で、
テーマについて基本的なルー
ルを説明します。この方法は、
ムサコ大学の運営フォーマッ

授業後の恒例、焼辰での懇親会

トをそのまま取り入れています。話す先生役の人が毎回変わるだけで、イベ
ント開催の手法は変わりません。

次の 1 時間は、先生に習ったことを 4 〜 5 名のグループで話し合ったり、
参加者が実際に体験したりします。ダンスの授業の回では自分なりの創作ダ
ンスを考えて踊り、ラップの授業では自分のことをラップにのせて歌います。
オンラインの参加者も同様にテーマに取り組みます。

運営メンバーは当日の進行や受付を担当しています。オカポンは先生の話
をホワイトボードにグラフィックレコーディング[21]を使ってまとめていま
す。またオカポンの娘の望来さんも記録係として、先生のプレゼンやグルー
プワークの発表を動画で撮影しています。

授業の後には、駅前の昔ながらの雰囲気のある居酒屋（焼辰）を店ごと借
り切って懇親会を行います。授業に出席した人のほとんどは懇親会に参加し
ます。懇親会から参加する人もいます。参加者のほとんどは近所に住んでい
て、飲み放題なのでお酒の量も進み、深夜まで先生を囲んで会話も盛り上が
ります。その会話の中で生まれたきっかけや縁が数珠つなぎのようになり、
次回の登壇者が決まっていくのです。これまで登壇者が決まらずに困ったこ
とは不思議とありません。

新旧の住民が集うコミュニティ

授業の出席者は平均的には 20 名から 30 名くらいで、年齢層も性別も職業

も様々です。親子で参加している人もいます。古くから武蔵小杉に住んでいる人も、タワーマンションに最近引っ越してきた人もいて、参加する人たちは多岐にわたります。

タワーマンションに住み始めた人たちはまちのことや人を知りたいと思い、かたやもともとの地元住民はどんな人たちが移り住んできたのか知りたいと思っていたのです。武蔵小杉のまちが変わっていく様子やこのまちの人たちの人となりを、新旧の住民自身がお互いに知りたいと思っていたのです。このように「こすぎの大学」は新旧の住民のニーズに合致していたからこそ、多様な人たちが参加するコミュニティになっていったと言えます。

5 　メンバーの思いはみんなバラバラ

「こすぎの大学」を運営するにあたって、オカポンが大切にしていることがあります。まずは、自分たちが楽しむことです。そのために無理はせず、各メンバーが得意なことをやります。ミーティングは行わず、面倒なので NPO 化もしません。当初は、授業で教えてくれる先生役を運営メンバーの伝手をたどって探そうとしましたが、懇親会の居酒屋焼辰で参加者と飲んでいると、自然に決まっていきます。

「こすぎの大学」は、企画編集ユニット 6355 が運営をしています。企画編集ユニット 6355 は、武蔵小杉の愛称でもあるムサコ（635）の 5 人が集まったことが始まりでした。現在の運営メンバーは 6 名です。立ち上げからほぼ変わらないメンバーで続けています。代表は地元でメガネ店を経営する大坂亮志さんです。オカポンは学校の「用務員」という位置づけで、ホームページを作成したり、SNS やメーリングリストで活動を発信したりと、学生時代にハマった言葉の魅力とその後仕事で培った強みを活かして、外部へのコミュニケーションを担当しています。

運営メンバーの「こすぎの大学」への思いは、みんなバラバラです。運営

メンバーの1人柳橋歩さんは自分の子どもたちが暮らしやすいまちのため、大坂さんはこのまちが豊かになって、自分の眼鏡屋にお客さんが来て欲しいためと、ある意味「こすぎの大学」を地域とつながる手段と捉えています。

無理をしないで運営

「こすぎの大学」は、①運営に負荷をかけない、②テーマは武蔵小杉、③自分たちが楽しむ、の3つのポイントを踏まえて運営が開始されました。くわえて、とにかくミーティングをしない、得意なことをやる、できないものはできなくてよい、いうことが運営のスタンス。次回の開催内容や困ったことは、懇親会の場で飲みながら解決してしまうやり方です。ミーティングをすると、新たに決まり事ができてしまいます。それによってコミュニティ自体にゆるさがなくなり、入りにくく抜け出しにくい不自由さが生まれてしまうのです。運営メンバーは、他のコミュニティの参加経験があり、自分たちがつくりたいコミュニティのイメージがあるからこそ、不必要なミーティングをしようという考え方に陥らないのです。

さらにいえば、NPO化せずに任意団体のままであることに不都合はないとオカポンは言います。入りやすくて抜けやすい状態を維持するために敷居を高くしないように心がけているのです。

10年間の活動の中で、運営メンバーの間で大きな問題は生じませんでしたが、小さな衝突はありました。オカポンの記憶に残っている出来事が2つあります。

1つめは、「こすぎの大学」を始めて2、3年ぐらいして、参加者が増えてきた時のことです。参加者の増加を考慮し、オカポンはしっかり運営しなくてはと勝手に思い始めました。そのことを口には出しては伝えませんでしたが、他の運営メンバーはオカポンからそういう雰囲気を感じ取っていました。その結果オカポンは、他のメンバーと距離感が生まれてしまったことに気づいたのです。結局オカポンは、しっかりやらなくても運営できたらいいじゃないかと思い直したのです。

2つめは、参加費のことです。設立以来、ずっと授業料をワンコイン500円としていましたが、赤字になりそうになったので1000円に値上げすることを検討しました。オカポンは授業料が倍になることで参加者が減ることを懸念して、反対していました。しかし他の運営メンバーからコミュニティを継続するためには値上げが必要との意見が出て、値上げすることになりました。結果的に参加者数への影響はありませんでした。参加者のほとんどが授業後の懇親会（飲み代3500円）に参加しており、トータルの参加費が4000円から4500円に変わりました。この500円の値上げは参加者にとっては参加費が倍になった感覚がなかったため、大きな影響はなかったようなのです。取り越し苦労だったわけですが、オカポンはその運営メンバー（ふだんは経営者）の視点に感心しました。

いつでも戻って来られる、入りやすく出やすいコミュニティ

　「こすぎの大学」では、みんなが出入りしやすい、ゆるい雰囲気を大切にしています。それは、オカポン自身がマンションコミュニティや町内会のように、一旦入ってしまうと抜けにくい閉鎖的なコミュニティが苦手だったからです。コミュニティによっては、その雰囲気を保つために、迷惑を掛けるような参加者は、積極的に排除する考え方を採用している場合があります。しかし、「こすぎの大学」ではそれを一切やっていません。暴力行為は許されませんが、それ以外は当人同士での解決に任せています。運営メンバーは介入せず、その様子を遠くから見守っているだけです。「学校」にはいろんな人たちがいて、迷惑を掛けることがあっても簡単には排除されないのと同じことです。たとえば、義務教育（公立の小学校）のような環境だったら、あなたはここに来てはいけませんとは言われず、クラスや生徒たちの中で解決の糸口を見出そうとします。そこで改善や解決がうまく進まない場合は、先生などが生徒たちへアドバイスするなど手を差し伸べてくれるでしょう。しかし、「こすぎの大学」は大人同士のコミュニティです。排除を前提とするのではなく、その改善や解決は基本的に当人同士に任せています。もし、そのこ

とが原因で「こすぎの大学」から離れる人がいたとしても、川崎市内には他にもたくさんコミュニティがあるので行く場所はあるし、気持ちが変わったらまた戻ってくればいいと考えています。そのために、授業は毎月第2金曜日に固定しています。1つは、覚えてもらいやすいようにするためです。もう1つは、時間が経つことで環境や考え方に変化が生まれ、また参加してみたくなった人たちを来やすくするためです。実際に3年や4年ぶりに戻ってくる人もいます。いつでも「誰もが参加できる場所」であり、「参加者を限定しない場所」を心がけています。

6　住民の「やりたい」を後押しする、地域のハブ

　2013年に立ち上げられた「こすぎの大学」は、台風警報とコロナで2回だけ休会したことはあるものの、それ以外は途切れることなく100回以上も開催を続けてきました。3周年記念イベントとして開催された「こすぎの大学〜武蔵小杉とこすぎの大学〜」で出たアイデアをもとに、通常授業とは別に部活動も始まりました。現在では「おえかき部」「サウナ部」など20以上の部が活動しています。独自に発表会やイベントを開催するなど積極的に部活動を行っています。また「こすぎの大学」をきっかけに様々なコミュニティが増えたこともオカポンには大きな財産となっています。たとえば、「こすぎの大学」の参加者が武蔵小杉でこういうことをやりたいと言えば、みんながいいねと応援してくれ、実現に向けて背中を押してくれる空気感があるのです。さらに、オカポン自身が運営者としてではなく、参加者として行ける場所が増えたことも嬉しいことの1つになっています。

　また運営メンバー同士は、さらに仲良しになりました。運営メンバーたちは、通常の「こすぎの大学」の運営以外に、年に1回「コミュニティカレッジ・バックステージ（CCB）[22]」に参加しています。全国の60〜80ほどあるコミュニティカレッジ（地域コミュニティとの関わりを促進するソーシャ

ル系大学）が一堂に集まり、それぞれのイノベーションを共有するフォーラムです。高知や奈良など遠方で開催されることもあり、修学旅行のような気分で楽しい時間を共有しています。運営当初は気が合う仲間にすぎませんでしたが、今ではそれそれが自由に活動しているのに、誰が何をしているかを認識できている心地良い関係性を築いています。

「こすぎの大学」は行政からの支援も受けています。2014 年度と 2015 年度に中原区市民提案型事業に、2016 年度から 3 年間は川崎市都市ブランド推進事業に採択されました。

各事業では通常授業に加えて、武蔵小杉に拠点を持つ企業や行政と共同でイベントを開催するなど、「こすぎの大学」は地域の住民と行政、企業と協働し、それらをつなぐハブの役割を果たすようになりました。たとえば、川崎市都市ブランド推進事業の 1 つでまちづくりのワークショップが川崎市と共同で開催されました。会場は武蔵小杉に拠点を持つ企業の敷地内で行われました。地域の住民は普段であれば入れない会場が設定されたことに喜び、多くの方たちが参加しました。参加者には住民だけではなく、自治体関係者も含まれていました。ある参加者が、保育所が足りないという課題を訴えました。その課題の解決に対して企業や行政の賛同も得られて、会場となった企業の事業所内に地元の住民も使える保育所が設立されることになりました。「こすぎの大学」は、実現したいことがある人の後押しをするために地域の人との接点をつくり、紡いでいく。まさに地域のハブとしての役割を果たしているのです。

10 年間の活動がもたらしたオカポンの変化

「こすぎの大学」での 10 年の活動はオカポン個人にも様々な変化をもたらしました。1 つめは地元とのつながりです。10 年前は会社と自宅の往復で誰も知り合いがおらず、虚無感を覚えていました。それが今では自転車に乗っていると「おーいオカポン」と声を掛けられたり、知り合いに挨拶したりする機会が多くなり、通勤が楽しくなりました。また、「自分が住むまち」から

「あの人と一緒に暮らすまち」へ意識が変わり、まちでの暮らしに愛着が湧き丁寧に過ごすようになりました。以前は道にゴミが落ちていても知らん振りして通り過ぎていましたが、今では

オカポンと娘の望来さん

積極的に拾ってゴミ箱に捨てるようになりました。

　2つめの変化は娘の望来さんの成長です。オカポンは望来さんが小さいころよくお風呂に一緒に入っていろんな話をしていました。望来さんは成長するとともに、父親の仕事が忙しくて元気がないなと感じていましたが、社外での活動を始めてから再び元気になってたくさん話をしてくれることに気がつきました。楽しそうに話をするオカポンを見て望来さんも「こすぎの大学」に興味を持ち、一緒に授業に参加するようになりました。今では運営メンバーを手伝う1人として、「こすぎの大学」の授業を撮影して動画に残す役割を担当しており、懇親会にも参加しています。オカポンはその姿を見て、武蔵小杉や川崎の友人たちが、望来さんを我が子のように育ててくれたと感じています。そのことでよりいっそう、オカポンは望来さんのふるさとであるこのまちを大切にしたいと思うようになりました。

　3つめは「こすぎの大学」の活動を通してオカポンは「プロセスに関与すると、結果に寛容になれる」と考えるようになりました。たとえば、オカポンは「こすぎの大学」を通じて、たくさんの自治体の人たちと関わってきました。コロナ禍でのワクチン対応などで自治体が批判される中でも、これまで関わってきた人たちのそれぞれの顔を思い浮かべると自然と感謝の気持ちを抱くようになりました。その経験からみんなが関与できるような社会を目指したいと考えるようになったのです。そのような社会を実現するため、オカポンは2022年に勤務先であるNECを退職しました。オカポンは、この転機を卒業でなく「中退（自主退学）」と表現し、会社を辞めるけれどもこれ

6355 運営メンバーと共に未来へ向けて

までと同様の活動を続け、職は失わないので退職でなく「退社」と表現しています。NEC を中退、退社後は「こすぎの大学」以外の新しいフィールドで様々な人々や地域、団体と協働し、活動の領域を広げています。

楽しみ続けること、それが「こすぎの大学」

今後の「こすぎの大学」について、オカポンは「自分たちが楽しむためにやっているので、辞める時は自分たちが楽しめなくなった時。仮に参加者が1人でも2人だったとしても、自分たちが楽しければずっと続けていこうかなと思っています」と語っています。これは、他の運営メンバーも同様の考えです。続けることが目的ではなく、楽しみ続けることが「こすぎの大学」の中核です。今後も「こすぎの大学」を通じて得られた気づきや学びをみんなとわかち合い、良い思い出づくりを重ねていくのです。

本多陽子・森隆広

事例6

都心のコミュニティ菜園
──そらとだいちの図書館｜東京都新宿区

旧校庭に誕生した「菜園広場（左側）」と「クローバー広場（右側）」

1 　図書館の空地を活用したコミュニティ菜園

　「そらとだいちの図書館」は、東京都新宿区立中央図書館（以下、中央図書館）の空地を活用し、地域住民と区立図書館が2021年に協働で立ち上げたコミュニティ広場です。地域のにぎわいや人々とのゆるやかなつながりをつくり出していくことを目的にしています。

　中央図書館は、2005年に閉校した中学校をリノベーションし、2013年にオープン。しかし、その旧中学校の校庭部分は長らく手つかずの空地となっていました。

　「多くの地域住民が来訪する図書館の強みを活かし、この旧校庭を多世代、多様な人々がつながる地域の憩いの場にできないか」。地域住民と図書館のそんな想いから、2021年そらとだいちの図書館が誕生しました。「みんなの居

場所と出番がある」を合言葉に、大都会新宿で区内最大級のコミュニティ菜園が住民たちの手によってつくり出されました。

つながりを創出する2つの広場

そらとだいちの図書館では「地域の多様な人々と時間・空間・体験を共にする事で、挨拶のできる温かい関係をつくり出していく」ことをビジョンに掲げています。そして、地域の憩いの場として2つの広場をつくり出し活動しています。

菜園広場では、「野菜づくりを通じたつながりづくり」がテーマ。都心の真ん中で安心安全の無農薬野菜を常時12種類以上育てています。野菜の苗植えや収穫など、畑づくりから見守りまで全てを住民ボランティアが行っています。広場開放日には、誰でも参加できる野菜の苗植え会や収穫体験、雑草取りや石拾いのお手伝い活動なども実施。参加者は3年間で900組以上。地域住民の食育や環境・自然学習の場としても親しまれています。

クローバー広場は、「多様な交流プログラムを通じたつながりづくり」がテーマ。多様な世代が交流を楽しめるコンテンツを幅広く提供しています。広場開放日には、シニアボランティアによる絵本の読み聞かせ会や手づくり昆虫ゲーム、アーティストによるアート活動や本を活用した対話型ワークショップなどを開催。ボランティアメンバーのキャリアや特技を活かした多様なプログラムを行い、多くの交流を生み出しています。

みんなの居場所と出番があるコミュニティ

そらとだいちの図書館は、月に2〜3回「のんびりオープンデイ」として広場開放の活動を行っています。週末には、子どもからシニア層まで多くの地域住民が広場に集い、菜園のお手伝い活動や読書会、のんびりお散歩など、思い思いの時間を過ごしています。

広場来場者は3年間で延べ2500名以上。近隣地域のファミリー層を中心に、学生、シニア、外国籍の方など多様な方々に地域とゆるくつながる場として親しまれています。

そらとだいちの図書館広場イメージ図（プロジェクト発足時に筆者作成）

　また、本活動の運営ボランティアは現在80名にのぼり、小学生や会社員、子育て中のママ・パパや定年退職をされたシニア世代、外国籍の方など、多様な世代、価値観、バックボーンの住民が活動の担い手として活躍しています。さらにメンバーの中には、介護福祉士や教員、デザイナーやお笑い芸人、絵本作家など多種多様なキャリアのメンバーがいて、各々が興味関心のある分野で強みを発揮しています。「みんなの居場所と出番がある」を合言葉に、誰もが無理なく柔軟に参加できることが運営方針。多様な人々が地域とゆるくつながるきっかけとなる場づくりを進めています。

　区立図書館の空地を活用し、地域住民との協働により誕生した多様な人々が集うこのコミュニティは、どのように誕生したのでしょうか。

2 ゆるい場をつくる人：渡辺萌絵さん
——場所も、資金も、人脈も、スキルも無い

前述の通り、本活動は図書館と地域住民の協働により誕生したコミュニティです。運営管轄は図書館、活動の主体は住民ボランティアが行うという形の協働事業です。筆者は本活動の発起人であり、コミュニティマネージャーを務めています。

「地域コミュニティづくりに興味がある。でも、何も持ち合わせていない私には難しいのでは」。かつて筆者はそう思っていました。数年前の筆者は、場所も、資金も、人脈も、これといったスキルや能力も、何も持ち合わせていませんでした。しかし1人では何もできなくても、想いを発信し、他者と力を合わせていくことで、理想のコミュニティは少しずつでも形にしていくことができるのです。

本事例では、「自分には何もない」と感じていた筆者がどのような経緯でコミュニティづくりに携わり、コミュニティマネージャーとなっていったのかについてお話したいと思います。

多様な人々が暮らすまち、新宿への地域愛

筆者は生まれも育ちも東京都新宿区。母も祖母も、戦後直後からずっとこのまちで生活をしてきました。新宿と聞くと新宿駅や歌舞伎町などの繁華街をイメージする方も多いでしょう。しかし、筆者が暮らす地域は新宿の中心に位置しながらも、高齢化率56％を超え「都心の限界集落」と言われる程に高齢化が進む戸山ハイツ（通称、戸山団地）や、外国籍の住民が多く国際色豊かな大久保地域、早稲田大学や学習院女子大学、専門学校も周辺にたくさんある学生の街とも隣接しています。また新宿という交通の便の良さから近年では共働きファミリー世帯も増加傾向にあるエリアになります。さらに、新宿区は単身世帯の割合や外国人住民数も全国で最も高く、近隣小学校の保護者会では7〜10か国語の資料が用意される程、まちの多国籍化も進んでいます。

　交通の便も良い一方で広大な都立戸山公園や、山手線内において一番標高が高い山「箱根山」を有する緑豊かな地域でもあります。

　このまちで育った筆者は、このまちに暮らす多様な人々も、緑豊かな環境も子どもの頃から大好きでした。そして「自分はこの地域に支えられて育ったからこそ、いつかこの地域に何か恩返しをしたい」と、漠然とずっと思っていました。

一度離れた事で気づく地元の良さ

　筆者は大学を卒業後、エンタメ企業にて人事職を経た後、フリーランスのキャリアカウンセラー・講師として若者のキャリア支援に携わる仕事をしていました。そして2014年、結婚を機に初めて地元を離れ他県の見知らぬ土地に転居します。しかし、2年間その地で生活をしていても、近所の方々と顔を合わせて会話をすることは皆無でした。地域の人たちとつながりたいと思っても、どうしたら良いかわからない。何か困った時に頼れる顔見知りがいない状況に、ずっと孤独感や不安感を持っていました。

　「住民同士のゆるやかなつながりがあれば、もっと安心して生活ができるはず」と、地域内で顔の見えるつながりの重要性を強く感じていた頃、地元新宿で暮らしていた祖母が他界。空き家になった祖母の家に転居することになり、2年ぶりに地元に舞い戻る事になりました。

　「今までもこれからも、大好きなこの地域で年を重ねていきたい。そしていつか自分に子どもができたら、この地で育てていきたい」。自分が生まれ育った地を一度離れたことで、地元の魅力や地域への愛着を再認識しました。そして、今後もこの地で安心して楽しく暮らし続けていくために、もっと地域とのつながりをつくっていこうと決意したのでした。

3　自分にできる小さなことから
—— 町内会長へ宛てた手紙とイラスト

　地元に戻った筆者は、まずはこの地域の事を深く知ろうと、当時29歳で町内会役員になりました。自分の暮らしや生活に密接に関わる課題について、

町内会長によって鮮やかに色付けされた筆者が描いたイラスト

多様な住民と議論し解決策を探っていくことは、とても難しかった反面、面白さを感じました。

　また、町内会役員の高齢化や担い手不足によるコミュニティ活動の硬直化・弱体化などから、従来型の地縁コミュニティだけで地域を支えていくことの限界も感じました。これからの地域づくりには、多様な住民を巻き込んだ新しいコミュニティづくりが必要だと思ったのです。多様な経験やスキルを持った地域住民が、気軽に交流し、お互いの得意な事を活かしながら支え合える地域にしていきたいと考えるようになりました。

始まりは、1通の手紙に描いた落書き

　そんなある日、筆者は町内会長の矢沢正春さんへ1通の短い手紙を渡します。そこには「私がつくりたい理想の地域の場のイメージ」として落書きのようなイラストを小さく添えました。数日後、そのイラストは町内会長の手によって、より大きな紙に印刷され、より鮮やかに色付けされて、私の手元

に返ってきました。「いいね。その想い応援するよ。もっと地域のみんなに発信してみたら良いと思うよ」。町内会長からの言葉を受け、筆者は自分の想いや考えを、もっと地域の人に発信してみようと決意します（町内会長は、今でも私のメンターであり、父のような存在であり、年の離れた親友です）。

またそれと時を同じくして、10年前の自分からも手紙が届きました。10年前、大学3年生だった過去の自分から10年後の未来の自分に向けて書かれた手紙にはこう書かれていました。「私の夢は、地域に根ざした新しいコミュニティ（子どもや大人、シニアたちが好きな時に来て自由に交流ができるような、みんながホッとする居場所）をつくることです！」

私の想いは10年前からずっと変わっていなかったことを再認識し、過去の自分に背中を押されたような気持ちになりました。

住民インタビューから見えて来たこと

「地域の多様な人々の交流が生まれる、温かい場をつくりたい」という思いは強く持っていましたが、不安もありました。「そもそも、そのような場は本当にこの地域に必要なのか、もしかしたら私の独りよがりなのではないか」自分の思いに自信が持てませんでした。そこで、まずはこの地域に暮らす人々が日々何を感じ考えているのか、地域住民の生の声をもっと聞いてみようと思いました。地域のシニアや子育て家庭を中心に、40名程にアンケート及びインタビューを実施。さらに戸山団地の集会室を借りて、地域についてみんなで考える座談会・ワークショップを複数回開催しました。

「この数週間、誰とも会話する機会が無かった」「毎日1人で食事をしていて寂しい」「何か困り事がある時に、近所に気軽に頼れる知人がおらず不安」。これらは、地域のシニアから聞こえてきた声です。高齢化率56%の戸山団地では、そのうちの3割が1人住まいのシニアで、地域のつながりの希薄化に不安や孤独感を感じています。

その一方で、こんな声も多数聞こえてきました。「本当は、私の特技の着付けや編み物を子どもたちにも教えてあげたい」「何かちょっとの時間でも、

誰かの役に立てる事があればしたい」。地域には素晴らしい経験や特技をお持ちのシニアが多くいます。しかし、それらの力を発揮する機会や場が無く力を持て余しているシニアも多くいたのです。このようなシニアたちに活躍してもらえる機会を創出していくことも、これからの地域づくりにおいて重要なポイントになるのではないかと考えました。

また子育て家庭に関しては、子育ての孤立化に対する悩みの声も多く聞こえてきました。核家族化や夫婦共働き家庭の増加にともない、子育て家庭のマルチタスクやワンオペレーション育児の悩みは絶えません。しかしその悩みを周囲に相談できず、家庭内だけで問題を抱え込み、孤立している方が多くいたのです。さらに最近では、1人親世帯も増加傾向です。子育ての孤立化は、親の精神的ストレスや負担感にも大きな影響を与えています。

そして、この孤立化の問題は、シニアや子育て家庭だけの話ではありません。新宿区は、単身世帯の割合が全国で最も高いエリアです。地域から孤立しやすい傾向の単身者が増加することで、地域コミュニティの弱体化が懸念されています。さらに新宿区は外国人住民数も全国で最も高く、まちの多国籍化は進んでいます。生活習慣や文化などの相違による日常生活でのトラブルが発生するケースもあり、地域から孤立しやすい傾向があります。

筆者は、これらの人間関係の希薄化による多様な人々の孤立感や不安感を、住民同士のゆるやかなつながりをつくり出すことで、解決したいと考えるようになりました。そこで、まずは何かできることから始めてみようと、2018年4月に「えんがわ家族」という任意団体を立ち上げ、地域住民のつながりづくりを目的とした活動をスタートします。

「えんがわ家族」という団体名には、「"縁側"のようにぽかぽか温かい場と、"家族"のようにほっとする心地良い関係を地域内につくっていきたい」という思いを込めました。地域の多様な人々がつながり、自分の得意な事、できる事を活かし、お互いを支え合える。そんな温かい笑顔に溢れるコミュニティづくりを目指そうと決めました。

4 空地を使った菜園イベント、多世代をつなぐ家族食堂、そして充電期間へ

団体を立ち上げたといっても、メンバーは筆者1人。将来的には常設のコミュニティスペースを持ちたいと考えていましたが、新宿区内で物件を借りるには相応の資金が必要です。しかし、そんな大金は持ち合わせていません。そこで、まずは特定の場は持たず、地域資源を活用しながらイベントベースで活動をしてみることにしました。

初めに取り組んだのは、「空地×シニアの特技（畑仕事）×子どもの自然体験」をキーワードとした、団地内でのコミュニティ菜園づくり。本活動の想いに共感くださった団地内の高齢者施設が、施設内の空地を貸してくれることになったのです。その空地を活用し、畑仕事を得意と

地域のシニアやファミリーと共に、空地を活用した菜園づくり

する地域のシニアに指導・サポートを受けながら、子どもたちと共に野菜づくりを行いました。

また、その後も「シニアの特技（浴衣の着付け）×プロ人材（フォトグラファー）」をキーワードに、地域の夏祭りにて「浴衣で家族写真撮影会」と題して、地域のプロ人材同士のコラボレーションイベントを企画。地域資源を活用した様々な企画をイベントベースで実施しました。

しかし、そのようなイベントを1年程続けてみたものの、年に数回、連続性のない単発イベントをただなんとなく続けているだけでは、地域の人々同士のつながりをつくる事は難しいと実感。現状のやり方の限界と、より計画的に事業を組み立て実行していく必要性を感じました。

限界突破に向けて、新たなプランを考える

そこで、今度は地域コミュニティの活動に、ビジネスの視点も取り入れてみた方が良いかもしれないと考えました。そこで東京都主催の無料のアントレプレナーシップ連続講座を見つけ、参加することに。起業を目指している老若男女 30 名程が、毎週末 2 か月程かけて事業づくりの考え方の基礎を学ぶというものでした。そして、講座の最終日に自らの事業構想を 3 分でプレゼン。改めて自分の想いを言語化し事業計画にまとめていくことで、より想いが具体的になっていきました。

そこで筆者が考えた事業プランが「家族食堂」でした。「どうしたら地域の多世代をつなぐことができるだろうか。多世代で誰もが楽しめる、喜びを共有できるものは何だろうか」と考えた時に「食」だと思ったのです。人は美味しいものを口にした時、年齢や属性にかかわらず、誰もが幸福感を感じます。さらに、共に「おいしいね」と言い合えることで、その幸福感はますます満たされ、人は笑顔になります。

当時から、地域の子どもたちを対象とした子ども食堂は全国的にも様々な場で開催されていました。しかし筆者がつくりたかった場は、地域の子どもだけでなくシニアや学生、社会人やパパママも、多様な人々が集まり、まるで家族のように食卓を囲む場。そこで「家族食堂」と名づけました。

私は幼少期、お正月やクリスマスに、親戚一同が祖父母の家に集まり、みんなで食卓を囲みながら談笑することがとても楽しみでした。そんな温かな光景を、地域の人たちと共につくっていきたいと思ったのでした。

やるっきゃない。でも私 1 人では何もできない

アントレプレナー講座で「家族食堂」の構想を発表したところ、多くの賛同や応援の声をいただきました。「ここまで考えたのであれば、あとはもう行動に移すのみですね」という周囲の言葉を受け、改めて今の自分にできることから何か始めてみようと思いました。しかし、ビジネスとして食堂事業を始めるにはリスクがあり、事業を始める資金もありません。そんな中、ふと

地域の情報誌で新宿区の協働推進基金助成金というものを見つけ「これだ。採択されれば、資金と広報面で区のサポートを得る事ができる」と思いました。食で地域をつなぐことをテーマにし「家族食堂」のプランを応募したところ、書類審査と公開プレゼン審査を経て、見事採択されました。

　しかし、ここで大きな問題が発生します。「家族食堂」は多世代で料理を共につくり、食卓を共に囲むことがコンセプト。にもかかわらず、筆者は料理が大の苦手。筆者には食の知識やスキルがないため、この事業プランを実現させるためには、料理づくりや食品衛生に関する指導・助言を頂ける専門職の方を仲間に引き入れることが必要不可欠でした。ですが当時の筆者にそのような人脈はありません。しかし事業採択を受けたからには後戻りはできません。想いの実現のため「やるっきゃない」という気持ちで、様々な場で本事業の趣旨や目的を語り、それに共感いただける仲間や応援者を増やしていきました。

　そして幸運にも、区内の地域活動の情報交換を行うコミュニティで知り合い、筆者の活動を応援してくださっていた大学教員が、同僚の管理栄養士を紹介してくれました。これを機に本事業は一気に加速。また、当日の調理サポートとして、料理が得意な地域のシニア10数名にも協力いただけることになりました。さらに、子どもたちの見守りや運営サポートには近隣大学の学生たちが参加。食材は近隣企業や社会福祉協議会から寄付を、会場に関しては区内の福祉施設のお部屋をお貸しいただける事になりました。

　当時の筆者は自分1人では何もできないからこそ、事業を実現するためにとにかく無我夢中でしたが、気づけば多くの方の応援やサポートを得ていたのでした。ありがたいことに、本活動の想いに賛同して仲間になってくださった方々が、さらに知人へ呼びかけるなど、想いの輪が広がることで、仲間や協力者が増えていきました。

　数か月前まで、筆者1人の頭の中だけで思い描いていた「家族食堂」は、気付けば多くの人々の温かい想いや希望がつまったコミュニティになっていました。

第1回えんがわ家族食堂のチラシ

家族食堂オープン。走り続けて直面した課題

2019年7月。地域の多くの方々の協力を得て、なんとか初回の家族食堂がオープン。当日は、近隣にお住まいのシニアや子育てファミリー、学生など、0歳〜80代まで約80名の地域の方々とみんなでワイワイ食事をつくり、食卓を囲みました。実はこの日の前後のことは、あまりに多忙でほとんど記憶がありません。ただ、家族食堂をオープンできた達成感以上に、筆者のコミュニティマネージャーとしての力量不足や、コミュニティづくりの理想と現実のギャップを強く感じ、深く落ち込み、放心状態になっていました。

しかし、立ち止まって悩んでいる暇はありませんでした。すぐに来月以降の企画に向けた準備に取り掛からなければならない状況で、目の前のことをこなして走り続けるだけで精一杯。本業の仕事との両立もあり、目が回る程忙しい1年間でした。

その後も、定期的に家族食堂や菜園活動のイベントを実施しましたが、活動を継続していく中で2つの課題に直面しました。

第1に、多様な住民がイベント参加しても、共通の話題がないと初対面同士では交流が生まれづらいこと。これに対しては、多様な参加者同士の交流が生まれるような、プログラムの工夫や仕掛けが必要だという事を強く感じました。

第2に、年に数回のイベントベースでの取り組みでは、参加者同士の継続的なつながりが生まれづらいこと。この活動は一見華やかで、ありがたいことに多くの方から「素晴らしい活動、大成功ですね」と称賛の言葉をいただきました。しかし筆者としては、なんだか打ち上げ花火のような感覚で、一過性の楽しさだけで終わってしまっているようにも感じていました。「これ

家族食堂で参加者のみなさんと

で本当に継続的な地域のつながりは生み出せているのか」というモヤモヤが
ずっと残っていたのでした。

立ち止まって考える充電期間

　家族食堂や菜園イベントで、毎月のように何かしらイベントを企画実施し
ながら走り続けていた翌年の2020年2月。区役所からコロナの流行に伴い以
降のイベントは全て中止するよう連絡を受けました。当時の筆者はその連絡
を受け、矛盾する思いを感じました。みんなで企画準備してきた大切な食堂
イベントが中止になってしまった悔しさ。その一方で「これでしばらくイベ
ント準備に追われることはなくなるんだ…。やっと休める…」と、どこかで
ホッとした気持ち。

　1年間、本業の仕事や家庭内の時間も削りながら常にイベントの企画実施
に追われていた筆者は、心の中で度々「私はイベント業者になりたいわけじゃ
ないのにな…」と思っていました。地域の多様な人々同士の温かいつながり
を生みだしていくことを目的に、その手段として行っていた家族食堂や菜園
活動。しかし気づけば、それらを計画通りに滞りなくイベントを実施してい
くことが目的のようになっていました。また、自分を含め、運営ボランティ
アメンバーが疲弊してしまっていることにも、ずっと心苦しさを感じていま

した。

イベントがしばらく実施できなくなり、一度ゆっくり立ち止まる時間が得られたことは、既存のやり方に何か限界を感じていた筆者にとって、とても良い充電期間となりました。

1年間のイベント運営でアウトプットをし続けて、もう自分の中には何も残っていない感覚になった筆者。「今の状態のままでは、壁は乗り越えられない。現状を変えるには、何か新しいインプットをして次の打ち手を考えねば」と学び直しの必要性を感じ、以前から興味を持っていた社会人大学院への進学を決意。大学院では、地域コミュニティや人材育成について、多様な人々と様々な視点で学べることがとても楽しく感じました。乾いたスポンジに水がぐんぐん吸収されていくような感覚でした。

5　ずっと気になっていた図書館の空地活用計画

充電期間中に様々な地域コミュニティの事例を見聞きし、改めて子どもからお年寄りまで、誰もがいつでも気軽にふらっと立ち寄り、人と人がゆるやかにつながれるような常設のコミュニティスペースが開設できればと考えました。

そこで着目したのが、中央図書館の空地でした。中央図書館は、中学校の廃校を活用した図書館で、旧校庭スペースが10年以上空地になっていました。この図書館は、週末には1日あたり1,500名以上が来館する新宿区内で一番の大きさと来館者数を誇る図書館です。ここであれば地域の多様な人々をつなぐパブリックスペースができるのではと、実は数年前からずっと考えていました。

しかし、筆者のような一区民が突然図書館に提案に行ったところで、広場を使わせてもらえる訳がありません。そこで筆者は、この構想を絵に描いて色々な所で発信していくことにしました。区内で地域活動に携わる方とお話

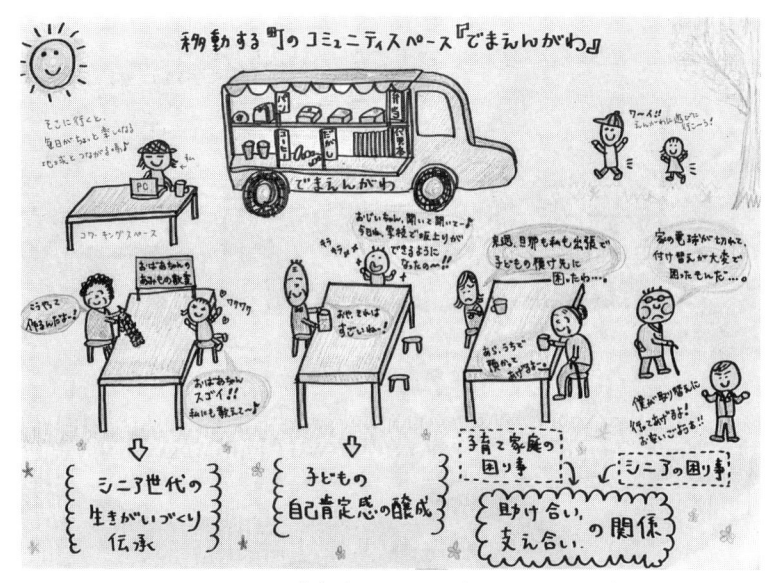

筆者がコミュニティづくりについて語る際に持ち歩いていた
「理想のコミュニティ広場イメージ」のイラスト（筆者作成）

する機会がある度に「実は、いつかこんな場をつくりたいと思っていて、た
とえば図書館の空地などを活用できたら良いと思っているんです」と。

　そんなある日、近隣の地域センター職員の方と対話する機会があり、そこ
でいつものように地域活動への想いをお話しました。すると「素敵な想いで
すね。図書館副館長を知っているので、おつなぎしますよ」と言ってくださ
る方と出会い、ついに図書館側と対話をする機会を得たのです。

図書館担当者との運命的な出会いと共鳴

　2020年6月。当時の副館長、萬谷ひとみさんへアポイントを取りました。
そして、筆者が今まで行ってきた地域活動紹介と合わせて、図書館の空地を
活用したコミュニティ広場づくりについての想いを伝えました。その時筆者
が話した内容は、とにかく思い描く理想をつめこんだ夢のような話でした。
そんな話は、きっと突き返されるだろうけれど、それでも図書館の広場を活

用したコミュニティづくりへの情熱は伝えておこうと、思いのたけを伝えました。しかし、ひととおり話を聞いた萬谷さんが放った言葉は筆者の予想とは異なる言葉でした。「素敵ですね。私たちも、そういう場をつくりたいとちょうど考えていたところなんです」。

　なんと幸運にも、当時、図書館内でもちょうど旧校庭を活用した地域の憩いの場づくりについて検討していたタイミングだったのです。図書館という公共の空地を活用した地域のつながりづくりについて、お互いの想いが共鳴し意気投合。後日改めて企画書にまとめ、協議を重ねていくことになりました。

　企画書作成には、筆者の地域活動をずっと伴走して応援してくださっていた矢沢さんと、新宿区在住で千葉県流山市にて障がい者雇用によるオーガニック農場を経営されている小野内裕治さんからのサポートを得て、共に企画を練っていきました。

　8月に企画書を提出し、本事業の発足が正式に決まったのが同年12月末。事業立ち上げに向けて、その裏側では萬谷さんがずっと図書館内外で様々な説得や調整を行い、尽力くださいました。区民と図書館の協働による新しいプロジェクトの立ち上げに尽力いただいた図書館職員の方々には、感謝しかありません。色々な縁とタイミングがつながり、実現できた協働事業となりました。

メンバー募集とビジョンづくり

　事業発足が正式に決まり、いよいよ仲間集めです。図書館内にポスターを掲示し、ボランティアメンバーを募集しました。そして、翌年2021年2月の初回キックオフミーティングには20代から70代の老若男女18名が参加。「図書館をよく利用しているため、これまでお世話になってきた恩返しがしたい」「自分が暮らしているこのまちで、自分も何か力になりたいと思った」。参加動機は様々ですが、この地域や図書館に対して愛着を持ち、自分も何かできることで貢献していきたいという想いを持った仲間が集まりました。

　活動を始めるにあたり、まず初めに行ったことは、私たちの活動理念や行動指針を考えるためのワークショップです。そして、その活動理念である「地

2021 年 5 月、区内最大級のコミュニティ菜園が完成

域のゆるやかなつながりをつくる」を実現するための広場の活用方法について話し合いを何度も行いました。

そして翌月、いよいよ広場に重機を入れ土壌を整備。しかし元々は中学校の校庭だった事もあり、掘り返した土からは途方もない量のがれきや小石が出土。それをボランティアと図書館職員が約 2 か月かけて、一つひとつ手作業で取り除きました。

2021 年 8 月、広場オープン初日。
広場入口の受付

そしてついに、同年 5 月。何もなかった旧校庭に区内最大規模のオーガニック菜園が完成。予定していたオープニングイベントはコロナ禍の緊急事態宣言の影響で中止となってしまいましたが、その後 8 月についに「そらとだい

【活動理念】
「みんなの居場所と出番がある」を合言葉に、地域のにぎわいやゆるやかなつながりを創り出します。

【行動指針】
私達は、右記4つの考えを大切に活動に取り組んでいます。

お互いの尊重
自分と相手の想いや意見を大切にする

無理なく心地よく
活動は出来る時に柔軟に

共に楽しむ
人や地域とゆるくつながるオープンな関係

やってみたい！
気持ちを大切に個人のチャレンジをみんなで応援し、ひとりひとりの得意を活かし合う

そらとだいちの図書館ボランティアの活動理念と行動指針

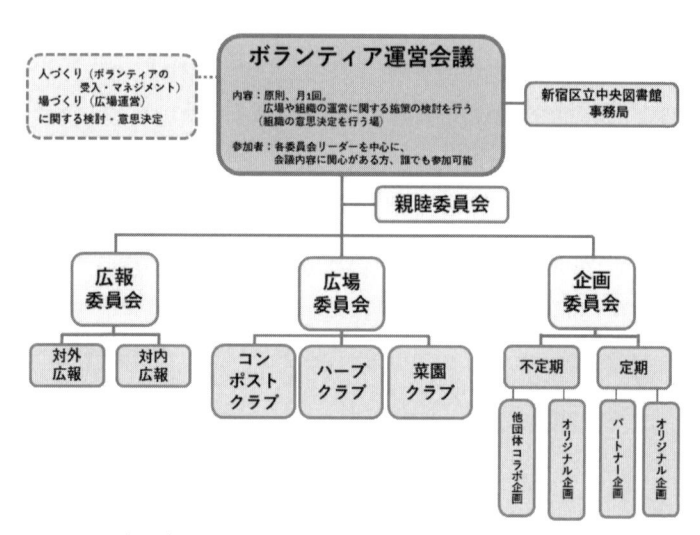

そらとだいちの図書館ボランティア組織

ちの図書館」がオープンしました。

　オープン初日、広場に多くの人々が集まり笑顔で楽しんでいる様子を見て、萬谷さんが「涙が出そうなぐらい、嬉しいですね」と涙ぐみながら語る横で、筆者も思わず涙が溢れました。同じ想いをもって、仲間とここまで頑張ってたどり着けたことが嬉しくて仕方ありませんでした。しかし、ここからが本当のスタートです。地域の人々のつながりを生み出していくための新たな挑戦の始まりでした。

メンバーの「やってみたい」を活かした多様なプロジェクト活動

　そらとだいちの図書館には、4つの委員会があり、ボランティアメンバーは各々が自分の興味のある委員会に所属し活動を行っています（旧中学校での活動ということで、あえて学校組織のようなネーミングにしています）。

　菜園委員会は「野菜づくりを通じたつながりづくり」、企画委員会は「多様なプログラムを通じたつながりづくり」、広報委員会は「情報発信を通じたつながりづくり」、そして親睦委員会は「ボランティアメンバー同士のつながりづくり」がテーマです。

　運営ボランティアの行動指針の中の1つに「やってみたい！気持ちを大切に。個人のチャレンジをみんなで応援し、一人ひとりの得意を活かし合う」というものがあります。大切にしているのは「何ができるか」よりも「何をやりたいか」。地域のゆるやかなつながりを生み出していくために、メンバー各々の興味や得意なことを活かして活動をしていくことを重視しています。

　たとえば、「矢沢さんの手づくり野菜・昆虫クイズ」は毎月広場で大人気コンテンツです。子どもたちはボランティアメンバーの町内会長矢沢さんとクイズやゲームで遊びながら、学校では学べない野菜や昆虫の豆知識に毎回ワクワク。そして、広場ではその野菜や昆虫の実物に触れ、実際に観察する事で、子どもたちは普段スーパーで売られている野菜がどのように育っているのか、その野菜の近くではどんな昆虫が暮らしているのか、五感を使いながら楽しく学びを深めます。矢沢さんは「ここに来る子どもたちは自分の孫の

ボランティア矢沢さんの手づくり野菜・昆虫クイズ

ようだ」と毎月新作の手づくりクイズやゲームを披露し、広場に沢山の笑顔を届けてくれます。

またそれ以外に「ハーブに関心のあるメンバーによるハーブクラブ」「生ゴミ減量や環境活動に関心のあるメンバーによるコンポストクラブ」「アーティストのメンバーによる廃材を活用した木工アートづくり」など、プロジェクト活動は多岐に渡ります。このように様々なプロジェクト・コンテンツを提供していくことで、地域の多様な人々の交流の機会を生み出しています。

自然と対話が生まれる広場

「今日は、どんな農作業のお手伝いができますか」「一緒に雑草取りをしましょう」「この香りの良いハーブは何ですか」「これはミント。ハーブティーにもオススメだよ」「このトマト甘いよ。食べてみて」「本当だ、甘いね」「大きなカマキリを捕まえたよ。みんな見てー」「わぁ、すごーい」。

広場ではこのように、様々な交流活動を通して自然と対話が生まれます。野菜の収穫や、雑草抜きなどの地道な農作業も、みんなで活動することで初対面同士でも自然と対話が生まれ、笑顔になるのです。

また、本を通じたつながりづくりとして「みんなでつくるシェア本棚」の活動も行っています。自分のお気に入りの本を紹介し合うワークショップを広場にて開催し、本を通じた新たな交流も生みだしています。

このように、広場での何気ない対話を重ねていく中で自然と地域内に顔見知りが増えていくのです。実際に本事業開始以降、「図書館内で挨拶をされる利用者が増えたり、図書館内のクレーム数が減ったりと、館内の雰囲気が変わったと感じている」と、ある図書館職員の方は言います。多様な人々と体験や空間を共にし、自然と対話を重ねていくことで、広場でのゆるやかで温

菜園での作業風景

かいつながりが少しずつ図書館内外へと広がりを見せています。

6　試行錯誤しながら走り続ける

　「ここに来ると、ホッとする。癒やされる」「こんにちは。今日もまた遊び
に来ました」「バイバイ。また来るね」。これは、広場利用者から多く聞く声
であり、広場が地域の人々にとって心地良い居場所、サードプレイスとなっ
ていることのあらわれの1つではないかと感じています。そして、地域内で
の顔の見える関係づくりは、安心安全な暮らしの実現にも貢献しています。

　また、運営ボランティアメンバーからは「年齢・仕事など、ボランティア
に参加しなければ出会わなかった人たちと活動でき、色々な考え方がある事
を知れて嬉しい」「地域課題に対して、自分なりに考え貢献できることにやり

がいを感じる」などの意見も多数あり、本活動は運営ボランティアにとっても大切なサードプレイスとなっています。

変化・進化し続けるコミュニティ

立ち上げ当初は 10 数名だった運営ボランティアメンバーも、3 年間で登録者数は 80 名になりました。10 名程ではできていた意思疎通や意思決定の方法も、関わるメンバーが増えて組織が大きくなることで、既存のやり方では上手くいかないこともたくさんあります。組織の形や運営方法も、コミュニティの成長フェーズに合わせて柔軟に変化・進化させていく必要性を強く感じています。

また、本活動を支えるメンバーの多くは、家庭や仕事、他のボランティア活動など、本活動以外にも様々なコミュニティをお持ちです。さらに、子育てや介護、転職や引っ越しなど、ライフステージや生活環境の変化により、コミュニティへの関わり度合いも絶えず変化していきます。

筆者自身も本書執筆中に第一子を出産し、生活環境の変化と合わせて本活動に割ける時間やエネルギーも大きく変化しています。「もっとこうした方がいいな」「ここはどうにかしないとまずいな」。頭の中でそう思ってはいるのに対応できていない課題も山ほどあります。自分の力不足を痛感しながらも、素晴らしい仲間たちに支えてもらっています。

「多様な人々と共にコミュニティをつくる」「みんなの居場所をみんなでつくる」。言葉で言うのは簡単ですが、これらに関しては私たちも日々メンバー同士で対話を繰り返しながら試行錯誤中です。面白いけど、難しい。難しいから面白いのです。

"私"の夢は、"私たち"の夢に

前述の通り、筆者がコミュニティマネージャーになるきっかけとなったのは、町内会長に渡した 1 通の手紙でした。初めはたった 1 人の「こういう場があったらいいな」という想いからスタートしたコミュニティづくり。しかし想いを発信しながら走り続けていたら、多くの人々が仲間となって一緒に

走ってくれていました。そして、仲間と共にコミュニティづくりを行っていく中で、筆者1人の想いは、気づけば多くの「仲間たち」の想いへと深化していました。

　筆者の場合、理想のコミュニティをつくるには1人では不可能で、誰かと一緒に実現していくしかありませんでした。自分にもっと能力があれば…と自分を不甲斐なく感じ落ち込むこともたくさんありました。しかし今思えば、自分1人の力ではできないからこそ、多くの人々と力を合わせ、支えてもらいながらここまでやって来れたのだと思います。これまで活動をサポート・応援くださった方々には、感謝しかありません。

　数年前まで、場所も、資金も、人脈も、これといったスキルも、何も持っていなかった筆者。常に模索をしながら行動を続けてきたことで、多くの素晴らしい人々と出会い、見えた景色があります。そして、今もまだ理想のコミュニティは完成しておらず、仲間と共に模索している最中です。

　だからこそ「何かやってみたいけれど、自分には何もないから自分がコミュニティを立ち上げることなんてできない…」と、過去の筆者のように思っている方がもしいたら、伝えたいです。何もなくても大丈夫。自分が実現したい想いを発信して、まずは無理なくできることから、小さなことから一歩を踏み出してみること。それは必ず未来の何かにつながっていくはずだと信じています。

渡辺萌絵

事例7

イベント未満・カウンセリング未満の 話せるシェア本屋
—— とまり木｜神奈川県茅ヶ崎市

それぞれの個性が並ぶ蜂の巣状の棚

1 　まちに「リアルに話せる場所」を

　従来、まちの書店や図書館は、地域のサードプレイスとしての機能を果たしてきました。しかしオンラインストアの台頭により、近年、書店は激減しています。そんな折、新たなサードプレイスとして注目されているのが「シェア本屋」や「シェア図書館」です。

　シェア本屋は、均等に区画整理された本棚を有料で貸し出します。本棚を借り受けたオーナー（以下、本棚オーナー）は、そこで自分の好きな本を自由に販売できます。本棚オーナーになると、自分の区画に屋号をつけたり、販売コンセプトを考えたりすることができます。シェア本屋を訪れる人たちは、区画ごとに異なる個性の本棚を楽しむことができるだけでなく、本棚から本の購入も可能です。シェア本屋はいわば、小さな本屋さんの集合体なの

です。シェア図書館の場合は、本棚の本は貸し出しのみとなります。

　最近では全国各地に様々なシェア本屋が誕生しています。仕組みは同じでも、シェア本屋ごとに目的や雰囲気が異なります。それぞれの違いを味わうのもまた、訪問者の楽しみの1つです。

話せるシェア本屋とまり木のコンセプト

　本章の主役は、神奈川県茅ヶ崎市にある「話せるシェア本屋とまり木」（以下、とまり木）と、そのオーナーの大西裕太さん。大西さんは「ジミー」の愛称で親しまれているため、本書でもジミーさんと呼ばせていただきます。

　とまり木の場所は茅ヶ崎駅から北へ徒歩15分。国道に面した場所にあり、シェア本屋として改装する前は地元で50年続いた中華料理店でした。木造平屋の建物の入り口はガラス張りの引き戸で、外からも中の様子を伺うことができます。入り口から陽の光がたっぷり入る店内は、手づくりの本棚があるメインフロア、小上がりの和室、厨房兼事務所に分かれています。本棚だけでなく、メインフロアにある机や椅子も全て手づくり。これらはジミーさんと初期の本棚オーナー、地域の人が一緒につくりました。

　とまり木は2022年4月にオープンしました。ジミーさんは当初、とまり木がゆっくりと地域で認知されていけば良いと考えていました。しかし予想に反し、オープンから1年半でほとんどの本棚が埋まりました。2024年7月現在、10代から60代まで66組の本棚オーナーがとまり木の本棚を彩っています。本棚オーナーの半数は近隣の茅ヶ崎エリアに住んでいる方々ですが、残り半数は県外を含む異なるエリアの方々です。中には、2時間かけてわざわざ通ってくる方もいます。1人で運営されている方がほとんどですが、家族で1つの本棚を運営している方々もいらっしゃいます。

　とまり木で本棚オーナーになると、このスペースを利用してワークショップを開くことができます。また、本棚オーナーがジミーさんに代わって店長になる「お店番」制度もあります。火曜と土曜はとまり木の定休日ですが、お店番の希望者がいればジミーさん不在でも営業しています。毎月SNSで共

ガラス戸から陽が降り注ぐ、手づくりの机と椅子が並ぶ室内

有される1か月の営業スケジュールを見ると、ワークショップを開催する方がお店番を兼任することも多いようです。

　ジミーさんは、人と人とがリアルに話せる場としてとまり木をつくりました。「とまり木」とは本来、動物が休息するための横木を指します。例えるならば、学校の保健室やまちのスナックのように、人が安らぎを求めて集うことができる場所にしたかったそうです。

　実際、筆者らが取材のためにとまり木を訪れた際も、複数の本棚オーナーが談笑していました。私たちもジミーさんの仲介で本棚オーナーたちと挨拶を交わしました。その後は本棚のコンセプトを伺いながら、初対面の本棚オーナーたちと自然に会話が進みました。

　本棚オーナーが不在の時は、ジミーさんが代わってそのコンセプトや想いを代弁してくれます。ジミーさんは本棚一つひとつ、本棚オーナー一人ひとりを把握し、その本棚に興味を持った人に対し、自分の言葉で紹介してくれ

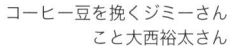

コーヒー豆を挽くジミーさん
こと大西裕太さん

50年続く中華料理屋だった木造の建物

るのです。

　他にもジミーさんがこだわっているのは、人の気配を感じられる場づくり。その暖かい雰囲気は、手づくりの味わい深い本棚や机だけによるものではありません。たとえばとまり木のコーヒーは、一杯ずつ、ジミーさんが手挽きして豆から淹れてくれます。ゴリゴリとアナログに豆を挽く音そのものが人の気配だと、ジミーさんは言いました。

2　とまり木に惹かれる理由

本を通じて人とつながれる場所に惹かれて

　3人の筆者のうちのひとり片岡はサードプレイスの研究をしており、特に交流に注目しています。ただ、筆者がとまり木の活動に興味を持ったのは、研究の対象として魅力的だっただけではありません。もっと個人的な感情が影響していました。

　活動内容を拝見し、新しい場所に行くのが苦手な筆者は、本を通じて人とつながれる場所、知らない人とでも本を通して話せる場所、人と交流するのが苦手な人でもリラックスして過ごせるこの場所に惹かれました。そういう

場では、気を遣って自分が話過ぎてしまい後悔することが何度かありました。自分のような人間が気軽に交流できる場所はないだろうか。そのような場所があれば足を運んでみたかったのです。

さらにジミーさんのプロフィールを拝見した時、自身の経験と重なり、とまり木の成り立ちについてリアルな話を聞いてみたいと思いました。この執筆チームに参加する際、「研究の一環として」という気持ちもありましたが、かなり個人的な感情が先行していました。

とまり木を訪れたインタビュー当日、心強いメンバー（共著者の平田さんや谷口さん）がいるので安心していましたが、未知の場所に緊張もしていました。ところが、店内に一歩足を踏み入れた瞬間、自然とリラックスしている自分に気づき驚きました。それはジミーさんをはじめ、そこにいたみなさんが私たちに自然体で接してくれたからかもしれません。その距離感が心地良く、力がふっと抜けていました。思い思いの本を手にとり、話を楽しんでいる様子を見て、筆者も無理に話すことはありませんでした。数々の棚を眺めながら、その中に研究の原点となった本を見つけました。同じ本を読んで感動されたのかもしれない。そう思うと全く知らない方なのに、本を通じて心がつながっているような気がして不思議な気持ちになりました。

「おすすめする本がないな…」と思ったため、本事例の共著者の中で、筆者だけ本棚オーナーになっていません。それでも。とまり木のゆったりとした雰囲気に「いつでもどうぞ」と言われている気がしています。「良いところ見つけたぞ」と心の中でつぶやいています。インタビューをしたあの日の光景を思い出すだけで、あたたかい気持ちになれるのです。

人々の日常が交差する場所の暖かさ・居心地の良さに惹かれて

筆者の谷口はキャリアカウンセラーです。これまで特に若年層のキャリアカウンセリングを行う中で、世の中にもっと対話の場が必要だと思うに至り、自身でも様々な対話のワークショップを企画・開催してきました。だからこそ、なぜジミーさんが「話せるシェア本屋」というコンセプトに至ったのか、

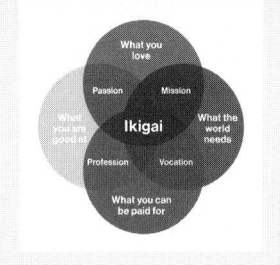

| 筆者（谷口）主催のワークショップ案内 | ワークショップ当日 |

じっくりお話を伺ってみたいと思いました。

　本書の取材で初めてとまり木を訪れた時、筆者は自然と会話が弾む場の雰囲気にすっかり魅了され、本棚オーナーになりました。様々なコンセプトの本棚に囲まれたこの場所で、ワークショップをやってみたいとも思いました。ワークショップをする日は、せっかくなのでお店番も同時に経験させてもらうことにしました。

　ジミーさん不在の土曜日、初めてのお店番は少し緊張しました。とまり木で本を買うことはできますが、決して物販が主体の場ではありません。ジミーさんのように暖かい雰囲気をつくることができるか、心配でした。この日は、顔見知りの本棚オーナーや子連れのお母さんなどが来店されました。本を売るための会話ではなく、訪れた人が今日ここにいる背景を垣間見るための会話を心がけてみました。普段はあまり感じたことのない、日常会話の中から生まれる暖かい時間を体験したように思います。

　ワークショップは、とまり木でやるからには本に関連することをしたいと思いました。そこで、『IKIGAI』という洋書から生まれたワークショップを実施しました。とまり木を訪れるきっかけにしてほしいと思い、茅ヶ崎周辺に住む知人にも声をかけました。参加者5名全員が神奈川県在住、うち4名が茅ヶ崎在住でした。

　都内でワークショップを開催すると、関東各地から参加者が集まります。しかしこの日は、茅ヶ崎という地域に、主に茅ヶ崎に住む方々が集まりました。お互いを知り合うための中心的な話題は茅ヶ崎の地名で、そこから参加

者の間に共通理解が生まれていきました。普段のワークショップでは経験したことのない感覚があり、この地域にとまり木がある意味を感じました。

「本を通じて人とつながる」をコーディネートするジミーさんに惹かれて

筆者の平田がジミーさんに出会ったのは、コロナ渦の 2022 年、社会人大学院のゼミ合宿でした。地域のサードプレイスの 1 つである茅ヶ崎の「チガラボ」で地域の場づくりを考えるオープンダイアログが行われ、ゼミ生を含む約 20 名が参加しました。そこでは、ジミーさんがどんな思いでとまり木を始めたのかについて話をしてくれました。誰もが身近な本というテーマと、柔らかな口調で語る様子に多くの人が魅了されていました。

幼い頃から本好きで、SNS に本の感想をアップしていた筆者は、そこで初めてシェア本屋の存在を知りました。そして、ジミーさんの話を聞き、本を通じて人とつながれるということに興味を持ちました。その後実際にとまり木を訪れ、本棚オーナーになりました。実はその前に、自宅の近所にもシェア本屋があることをジミーさんに教えてもらっていました。それでもジミーさんの人柄に惹かれて、自宅からは遠い茅ヶ崎まで毎月通うことにしたのでした。

棚を持ち最初にとまり木を訪れた時、ジミーさんに私が持ってきた本について色々質問されました。「最初になぜこの本を手に取ったのですか」「この本の何が印象に残ったんですか」。その一つひとつに答えている間に、持ってきた本 10 冊のうち 4 冊がドキュメンタリー本であること、1 つの物事でも人によって捉え方が違い事実というのは人の数ほどあるという視点の本が同じく 3 冊含まれていたこと、など気づいていなかった自分自身を知ることになりました。

決して質問責めにするわけでもなく、どちらかといえば静かな口調で問いを投げかけるジミーさん。それによって、自分の大切にしているものがするすると明らかになっていく過程に驚きました。そんな温かい時間を大切にしたくて、とまり木に通っています。

3 ゆるい場をつくる人：大西裕太さん
——社会復帰から始まった場づくりの構想

　ジミーさんは小学生の時、サッカーのクラブチームに入りました。しかし小学3年生の夏、サッカーの練習で両足を捻挫。楽しいはずの夏休みなのに、サッカーができず自宅にこもりきりの生活を余儀なくされました。しかしそんな時、クラスのみんなが毎日のように遊びに来てくれました。そして怪我が治っても、その習慣は続きました。

　友人たちはジミーさんの自宅に集まりましたが、ジミーさんはみんなの中心に立ち引っ張る性分ではありません。話をするよりも聞くタイプです。ジミーさんは友人と自宅で過ごす時、話さなくても一緒にいること、場を共有することを心地良いと感じていました。だから友人もジミーさんも、思い思いに過ごしていました。リビングでテレビを見ている人、その横でカードゲームをしている人、ジミーさんの部屋で漫画を読んでいる人、ランドセルをジミーさん宅に置いて公園にサッカーをしに行く人…。ジミーさん自身も、友人を自宅に残したまま外に遊びに行ってしまうこともあったそうです。

　ジミーさんが中高生になると、サッカー部の先輩や後輩がリビングに集まるようになりました。大学時代には、アルバイト仲間が集うようになりました。小中高大と、ジミーさんにとって自宅は、仲間や友人たちと時間と空間を共にする場であり続けました。

就職

　就職活動は学生から社会人になるための通過点。ジミーさんも他の学生と同じように、就職活動を経験しました。自己 PR にはつい自分の欠点を書いてしまう、面接ではうまく話せない、特にやりたいこともない…。なるべく早く活動を終わらせたくて、最初に内定が出た大手警備会社に就職することを決めました。その時ジミーさんは漠然と、ここでやりがいを見つけてそのまま定年まで勤めるのだろうと思っていました。

入社後は、新入社員全員が現場配属となるのがこの会社の通例でした。ジミーさんもヘルメットと防刃チョッキを着用し、昼に夜に、現場を回っていました。早く本社に異動したいと考えていたジミーさんは、会社の制度を利用して簿記の資格を取得。3年目に本社の経理部に異動しました。

体調の異変

　経理部門は機密事項を扱うこともあり、フロアでの会話はしづらい環境でした。そのため、隣の席の人ともメールやチャットでやり取りしていました。学生時代に仲間と過ごした、常に人の気配のする実家とは真逆の職場環境がそこにありました。ジミーさんは、同僚や取引先から送られてくるメールに書かれた「大西さん」の文字が、自分への呼びかけではなく識別子でしかないと思うようになりました。

　少しずつジミーさんの体調に異変が生じ始め、常に気持ちが悪い状態が続きました。しかしそれが普通だと自分をごまかし、毎日決まった時間に起きて、電車に乗って、会社に行きました。だんだん具合は悪くなり、夜眠れなくなり、物忘れがひどくなりました。

　自身の異変に無自覚なジミーさんを見かねて、大学時代からのお付き合いを経て結婚した妻が脳神経外科の予約を取り、半ば強制的にジミーさんを病院に連れていきました。脳に異常はありませんでしたが、心療内科を勧められました。そして心療内科では、今すぐ会社を休むよう言われました。

徹底的な自己分析

　心療内科の診断を受け、ジミーさんは休職を余儀なくされます。そして回復に向けて、睡眠導入剤の力も借りながら、トイレとお風呂と食事以外の時間を寝て過ごす日々が始まりました。昼も夜もひたすら眠ること1か月、身体的な症状は落ち着いてきました。

　身体が回復してきたことで、ジミーさんは外出の機会を持ちたいと思うようになりました。また、就職活動の時には真面目にやらなかった自己分析を、このタイミングでやってみようと思いました。そこで、ペンとノートを携え

て近所のカフェに通い、読書と自己分析をそれぞれ1時間かけてすることにしました。カフェの店員にコーヒーを注文することが、人と話す機会にもなりました。ジミーさんは1か月半、この生活を続けました。

　過去を振り返ってみると、体調に異変が生じ始めた時期などを思い出しました。さらに、実家にはいつもたくさんの友人が集っていたこと、幼い頃から人と話すことに喜びを感じていたことなども思い出しました。チームスポーツとしてのサッカーが好きだと気づいたことで、会社での経理業務が個人プレーであったことにも気づきました。点と点をたどってみれば、人の気配がしない職場に辛さを感じていたのだろうと思うに至りました。

社会復帰のための場選び

　自己理解が深まると、次は、そんな自分が他人にどう見えているのかに興味が湧いてきました。そこでジミーさんは本格的な社会復帰を見据えてコミュニケーションの機会をつくろうと考え、インターネットでイベントを探すようになりました。

　「うつ」「復帰」などのキーワードで検索してみると、行政やNPO法人が運営する療養のためのイベントばかりがヒットしました。なんとなく堅い印象があり、そこに足を運ぶ気にはなれませんでした。もっと気楽に、自分のことも話せて、他人の話も聞けるような場所を求めていました。

　検索を繰り返すうちに、過去に藤沢市のコワーキングスペースに行ったことを思い出しました。そこで、「コワーキングスペース」「茅ヶ崎」と検索したところ、茅ヶ崎にあるコワーキングスペース「チガラボ」にたどり着き、そこで開催される「マインドフルネスカフェ」というイベントを見つけました。「カフェ」という響きが、申し込みのハードルを下げてくれました。

チガラボで感じた安堵

　なんとか「マインドフルネスカフェ」に申し込んだものの、久しぶりに人に会う緊張から、開催日が迫るにつれジミーさんは憂鬱な気持ちになっていきました。しかし生真面目な性格ゆえにドタキャンはできない、遅刻もでき

ないと、当日は早い時間に家を出ました。チガラボの入っているビルの1階に着き、入り口を確認してから、緊張をほぐすために周囲を散策して時間まで待機しました。イベント開始10分前に再びビルの1階に戻り、思い切ってチガラボ行きのエレベーターのボタンを押しました。

　チガラボを主宰する清水謙さん（以下、謙さん）が口火を切ってイベントが始まりました。このようなイベントに参加するのは初めてでしたが、その話しぶりにジミーさんは安心感を覚えました。参加者は20名ほど。順番に名前、住まい、仕事、参加のきっかけについて自己紹介が始まりました。ジミーさんはノートに自分が話すことをメモして準備しました。自分の番が来る頃にはジミーさんの気持ちもずいぶんほぐれ、話すつもりはなかったのに「今、うつで求職中です」と口にしていました。参加者はジミーさんの発言を、黙って受け止めてくれました。自分はここにいていいんだと、ジミーさんに安堵の気持ちが湧き上がりました。

チガラボのスタッフに志願

　チガラボでの最初の一歩は、ジミーさんにとって転機となりました。その後もチガラボに通い続け、様々なイベントに参加しました。ジミーさんが最も魅了されたのは、「チガラボチャレンジ」というイベント。個人が自分のやりたいこと（たくらみ）を参加者の前で宣言し、参加者はその実現方法を真剣に考えてアドバイスするという企画です。イベント終了後も、たくらみの実現に向けて多くの人がサポートします。個人のたくらみが共有され、多くの人の手を借りながら叶っていく様はエキサイティングでした。しかもたくらみを持つ人はみんな楽しそうなのが、ジミーさんの目を引きました。

　ジミーさんは、たくらみの背景にあるそれぞれの人生に強く興味を持ちました。この人たちともっと関わり、話を聞いてみたい。そんな思いで謙さんにスタッフになりたいと志願したのです。晴れてスタッフとなったタイミングで、ジミーさんは7年勤めた会社を退職しました。

チガラボ利用者全員との会話

チガラボのコワーキングスペースで働く人々は、半袖・ビーサン姿だったり、サーフボードを抱えてきたりと、かつてスーツを着て出勤していたジミーさんには新鮮に映りました。これまで違う業界や世代の人たちと対等に話すことがなかったので、この人たちと話してみたいと思いました。

ジミーさんは、休憩の合間やエレベーターが来るまでの時間を使って、チガラボに来る人々に質問して回りました。「今、求職中で次どうしようか迷っています。あなたが今のお仕事にたどり着いた経緯を教えてもらえませんか」。様々な人の話を聞くことで、ジミーさんは、会社員時代に他者を肩書きで見ていた自分に気がつきました。

こうしてジミーさんはチガラボに馴染んでいきました。また、チガラボではスタッフを名前や愛称で呼ぶのがグラウンドルール。「ジミー」という愛称もここで生まれました。スタッフになって2年半、ほとんどのメンバーと会話を交わし、様々なたくらみや仕事の話を聞くことで、ジミーさんの興味・関心はさらに整理されていきました。自分のやりたいことは、いろいろな人が集える居場所をつくることかもしれない。そんなことがぼんやりと見えてきたのです。

シェア本屋という着想に至るまで

ジミーさんは、人が集う場所をつくりたいという思いを謙さんに相談しました。すると謙さんはジミーさんにこう問いかけました。「休職する前はいつも会社以外で何をしていたの？」

そう問われたジミーさんは、改めて、会社員時代の1日を振り返ってみました。そして毎日、会社帰りに駅前の本屋をハシゴしていたことを思い出しました。本を買うつもりはないけれど、本屋に立ち寄る。その時間はジミーさんにとって必要なものでした。思い返してみれば、その時すでに職場に違和感を覚え始めていたのでしょう。本のタイトルを眺めることで、もやもやした気持ちの解決の糸口を求めていたのかもしれません。

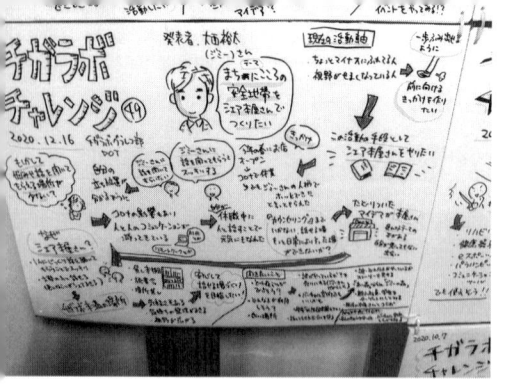

チガラボチャレンジに挑戦した際のグラレコ

またチガラボには、本棚が壁一面に設置されています。区画は均等に整備され、メンバーが自己紹介のために本や名刺などを飾るスペースとして活用されていました。ジミーさんは初めてチガラボを利用する人に、本棚を通じてメンバーを紹介する時間が好きでした。紹介された利用者は、読んできた本が同じだと親近感を持ったり、自分とは異なる感性の本棚に驚いたりします。その様子を見ながらジミーさんは、本棚越しに他者を見ているようで、最終的には自分と対話している、そんなふうに感じていました。

そんなことを話すと謙さんは、シェア本屋という形態を教えてくれました。ジミーさんはその時初めてシェア本屋を知りました。ジミーさんは本屋や出版業界で働いたこともなく、特別に本に詳しいわけでもありません。しかし、本の紹介はできなくても、本棚の紹介ならできると思いました。そして本棚を通して自分と向き合うというコンセプトが浮かびました。

早速、ジミーさんの目指すシェア本屋の構想をパワーポイントにまとめました。そして今まで見る側にいた「チガラボチャレンジ」に、今度は自分が登壇したのです。ジミーさんのたくらみに多くの人が意見を交わし、励ましてくれました。こうしてジミーさんは「話せるシェア本屋とまり木」を始めることになりました。

4　みんなでつくるとまり木

とまり木にふさわしい場所を探すために、ジミーさんは不動産屋に足を運びました。多くの人に来てほしいと考え、当初は駅から近い物件を考えてい

ました。その中で紹介されたのは、駅から徒歩3分の鉄筋コンクリート造りの物件。立地も良く、自身の構想にも合致しているのですが、管理会社が仲介しており大家さんと直接話すことができませんでした。

「話せるシェア本屋」をつくりたいのに、大家さんと話すことができない。ジミーさんはこのことに違和感を覚えました。大家さんと話せる物件を探すために、ジミーさん自身でまちを歩いて空きテナントを探してみたりもしましたが、なかなか見つかりません。物件探しの段階で、めげそうになりました。

しかし幸運にもジミーさんは、大家さん立ち会いのもと内見できる物件に出会うことができました。それは駅から徒歩15分、築60年の木造平屋建て。そう、現在のとまり木となる場所です。大家さんはジミーさんに会うと開口一番、「予算のことはいいから、ここで何をしたいか教えて」と言いました。その一言は、ジミーさんの心を打ちました。ここまでの物件探しで聞かれるのは条件面ばかりでした。それは当然なのかもしれませんが、そればかりを問われることにジミーさんはうんざりしていたのです。

ジミーさんがとまり木の構想を大家さんに話すと、大家さんは一緒に考えようと言ってくれました。そして、すぐに決めなくていいと言いながら、入居者募集の広告を停止してくれたのです。それからジミーさんは何度も大家さんを訪ね、具体的な出店計画を落ち着いて練ることができました。

仲間との店づくり

2022年1月、物件改装の打ち合わせ初日に、ジミーさんに第二子が誕生しました。改装はチガラボで知り合った仲間たちが手伝ってくれたり、様子を見にきてくれたりしながら進めていました。しかし、第一子の保育園の登園自粛も重なり、ジミーさんが現場に居られるのは午前中のみ、という日もしばしばありました。そんな時は現場を仲間に任せ、ジミーさん不在のまま改装が進んでいきました。

とまり木の顔とも言える本棚も仲間たちの手づくりです。この本棚、もと

もとは同じ大きさの四角いスペースを縦横に並べてつくる予定でした。しかしある人が「一人ひとりの本棚が埋没しないように、段違いにずらしてみよう」と提案。それが採用され、現在の蜂の巣状になりました。また、当初は購入予定だったメインフロアの机と椅子も、イベントをするからにはレイアウトが変えられると良いという意見が出たため、本棚の端材を用いて手づくりしました。これらのことが、物件の契約者であるジミーさんがいないときに話し合われ、ジミーさんもそのアイデアを受け入れているのだから驚きです。しかしジミーさん本人は、その場の偶発性に身を委ね、お互いが触発され意見を出し合いながら進めていくことを大切に思っています。あるべき姿を目指すのではなく、みんなの意見を取り入れながら柔軟に進めた方がうまくいく、というのがジミーさん流のリーダーシップなのです。

頼りないリーダー

2022年4月、仲間の協力を得て「話せるシェア本屋とまり木」はオープンしました。オープン当初からジミーさんは、本棚オーナーと月に一度のミーティングをしたいと考えていました。ジミーさん自身が、本棚オーナーと一緒にとまり木の運営をしていく、そんな場所にしたかったからです。

ある日のミーティングで、イベント日程のバッティングが議題に上がりました。イベントを開催したい時、本棚オーナーは共有カレンダーを見て空いている日程から実施可能な日時をジミーさんにお知らせしています。しかしそれでは早い者勝ちになるとか、抽選にしたらどうかという意見が出てきました。すると別の本棚オーナーから、「それってジミーさんが本当にやりたいことなんでしょうか」という問いが投げかけられました。そこから、とまり木としてのありたい姿に話題が移ったそうです。

このお話を聞かせてくれた本棚オーナーは、「あれはすごい不思議な時間でした」とつぶやきました。そして、「たぶんジミーさんは、みんながなるべくハッピーだったらいいな、くらいのことしか思ってないと思います。僕らがハッピーであるためには、ジミーさんがハッピーじゃないと」と言葉を続け

たのでした。

　また、とまり木最初の年末には、みんなでお菓子を食べながら1年の振り返りをしました。本棚オーナーはそれぞれにとまり木との1年について話をしたのですが、共通で語られたのは「ジミーさんが頼りなさすぎる」

様々なイベントを通じつながりが広がる

ということでした。ジミーさんはそんなエピソードも笑って話してくれました。

　オープンから1年半で、本棚オーナーは約65組になりました。人数が増えれば、多様な考え方がミーティングに持ち込まれるようになります。一方で、本棚オーナーはとまり木という場を介して、徐々に顔見知りになっていきます。お互いに話し合えば済むことであればそれがいいし、ジミーさんが間に入った方が良さそうならそうするとジミーさんは語ります。ルールを決めるとこのプロセスが省略されてしまい、つながりが生まれにくくなってしまいます。やりとりを重ねていくことで関係性は太くなっていくと、ジミーさんは考えています。

5　訪問者が思い思いに過ごせる場所

　現在、とまり木の本棚オーナーは「とまり木オーナー」という名称に変わっています。それはジミーさんがとまり木をみんなでつくる居場所にしたいから。とまり木は緩やかな出会いの場であり、緩やかな共通点で人と人がつながりながら、緩やかに変化していく場所です。そして、訪問者が思い思いに過ごせるシェア本屋です。おしゃべりをしている人がいて、読書している人がいて、本棚に置く本に添えるメッセージを考えている人がいます。そんな

取材に訪れた日にみんなで撮影
（ジミーさん、本棚オーナーさんと筆者ら）

空間を用意することは、ジミーさんが幼い頃からしていることであり、今もやりたいことです。

　唯一、それが叶わなかったのが会社員時代でした。しかしその経験も、とまり木に反映されています。たとえば、取引先に行けば会社名で呼ばれていたことから、ジミーさんはとまり木に来る人を必ず名前で呼び、個として大切にします。さらにジミーさんは現在、とまり木を運営しながらフリーランスとして経理の仕事も請け負っています。様々なところで、点と点はつながっていくのです。

　本が好き、おしゃべりが好き、茅ヶ崎が好き。とまり木は、このいずれかに緩やかな共通点を感じる人が集う場所。ジミーさんは今日も絶妙な存在感で、とまり木の雰囲気を温かく支えています。

片岡亜紀子・谷口ちさ・平田朗子

3章

女性もシニアも
心地良く働けるコミュニティ

誰もが心地良く暮らし、働ける場をつくる
—— 非営利型株式会社 Polaris ｜ 東京都調布市

Polaris・2021 年の co-ba 移転時の DIT（DoItTogether）ワークショップ

1　非営利型株式会社とは

　非営利型株式会社 Polaris（以下、Polaris）は、「対等でフラットな関係性」「人と人とが関わり合いながら仕事をする」「心地よくいる」を理念に、「未来におけるあたりまえのはたらきかた」をつくり「心地よく暮らし、心地よくはたらく」ことができる社会を目指し活動しています。

　コワーキングスペース事業やワークシェア事業、コンサルティング・研修などとともに、「暮らし」と「働く」のバランスを重視するサードプレイス型コミュニティの運営が Polaris の特徴でしょう。時間や場所にとらわれない交流の場を提供することで、育児などで制約をうける女性が働きやすい環境を整えてきました。最近は働き方の多様化が進み、様々な人が支え合えるゆるやかなつながりをつくる場として、さらに重要な役割を果たしています。

オフィスとコワーキングスペースが融合した「cococi×co-ba CHOFU」

　そのような場の1つが「cococi×co-ba CHOFU」です。Polaris の事務所「cococi」と「会員制コワーキングスペース co-ba CHOFU」が1つになり 2021 年3月にリニューアルオープンしました。

　インタビュー当日、筆者たち（秋田、片岡）は取締役ファウンダーの市川望美さんと取締役の山本弥和さんに会いに「cococi×co-ba CHOFU」がある調布駅からほど近いビルを訪れました。ドアを開けた瞬間「わ、素敵」と思わず声をあげてしまいました。一面に広がる大きな窓やヒノキを使った開放的な小上がり、同系色の棚やテーブルに観葉植物。利用している人たちは、自然の光を浴びながらリラックスして会話を楽しむ人もいれば、集中して仕事に励む人もいて、それぞれが思い思いのスタイルで時間を過ごしていました。

　内装やインテリアは、Polaris に関わる様々な人たちが協力して DIY でつくり上げたといいます。この共同作業には、事業をきっかけに出会った運営会社のスタッフや会員、それぞれの家族、クライアント、管理会社のスタッフ

cococi×co-ba CHOFU 受付

などが関わっています。まさに、様々な人たちが立場をこえてゆるやかにつながっているのです。

　また、市川さんたちは、社会貢献とビジネスの両立、迅速な意思決定、事業拡大の可能性などを考慮して「非営利型株式会社」という形態を選んでいました。これは、利益を配当として分配しない、社会的活動に投資を行う企業形態を指します。Polaris が心地良い暮らしと働き方をつくる組織として理想を実現するためには、必要な選択だったのだろうと筆者は感じました。

2　ゆるい場をつくる人：市川望美さん──言葉と理念の人

　筆者の秋田と Polaris の出会いは日本女性学習財団のリニューアル講座でした。「変革を生む"場"・"学び"とは」というテーマで編者（石山）の記念トークが開催され、参加していた Polaris の市川さん、山本さんとお会いしました。女性の働き方をテーマに研究を進めていた筆者は、市川さんから「研究、論文にお役に立てることなら、どんなことでも惜しみなく協力します」という大変心強い言葉をいただきました。

　講座終了後すぐに Polaris を訪ね、市川さんと山本さんに女性の働き方における現状の課題や想いを伺いました。女性が人生の選択肢を自分で選べる社会の実現、経験やスキルがないから、女性だからといった理由で自分のやりたい思いを閉ざす必要はないという想い、さらにそうした生き方が可能な社会の仕組みを自分たちで築くことができるという信念に深く感銘を受け、研究テーマにつながる疑問と課題意識を持つきっかけとなりました。また市川さんには働きながら大学院に通っていた経験があり、当時の苦労話にも大変

勇気づけられました。子育てをする女性を対象とした市川さんの研究は、筆者の研究テーマと重なる部分が多く刺激を受けました。

　その後 Polaris さんとエスエス製薬さんのコラボセミナーにも参加させていただきました。市川さんの言葉からは、心地良い社会を考えるには、自分以外の誰かの「自分らしさ」を受け止め合う覚悟と、多様な人と関わりあう姿勢が必要という、目指すべき社会に対する想いの深さを感じました。市川さんに魅了された筆者は、市川さんの原動力や理念がどのように形成されていったのか、なぜ Polaris を立ち上げるに至ったのか、興味を抱くようになりました。

　筆者の片岡と Polaris の出会いは 10 年前になります。当時、筆者は修士論文を書くために対象者探しに奔走していました。そんな時に編者（石山）から紹介されたのが Polaris でした。

　修士論文のテーマは「離職期間を経験したことによる自信の向上」で、「キャリアブレイク」という言葉を使い調査を進めていました。筆者自身も離職期間を経験し不安や自信の低下を経験しながら、その期間は貴重な転機だとも感じていました。また、周りを見渡せばその期間を経験したことで新たな道を切り開いている人も多くいました。「離職期間は本当にブランクなのだろうか」。そんな疑問から調査が始まりました。

　Polaris に出会う前から、離職期間を経験した女性にインタビューし、共通点をいくつか見出していました。同じ興味関心で集まるコミュニティに参加している人が多かったのです。コミュニティの在り方や運営している人に興味を持ち始め、当時からコアメンバーとして活動されていた市川さん、山本さん、大槻昌美さん（Polaris 代表取締役）、野澤恵美さん（同取締役）、そして Polaris で実際に活動している方々にお話を伺うことができました。みなさんから寄せられた言葉や豊かな表情から、自分の見立ては間違っていないと確信しました。小さな疑問が研究に発展するかもしれない、一筋の光が見えたことを思い出しました。

市川望美さんと山本弥和さん

当時、市川さんとの会話で最も驚いたのは、彼女が言葉と理念をとても大切にしているということでした。たとえば会社名の「Polaris」は「北極星」のこと。旅人を導いてきたこの星の名前から、1つの目的に向かい多様な人たちと協力し進んでいけることを示していると言います。市川さんの言葉の奥には、確固たる理念があり、その理念をもとにコミュニティをつくっていることが伝わってきました。

しかし、どうしてこんなに想いの強い活動ができるのだろう、何が市川さんを突き動かしているのだろうか。10年ぶりにインタビューし、それは変わらず、むしろ強くなっているようにも感じ、市川さんのキャリアの歴史を知りたくなったのです。

3 誰もが自分で自分の働き方を選べるように

市川さんは Polaris の創業者です。市川さんは創業以来、育児中や離職した人でも働きやすく、やりがいを持って働ける社会を目指し、身近な地域で働くための場づくりや、仕組みづくりに取り組んできました。職場と住居を接近させることで、第2の場所である職場を持つことさえままならない育児中の女性が、重荷から解放されるだけでなく、社会との結びつきや家庭以外での役割を得る場所として Polaris は機能しています。社会とつながり、新たな役割を得ることで、その人たちの離職中の焦りや不安を払拭しています。また暮らすまちで働くことをきっかけに、地域の中でつながりが生まれ、まちに愛着と誇りを持つ人を増やしてきました。仕事を通した、まちのコミュニティづくりです。

Polaris の基本理念には市川さんのこれまでの思いが反映されています。

Polarisの理念「多様で、対等で、フラット」には、市川さんの大事にしている姿勢が集約されているとも言えるでしょう。この言葉が生まれた背景には、市川さんが感じてきた社会に対する憤りのような感情と、仲間との場づくりの経験がありました。市川さんはどのような経緯でPolarisの創設に至ったのでしょうか。市川さんのキャリアをひも解いてみます。

自営業の両親と働くことへの肯定感

市川さんのご両親は自営業でした。父親は電気工事の仕事をし、小さい頃から市川さんを色々な現場に連れていき仕事の様子を見せてくれました。母親は、子育てやPTAなどに積極的に関わりながらも、得意な洋裁を活かした刺繍の仕事や、在宅でできる様々な仕事をしていました。そうしたご両親の働く姿に、働くことは雇われることやお金を稼ぐためのものではなく、より身近で日常的なものとして刷り込まれていきました。そして生き生きと働くご両親の姿は、市川さんの中に働くことに対する肯定感や楽しさを醸成しました。

理想の組織像

市川さんはIT企業で初の一般職として採用されます。会社の中で一般職の像が固まっていなかったため、配属された部署の文化でそれぞれが育っていく背景がありました。

市川さんが配属された部署は、多様なメンバーで構成されていました。そしてリーダー的な役割を、短大卒で一般職の市川さんが果たしていました。メンバーには、先輩の総合職の男性社員、同じ年齢の後輩で総合職の女性社員、一番長く勤務し実務経験が豊富な派遣社員の女性など、序列や雇用形態では表現できない多様さがありました。しかしやりにくさは全く感じませんでした。むしろそれぞれが立場を越え、個性を認め合いながら能力を発揮して業務を進める、理想のチームの在り方でした。会社は上場を控え、部署内は新しい風とパワーに満ちていました。チームみんなで社内を盛り上げていく楽しさ、仕事をつくっていく面白さを実感します。この経験は市川さんの

働き方の原体験となり、後の Polaris 設立時のモデルとなります。

　社内で前の部署ではあまり評価されていなかった人も、部署内ではみんなから頼られ楽しそうに仕事をしている姿に、お互いの個性を認め合い、立場を超えて協力し合えばどんな人でも居心地良く働けるという思いを強くしました。同時に環境によって人は育っていくのに、なぜ会社は総合職と一般職を区別し、一般職に期待をかけないのか。憤りの様な感情も沸いていました。

女性が働き続けるということ

　一般職のキャリアモデルがいなかったため、自ずと市川さんのキャリアモデルは総合職の女性になっていきました。そして次第に、今後も面白いと思える仕事を続けるためには、総合職にならなければ難しいと感じ総合職への転換試験に応募しました。

　転換試験をパスし総合職として配置転換されますが、総合職になった市川さんは以前のように仕事が面白いと思えなくなり戸惑います。より創造的な仕事に挑戦できる立場になり、実際に任される仕事の質の変化は、やりがいを感じるものでした。しかし、以前の部署にいた時のような、自分が必要とされている感覚や、仲間と協力して業務を進めている実感が薄れていました。

　違和感やモヤモヤを抱えながらも、組織の中で人がどう活かされていけばいいのかというテーマを見つけ、人事部への異動を希望しましたが、結局その希望は叶いませんでした。

　また女性の働き方という観点からも、将来像が見えにくくなります。結婚や子育てをしながらどのように働くかを考えた時、周囲を見渡すと育児の負担が大きく仕事を大幅にセーブしている様子や、地方から両親を呼び寄せ子育てを任せている人が目につきました。望むようなロールモデルとなる人には出会えなかったのです。

　市川さんは、やりがいを持って働き続けたいと思うと同時に、母親が自分にしてくれていたように、子どもが帰ってきた時に「おかえり」と言ってあげられる子育て風景を思い描いていました。面白い仕事がしたい。子育ても

したい。でも、次第に仕事への情熱が薄れ、行き詰まりを感じ始めます。

　一生やりがいを持って働き続けたいならば、1回リセットして自分なりの明確な答えを見つけよう、もう一度情熱を注げる何かを見つけよう。第1子出産後、市川さんは9年間務めた会社の退職を決断したのです。

子育て支援グループとの出会い

　当時は組織を立ち上げる計画も意識もありませんでした。しかしこの時からPolaris設立は芽吹き始めていました。出産後、産休中の同僚と共に地域の子育て支援グループに足を運びます。グループは自らを当事者発信型・循環型子育て支援と呼び、当事者自らが必要と思う支援やサービスをつくっていました。メンバーは参加者でもスタッフでもあり、子どもが大きくなったメンバーは、次の当事者を支えていく仕組みでした。市川さんはグループ内で電話対応や文書づくりなどを手伝い、NPO活動に参画していきます。

　活動の中で今でも鮮明に覚えている出来事があります。ある日「子育て支援コーディネーター」という肩書の名刺をもらいます。市川さんが「こんな役職の仕事があるんですね」と尋ねると、「いや勝手につくっているだけだから」という返事が返ってきました。それまで会社が決めた役職の名刺を、人事部につくってもらう経験しかなかった市川さんは、会社人生とは違う、自分で仕事や役割をつくり出せる世界があることに衝撃を受けます。この時期から組織づくり、事業づくりという新たな興味を抱き始めます。

　NPO活動の中で次第に今いる器の中ではなく、自分で何かを気ままにやってみたいという思いが湧き上がります。そして自宅を開放して、月に1回子育てサロンをお母さん向けにカラーセラピーのワークショップを始めました。ワークショップに参加したのが、後にPolarisを共に設立する大槻昌美さんと山本弥和さんでした。市川さんは次第に、母となった女性がより自分らしく生きるための選択や、自分の人生について話せる場をつくりたいという思いを強くします。

仕事の対価とは

NPO の活動やイベントを主宰する中で、仕事の対価に対する大きな気づきがありました。市川さんは会社員時代には高い給与をもらっていたにもかかわらず、ボランティアでマッサージをした時にもらった 500 円が忘れられないと話します。嬉しいお金ってあるんだと感動を覚えたそうです。子育て支援 NPO の活動では、子育てに役立つ様々な商品をセレクトして販売したり、ベビーマッサージやマタニティヨガなどのクラスを運営したり、100 円単位の利益を積み上げ、月 3 万円の家賃を支払った時の達成感も印象的でした。

市川さんは、誰かが稼いだ会社のお金を給与として得るのではない仕事について考えました。彼女は、「仕事とは、価値のあるものをつくり出し、それを認めてくれる人がお金以外の対価をくれることなんだ」と気づいたのです。そして、会社員時代に未来が見えなくなってしまった理由は、彼女が本当に求めていた仕事の形ではなかったからだと話してくれました。

Polaris 設立

働くことの意味や価値を再認識した市川さんは子ども・子育て支援の現場ではなく、母となった女性のキャリアや働くことについて取り組んでいきたいという思いを強くします。2010 年に内閣府地域社会雇用創造事業ビジネスプランコンペで起業支援案件として採択されたことを契機に、地域における多様な働き方を支える基盤づくり事業を開始しました。そして組織として社会に対する発信力や影響力を持つためには法人格であることが必要との思いから、2012 年、非営利型株式会社 Polaris を設立します。

Polaris の発足時には、今までの経験から、お互いが傷つけあわず、リスペクトして関わり合える組織をつくりたいという強い思いがありました。既存の働き方の仕組みに合わせて働くのではなく、一人ひとりがライフステージに合わせ「心地よく暮らし、心地よくはたらく」ための仕組みづくりを目指しています。Polaris の理念は「対等でフラットな関係性」「人と人とが関わり合いながら仕事をする」「心地よくいる」を掲げています。

この理念を実現する方法の1つとして、Polaris では創業時からセタガヤ庶務部（現 CoHana）を通じ、業務委託によってバックオフィス業務や顧客対応などの業務をチームで対応しています。育児などで制約のある女性

2021 年の co-ba CHOFU 移転時

も、チームで活動することで仕事に取り組むことができます。安定的なスキルとメンバー間のスムーズな連携により、取引先企業からの信頼も厚いです。この成果はメンバーがもつ Polaris の理念への共感が影響しているのかもしれません。CoHana という環境があることで、誰もが経験や知識を活かし、社会に貢献することができているのではないかと感じます。

以前インタビューしたメンバーの方が、そこでの出来事をいきいきとした表情で話してくれたことを思い出しました。「仕事の相談にのってもらった」「自分の発信に共感してくれて嬉しかった」「子どもが病気になった時に声をかけてくれた」など、どれも人との関わりを感じるエピソードです。Polaris での活動を通じ理念を理解する中で、金銭だけでない精神的な満足感も得ているようでした。

これは、雇用を前提としないチームであるから実現できている特徴です。CoHana のメンバーは、自分で自分の働き方を選ぶことができ、お互いの得意を生かし、足りない部分を補い合うことができ、フラットな関係性の中で、業務を通じてスキルアップすることができるのです。この状況こそ、Polaris が目指しているシゴト軸のコミュニティの実現です。「働き方＝シゴト」を軸としつつ、その特徴をいかしたゆるい場（サードプレイス）が実現されているのです。

そして、この理念には母となった市川さんが直面した、女性が思うように働くことを困難にする社会への憤りや歯がゆさ、NPO や出会った仲間と共

に、必要と思うものを自ら形にしてきたという経験が反映されていると、筆者は感じます。

互いに心地良くつながる

筆者（片岡）は、Polaris が3つの理念を通じ、誰もが当事者として、心地良く過ごせることを重視していると感じています。このような背景をふまえると、長年にわたり Polaris で活動している山本さんとの関係は興味深いです。

山本さんはもともと家庭とバランスを取りながら働きたいと思っていました。しかし、Polaris が大きくなるにつれ責任が増し、ビジネスパーソンとして生きる自分に行き詰まりを感じ Polaris から離れました。市川さんたちは、少しでも Polaris に関わってほしいと考え、まずは株主として関係を保ちながら、山本さんが悩まず強みを発揮できるポジションと環境を整え、再び一緒に働ける時を待ちました。

その後、山本さんは業務委託として Polaris に復帰します。Polaris と山本さんのつながりは途切れることはありませんでした。インタビュー中に市川さんから発せられた「弥和さん（山本さん）がいなくなるのは嫌だから」という言葉は印象的でした。

ありたい姿は人それぞれです。仕事を中心に生活したい人もいれば、仕事と私生活のバランスをとりながら生活をしたいと思う人もいます。この出来事は、一人ひとりが大切にしているものを尊重するエピソードであり、Polaris の理念の1つである「心地よくいる」が体現されていると思います。Polaris の新しい試みと市川さんたちと山本さんの信頼関係が醸成されていたからこそ実現できたのではないかと感じました。

4 成長と拡大を経て感じた変化

市川さんは Polaris を通じて理念を形にしてきました。しかし、インタビューを進めるうちに、筆者(片岡)が10年前にインタビューした頃の Polaris

と、今のPolarisのフェーズが変わっていること、市川さん自身にも心境の変化があることを知るのです。ここからはPolarisと市川さんの変化を紐解いてみます。

Polarisの成長と拡大

Polaris設立当初、その理念や活動は広く理解されず、周囲からは半信半疑の目で見られることも少なくありませんでした。時にはお手並み拝見といった態度を取られたり、「ママたちに仕事を提供してあげる」と上から目線で仕事を振ったりする人もいました。そんな周りの反応に憤りを感じることもありました。

このような悔しい経験を乗り越えながら、市川さんたちは一つひとつの仕事に丁寧に取り組み、社会に新たな選択肢を提供することで、徐々に信頼を勝ち得ていきました。

今では、尊敬できる人たちと対等な関係を築き、本当にやりたかった仕事をすることができています。信頼感が増したことで、取引先の規模の拡大や数の増加、取り扱う金額も増えていきました。それと同時に、成長したPolarisが社会に与えるインパクトも大きくなっていきました。

Polarisの危機と市川さんの模索

成長を遂げたPolarisでしたが、コロナ前には経営的危機に直面していました。ある会社との事業が終了し売上は6割削減、さらに業務委託の減少と人材育成への投資が重なりました。しかしその危機は市川さんたちにとって致命的なものではありませんでした。事業の終了は予測でき、その時に備え新事業の準備が進められていたからです。

ただし、新たな事業がすぐに売上に結びつくわけではありません。まずは売上を伸ばすことに徹するという決断がPolaris存続のためには必要でした。この方向転換により売上はV字回復を遂げ、同時に事業部ごとに人材を育成するようになりました。市川さんを知らないメンバーも増えていきました。

市川さんはそのころ、Polarisの未来を語る役割と社会への発信を担って

Polaris12周年記念イベント

いました。一方で当時の Polaris はまずは目の前のことに集中する段階、新しい提案に対しても「今はそんな時期じゃない」という雰囲気もありました。価値の提供はすぐにお金に変わるものではないことはわかっていましたが、未来を見据える自分と今に焦点をあてる Polaris の方向性との間に乖離を感じていました。Polaris の中で担っていたチーフ・ストーリー・オフィサー（Chief Story Officer）として発信していた note も書けなくなりました。

市川さんはその時のことを「パタッと Polaris の未来を語れなくなった」と言い、当時の自身の状態を「宙づり」と表現しました。「パタッと」や「宙づり」という言葉が耳に残りました。この言葉から、何かが突然できなくなることや自分の所在がわからないという不安定な状態を感じました。長く育んできた Polaris と市川さんとの関係に変化の時が訪れているようでした。

「合同会社メーヴェ」設立

市川さんは、その後自分1人の会社「合同会社メーヴェ」（以下、メーヴェ）を立ち上げます。

モヤモヤする気持ちを友人に話した時、「それなら自分の会社をつくったらいい」とアドバイスされたのです。今更また新しい会社をつくるのかと思いながらも、「それはアリかもしれない」とも市川さんは感じていました。会社という枠組みをつくることで、今受け止めきれない新しいことに挑戦できるかもしれない。また個人的に関心のあることを試すには、Polaris の代表としてではなく身軽な方が良いと思ったのです。

会社名は「メーヴェ」と名付けました。この名前は、風の谷のナウシカに

登場する1人乗りのグライダーが由来となっています。1人で動力を使わないでやれることだけをやっていくというコンセプトを表していました。

まずは、母親と姉が経営しているミシンカフェを手伝うことから始めました。この活動は

DEATH フェス本番に向けたカウントダウンイベント

アートアンドファブリック事業として位置づけられ、市川さんが得意とすることで2人をサポートしています。また、それまで個人で活動していた占いやカラーセラピー、経営者のライフキャリア伴走支援などはライフデザイン事業として続けています。

自身の存在意義を感じながら軽やかに活動できることが、今の市川さんにとって心地良さをもたらしているようでした。

5 生き方の選択肢を増やす

市川さんは子どもの頃から「ふつうってなんですか」と質問するような子だったと言います。「一般職だから」「総合職だから」「ママだから」といったカテゴリーに括られることに違和感を持っていました。

既成の枠組みや固定概念に疑問を投げかけ、当たり前と言われていることは本当に当たり前なのか。実際にPolarisでは新たな選択肢を数多く提供してきました。

そして今メーヴェを通じ関わっている「DEATHフェス」では「生と死のウェルビーイング」をテーマに、年代や状況にかかわらず死と向き合い、今をより良く生きる方法を探求しています。これまでにない死との向き合い方を提供するこの活動も新たな選択肢の1つになるでしょう。

Polaris のフェーズが変わり、市川さん自身も変化しています。現在は取締役ファウンダーとして Polaris に携わりながら、メーヴェの代表として活動しています。「器がなければ自分でつくる」。この姿勢は、市川さんの行動力や創造力を表しているように感じます。シゴト軸としてのコミュニティ(ゆるい場) Polaris をつくりあげたことにとどまらず、今はない心地良い暮らしと働き方をつくり出そうと、市川さんは今日も軽やかに奔走しています。

秋田志保・片岡亜紀子

シニアと仕事と地域をつなげる
── NPO法人セカンドワーク協会｜神奈川県茅ヶ崎市

四條さんと筆者（チガラボでインタビューを実施）

1　シニアも現役世代も、共にセカンドワークを手に入れる

　セカンドワーク協会は、茅ヶ崎市を中心とした近隣地域のシニア世代が、Web制作を通じて社会貢献活動を行うNPO法人です。「シニア世代・現役世代ともに、セカンドワークを手に入れること」を基本理念としています。シニア世代とは、主に、定年退職の時期を挟んだ、50歳から65歳前後の世代です。では、どのような経緯で、セカンドワークにこだわった基本理念が定められたのでしょうか。

　代表理事の四條邦夫さんは、約36年の会社生活を送り定年退職する数年前に、退職後の生き方や働き方を思案する時期がありました。会社員時代は、仕事が生活の軸となっており、定年間近になって、早い時期から「人生複線化、複業化」を準備しておくことが肝心だと痛感したそうです。「人生複線

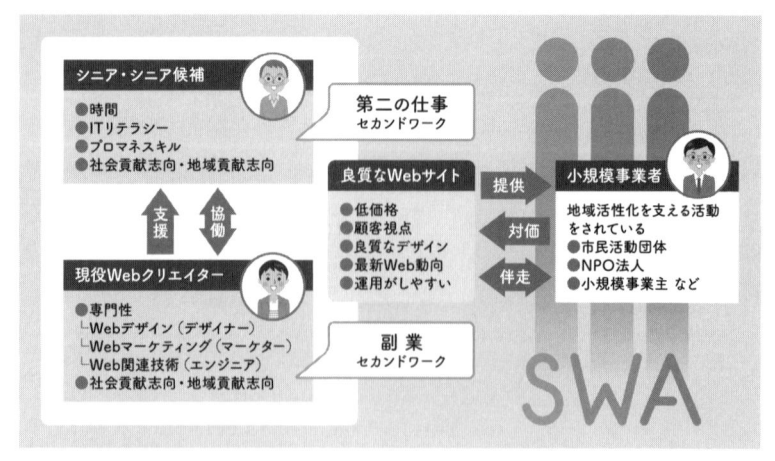

セカンドワーク協会の仕組み

化、複業化」とは、仕事だけなく複数の社会的な役割をこなすこと、仕事も1つに限定せずに他に選択肢の幅を持つことです。

そこで、定年後に円滑に次のステップに踏み出し、市民として快適に過ごすには、定年前後のシニアが、多世代と共に市民として活躍する場が地域に必要だと考えたのです。

また茅ヶ崎市は、湘南地区の中心となる市の1つで、海や丘陵地の自然に恵まれながら都心にも1時間ほどのアクセスで交通の便も良く、駅周辺は商業施設も充実しています。市民活動も活発なことから、退職前後の世代で、特に理系エンジニアの活躍する受け皿、コミュニティが必要だと考えました。

会員の学びの場を大切にする

セカンドワーク協会では、学び合いの場を大切にしています。設立されたのは、2019年8月で、2年半後の2022年12月現在で、40名前後の会員が在籍しています。シニアメンバーの大半はWeb制作の初心者ですが、3年余りで、20以上の小規模事業者やNPO法人、保育園などの公益性の高い事業者のWeb制作を手掛けてきました。では初心者が、どのような学びの場を経

て、Web 制作ができるようになったのでしょうか。

セカンドワーク協会では、定期的に月 3 回の勉強会をオンラインで開催しています。第 1 水曜日の夜は、Web マーケティング勉強会です。この勉強会では事業者の顧客ニーズをつかみ、デザインを工夫して顧客ごとにどのようにカスタマイズしていくかを紐解いていきます。第 4 金曜日の夜は、Web 制作勉強会です。この勉強会では、Web 制作に必要な専門知識の情報交換が行われます。最近の関心事は人工知能を活用した ChatGPT で、この技術をどのように Web に取り込んでいくか、最新の情報をもとに議論しています。第 2 月曜日の夜は、もくもく勉強会です。会員各自が Web 制作に関する作業を行います。茅ヶ崎出身のサザンオールスターズの BGM を流し、わからない点は適宜質問もできます。

勉強会への参加は任意で、強制ではありません。オンラインで開催された勉強会は録画され、会員には後日公開されます。やむを得ず参加できなかった勉強会の情報のキャッチアップも自分のペースで行えるようになっています。

自己の成長・感謝の言葉で自己効力感がアップする

セカンドワーク協会では、なぜ Web 制作を行うことにしたのでしょうか。シニアは、IT は苦手というイメージを持たれる方もいらっしゃるでしょう。ここでは、その理由と魅力を 3 点ほど説明しておきましょう。

まず、1 点目は、Web を必要としている多くのお客様がいることです。制作後、大変感謝されるのです。Web 制作には専門知識が必要で、多くのお客様にとって自身での制作は敷居の高いものです。専門の Web 制作会社に発注する場合は、費用の捻出が困難なこともあるでしょう。セカンドワーク協会では、いくつかフォーマットをパターン化しておき、勉強中のシニアが用意された枠組みに沿って制作することで、安価で Web を提供できるようにしました。

2 点目は、Web 制作は、単純作業ではないことです。良質なデザインや運用のしやすさを日々追求して Web に反映するには、学びが必要です。そしてその学びを形にすることで、自らの成長を感じられます。単純作業では得ら

れない満足感で、自己効力感がアップするのです。

そして3点目は、多額ではなくても稼げることです。住み慣れた地域で、通勤のストレスもなく、定年もない。自分のペースと裁量で仕事が進められ、収入になる喜びがあります。

2　なぜNPO法人なのか——社会貢献活動への覚悟

筆者（小山田・宮下）と四條さんとの出会いは、2022年8月、2人が所属する編者（石山）の夏のゼミ合宿で、コワーキングスペース「チガラボ」を訪れた時のことでした。目的は「チガラボ」と石山ゼミのコラボ企画「地域の場づくりを考えるオープンダイアログ」の開催でした。そこで、四條さんがセカンドワーク協会の概要と立ち上げまでの経緯を発表しました。私たちはそれぞれのバックグラウンドから、その発表の内容に共感し、活動内容に興味を持ちました。

なぜ、NPO法人だったのか

15年以上のNPO法人での活動経験がある筆者（小山田）は、四條さんの発表を聞き、「なぜ、NPO法人なのか、一般社団法人の方が手軽では」と素朴な疑問を抱きました。経験上、NPO法人の運営は、一筋縄ではいかないからです。申請して設立するまで数か月を要し、10名以上の正会員の確保、毎年の活動報告や収支の公開、総会や理事会の開催が必須です。組織を維持するには社会貢献活動をやり遂げたいという志だけでは乗り切れません。運営の大変さや資金繰りに困り、継続できないNPO法人も一定数あります。

その点、一般社団法人はNPO法人に比べて規制が緩やかで、数週間の申請期間で設立可能です。2019年の一般社団法人設立数は、6,083件となっています[23]。一方で、NPO法人の総数は2024年5月現在51,110件で2017年をピークに減少しているのです[24]。そこで、直接NPO法人設立に関する経緯を伺いたいと思ったのです。

四條さんは、この点について、次のように話しています。「以前、知人の手

チガラボでの参加者とともに

伝いで NPO 法人の理事を務めていたので、運営の大変さはわかっていました。ただ地域のリーダーの方々に相談すると、一般社団法人より NPO 法人を勧める方が意外に多いんですよ。私も経営している会社と明確に区別したかったこと、そして何より社会貢献活動への覚悟を示したくて、NPO 法人に決めました。今でも後悔はしていません」。

　四條さんは、その時に出会った地域のリーダーの方たちの活躍ぶりや NPO 法人設立直後に作成された Web サイトを紹介しながら、いきいきと熱く語りました。

シニアのキャリアの在り方に惹かれて

　一方、もう 1 人の筆者である宮下は、チガラボ訪問の前年に一般企業を退職し、自らのセカンドキャリアの模索という観点から、シニアの雇用問題について研究したいと考え、大学院に入学しました。わくわくどきどきするようなセカンドキャリアの道を歩む人は、どのようにしてそこまで辿り着いたのか、その道筋を知りたいと思っていました。そんな時に出会ったのが四條さんだったのです。

3　ゆるい場をつくる人：四條邦夫さん
　　——長年の会社員生活、起業、そして NPO 法人設立

　四條さんは静岡県三島市で育ち、両親とも教員でした。子どもたちや社会の

ために日々活動する両親のことを内心は尊敬しながらも、高校時代は時には学校をさぼって友達と遊びにいってしまうような、ごく普通の高校生でした。大学は工学部に進学しました。入学した頃はまさに学生運動の全盛期。四條さん自身は学生運動には参加しませんでしたが、荒れる大学で休講が多かったことを良いことに、友人たちと雀荘に入り浸るような生活を送っていました。

就職から定年退職までの道のり

大学卒業後は、事務機器メーカーで60歳の定年まで勤めあげました。キャリアとしては、ソフト技術者から始まり、開発マネージャー、組織長と順調に出世していましたが、定年まであと3年という57歳になって、突然関西に出向を言い渡されました。本人にとっては青天の霹靂であり、事実上の左遷と思われ、非常にショッキングな出来事でした。この時、会社が人生の全てではないことに気が付きました。

勤務先の会社に、役職定年制度はなかったため、最後まで組織長の肩書であったことは良かったと思うものの、新しい仕事が自分の専門分野ではなく、自分より部下の方がその分野においては優秀であることに戸惑いました。しかし、やがて気持ちを切り替えて開き直りました。業務については優秀な部下の裁量に任せ、自分は組織長としての役割に徹し、あとは部下がベストを尽くせるような環境づくりをしていこう。そう思えるようになりました。

会社人間からの脱却

59歳になったある日、たまたま知人から誘われ、某プロスポーツチームの「公式応援団」に入団しました。もともと応援していたチーム。日ごろから応援団に憧れの気持ちを抱いていたこともあり、二つ返事で誘いに乗りました。たった1人のリーダーが多数の応援団を率いて仕切っていく、そういうことを自分もやってみたいと思ったのです。以降、仕事は部下に任せて定時に切りあげると、トランペットを片手に応援に駆け付ける生活が始まりました。

しかし実際に入団してみると、そこはバリバリの体育会系の世界でした。年下であっても先輩の言葉は絶対服従の、未だかつて経験したことのない厳

しい世界に衝撃を受けました。当初はしんどいと思いましたが、人から叱られる経験は新鮮でもあり、応援自体は楽しかったのでどんどん深みにはまっていきました。

　応援団からは以下のことを学びました。これらはその後の起業に大いに役に立つ経験になりました。

①　スキル不足は自分で頑張って補うしかない。誰も助けてくれない。

②　手を休めず、チームの下っ端として気を利かせなければならない。

③　会社では上司 1 人、応援団ではたくさんの年下の先輩。人によって指示が違うことがありややこしいが、柔軟に対応すること。

④　年長者プライドなど全く意味なし。応援団で生き抜くためには忍耐力・機転が必要。

　こうして仕事と応援団という二足の草鞋を履いて、充実の日々が続きました。しかし同時に、定年が近づくにつれてじわじわと不安も募り、逡巡する日々でもありました。そんな時に手に取ったある本との出会いから考え方の軸が定まりました。新将命氏の『伝説の外資トップが説く　働き方の教科書』という本との出会いです。そこに書かれていた幸せの 3 条件が大きなヒントとなりました。幸せの 3 条件とは、「①やりたいことをやっている。②それが人から評価されている。③そして収入に結びついている」[25]。これだ、と思いました。

　自分のやりたいこと、好きなことは何か。一番熱中した仕事を振り返った結果、プログラミングで稼ぐことを決めました。同時に社会貢献の軸を持つことも決めました。この背景には尊敬する元教員の両親の影響がありました。

　定年までの準備期間はあと 1 年ほど。やりたいことを実現するために何をすれば良いのか。考えた末、技術を学ぶために IT 専門学校に通い始めました。同時に SNS での情報発信も始めました。

定年退職から起業まで

　こうして 60 歳になってすっぱりと会社を退職しました。退職にあたって、

応援団に入ってから始めたトランペットの練習
は河原で

まず退職後の理想の生活を言語化しました。①仕事（スキルアップ、JAVA と Web を学ぶ）。②趣味（プロスポーツ応援、麻雀、ゴルフ）。③家庭生活（家の整理整頓、土日の料理→これは家族には不評でした）。④市民活動。この計画に基づいて理想の日々の実践に励みました。

　半年が過ぎて健康状態に問題なし。日常のできごとを発信する SNS での評判も上々。しかし、どこかモヤモヤ感が抜けませんでした。原因は、やりたいことはやっているが、評価されず無収入であること。学校に行ってもなかなか成果が出ず人脈もできなかったこと。このことからインプットだけではだめで、アウトプットが大事なことに気がつきました。市民活動を体験してみようと始めた友人が運営する NPO でのボランティア活動からは、実際に参加したことによって、市民活動の大変さも、だからこその楽しさも両面を知ることができました。この時の経験から、いつか自分も NPO を立ち上げてやってみようと思うようになりました。

　定年退職後半年経った頃に起業を決めました。やはり自分が社長になって、使われる立場ではなく、自分が全てに責任を持ちたい。その覚悟があれば顧客に頭を下げるのも平気なはず。トップになることは大事だと思いました。

　社名は地元の企業の応援団という気持ちを込めて「ソフトアシスタンス株式会社」としました。ビジネス目標は、①＜ノマドワーキング＞自分が楽しいと思うことをする、働く日や場所も自分が決める、家庭サービスや趣味にもしっかり時間をとる。②＜社会貢献性＞顧客に評価される仕事をする、地元湘南に人脈をつくる、小規模事業者を顧客とする。③＜そこそこの収入＞ローリターン経営で OK。

起業後の試行錯誤

　初仕事は、知り合い経由で受注した地元司法書士からの Web サイト作成でした。先方の言い値のまま受注しました。金額の多寡にかかわらず、とにかくお金をもらうことが大事だと思ったからです。4 か月という長期間で作成したため、時給換算すると 50 円ほどでした。ただ、後日このお客様からお礼の連絡があり、この Web サイトを見た方が第一号の発注をしてくれたことをとても喜んでいらっしゃいました。やりたいことをして、感謝されて、収入がある。幸せの 3 原則を満たしていることに感無量でした。

　これで自信を得て、Web サイト作成の道に邁進します。丁寧な仕事ぶりが評価され、仕事の依頼は口コミで広がっていきました。2016 年には、大型受注として某私立大学の Web サイト制作を請け負いました。この仕事で Web サイト作成における最新の技術を学ぶことができ、会社としての信用も一気にアップ、飛躍のきっかけとなりました。スキルアップの勉強も続け、62 歳で上級ウェブ解析士の資格を取得しました。提供サービスも拡大していきました。仕事は外注制で、デザイナー、エンジニアと 4 人前後のチームで行います。価格はお手頃価格で受注します。

　起業の成果としては、次の 3 つでした。①幸せの 3 条件を満たしている。②湘南エリアに知り合いが増えた。③信頼できる若手パートナーとのチーム編成ができたこと。Web 制作はやりがいのある仕事だと実感しました。

　しかしその一方で、まだどこかモヤモヤ感が残っていました。社会貢献が足りていないし、社長は孤独な仕事です。だからこそもっと地元にフランクに付き合える仲間が欲しいと実感しました。

チガラボとの出会いから NPO 設立まで

　2018 年のある日、地域活動の場として良く耳にしていたチガラボに行ってみました。ちょうど「湘南ワンハンドレッドプロジェクト」という面白そうなイベントが開催されていたので参加してみたのです。その場で、多世代コミュニティ「セカンドワークプロジェクト」を提案してみたところ、同じよ

セカンドワーク協会の Web ページ（Web 制作実績やサンプルなども掲載されている）

うな思いを持つ仲間との出会いからコミュニティを立ち上げることになりました。こうしてチガラボからのサポートも得て「NPO 法人セカンドワーク協会」を設立することになりました。会員はウェブ制作や保守運営の仕事を自分の都合に合わせて行うことができます。また、純粋なボランティアではなく多額でなくともお金を稼ぐことができるので、定年後のセカンドキャリアとしても人気があります。Web 制作未経験の会員も、勉強会に参加することによって簡単な Web サイト作成ができるようになっていきます。IT 経験者向けには ChatGPT など最新の技術を活用した、より高度な技術を学ぶための勉強会も開催しています。

　株式会社と NPO の棲み分けとしては、会社ではビジネス向け、NPO では社会貢献性の高い団体からの受注を中心にしています[26]。そのため、両者では同じ Web サイト作成でも価格設定が違います。

4　試行錯誤した経験がつながっていく

　ここまでのストーリーを振り返ると、起業も NPO の設立も全て順風満帆だったように見えるかもしれません。しかし、ここに至る道のりは決して成功への平坦な一本道ではなく、そこには挫折や失敗を乗り越える四條さんの

努力の積み重ねがありました。

　まず、起業にあたって参加した藤沢商工会議所の創業セミナーで発表した事業計画は、第三者評価で最下位の評価でした。ここで受けた洗礼により、起業の厳しさを知ることができました。また、当初は1人で全ての役割をこなしていたため、苦手な営業も自分でやらなければなりませんでした。最初の顧客獲得のために異業種交流会などのイベントには頻繁に参加し、名刺を配りまくりました。こうして獲得した第1号顧客の仕事は、時給50円で4か月かけて必死にやることで実績ができ、そこから口コミで仕事が貰えるようになりました。

　またNPO設立間もない頃には、チームメンバーと突然連絡がとれなくなったり、キーメンバー間でのトラブルに見舞われたりと、組織編成の不備を痛感する出来事が続きました。この一件により、もう一度じっくり自分の役割について見つめ直し、改めてリーダーとして組織を引っ張っていく重要性を認識しました。

　こうして苦手を克服しながら、コツコツ1つずつ自分が立てた計画を着実にこなしていきました。その中で、人任せではなく自ら様々な経験をすることによって、当初はバラバラだった点がつながっていきました。そこには、無駄なことは何1つないのだ、という大きな学びと実感がありました。

5　仲間が増え、組織基盤を整えて活動の拡大を目指す

　こうして、NPO法人を立ち上げて4年の歳月が流れ、地元には仲間も増え、孤独感は癒されていきました。学生の時から両親の背中を見て芽生え、実現したかった社会貢献への思いも叶えました。自身の活動が、地域の小規模な団体の社会貢献活動を支えています。何より嬉しかったのは、夏に茅ヶ崎西浜海岸で開催される浜降祭（はまおりさい）でお神輿を担げたことです。四條さんは、「会社員時代は、見ているだけで担ぎ手にはなれなかった。NPO活動の関係先からお

浜降祭で勇壮にお神輿に参加した四條さん　　四條さんと編著者

声がけいただき念願が叶った。神輿を担ぎながら、地元に貢献している喜び
を噛み締めることができた」と、写真を手に顔がほころびます。

　今後の展望は、セカンドワーク協会の基本理念にのっとり、さらに体制を
整えていくことです。具体的な目標として、①会員サービスの強化、②広報
活動の強化、③事業リソースの強化の3点を掲げています。そのためには、
NPO法人を支える会員、ファンやサポーター、自治体、企業との連携が重要
です。これは、後房雄・藤岡喜美子著『稼ぐNPO 利益をあげて社会的使命
へ突き進む』[27] にも示してあり、四條さんの指針にもなっています。

　今後の課題は、勉強会によるインプットの量をアウトプットが上回ること。
ITシニアが、お客様のニーズに沿ったWebページをどんどんつくっていけ
る体制を整えることです。今年の4月に理事を増強したばかり。覚悟を持っ
て始めたNPO法人の社会貢献。四條さんは、次世代へ継承することも視野
に入れて活動を続けていきたいと意気込みを語っていました。

小山田理佐・宮下容子

海辺の熱海マルシェ写真

事例 10

「企業研修」をきっかけに会社員が地域にゆるく関わっていく

—— 株式会社 machimori ｜ 静岡県熱海市

1　まちづくり会社が行う企業研修事業

　株式会社 machimori は、静岡県熱海市にあり、「100 年後も豊かな暮らしができるまちをつくる」をミッションにしています。代表の市來広一郎さんは、熱海出身で、2011 年に machimori を立ち上げました。観光地で有名な熱海市ですが、昭和の最盛期から観光客が減り続け、2006 年には市が財政危機宣言を出すほどに衰退。高齢化率は 48％、空き家率は 50％超 (28) など、「課題先進地」となっています。

　市來さんは「衰退する熱海をなんとかしたい」という想いで、2007 年に熱海に U ターンし、まちづくりを始めました。まちのファンを増やす体験交流イベント「オンたま（熱海温泉玉手箱）」、海辺の熱海マルシェ、創業支援プログラム「99℃」、遊休不動産のリノベーションによるゲストハウスなど、次々

閑散としていた当時の熱海銀座商店街

と事業を手がけました。その結果、machimori が活動の拠点としている銀座商店街の１階部分には出店や人通りが増え、ついに 2021 年、全てのシャッターが開いたのです。エリアの人口が増え、所得が増え、地価が向上し、観光客数も V 字回復を遂げた取り組みは「熱海の奇跡」として注目されるようになりました。

　市來さんが machimori 設立当初から重視しているのは、「行政に頼らない、民間主導のまちづくり」です。自らリスクをとって、エリアの価値を高める事業を生み出すことでエリアを再生させる、そして、事業収入によってエリアに投資していく、持続可能なまちづくりを目指しているのです。

まちづくり会社が始めた企業研修事業

　machimori が 2019 年から始めた新規事業が、企業研修事業です。当時、熱

海で起業したり、課題解決に取り組んだりする個人は増えていました。しかし、課題先進地の熱海では、未だに課題解決のスピードよりも課題の進むスピードの方が早く、市來さんは企業をまちづくりに巻き込むことができないかと考えました。同時

熱海のファンを増やす
体験交流イベント「オンたま」

に、銀座商店街の再生の話を知った企業が市來さんを講演に呼んだり、熱海に視察にやってきたりすることも増えていました。「地域には、企業が学ぶ価値があるのかもしれない」と感じた市來さんは、企業研修事業を立ち上げようと考えました。そこで営業担当を複業で募集し、その募集を見て、市來さんと出会ったのが筆者です。

筆者は、2019 年から machimori に複業として関わり、企業研修事業（GeNSEn：Generate Next Society with Enterprise の略）を立ち上げました。熱海が温泉地ということで「源泉」に因み、企業も共に地域課題を解決していこうという想いを込めた事業名です。2022 年から事業部長を務めています。

企業研修をきっかけに、会社員が個人として地域に関わっていく

企業研修事業を始めて 5 年が経ち、参加した企業は 30 社、500 名を超えました。企業研修事業を始めた当初筆者が期待していたのは、社会課題先進地である熱海が、研修の場としての価値を生み出すこと、事業として自走していくことです。これらの目的は達成しつつありますが、あまり予期していなかったことが起きてきました。それは、会社から研修として派遣された社員たちが、個人として地域に関わるようになってきたことです。

ある 20 代の女性は、2021 年に研修で熱海のある地域を訪れたことをきっかけに、継続的に熱海を訪れたり、熱海の人と連絡をとりあったりするようになり、なんと 2024 年に移住することを決めました。彼女が研修中に話していたのは、「都会にはない、挨拶ができる地域の人の温かさが印象的」という

ことでした。またある 30 代の男性は、2022 年に熱海での研修に参加しました。その後 2 年ぶりに筆者が会った時、「佐々木さん、実は私熱海に家を買ったんですよ。2 週間に 1 回、週末に家族と熱海に行っているんです」と、とても楽しそうに言われたのです。

研修後、「何か個人として手伝えることはないだろうか」と感じ、machimori にメンバーとして関わる人も生まれています。会社員として東京の企業でフルタイムの社員として働きながら、月に数時間程度、専門性を活かしてボランティアやアドバイザー的に関わる形です。

ある人事の方は、研修事務局として何度も熱海を訪れるうちに熱海の人と顔馴染みになり、熱海を訪れた時に個人的に一緒に飲みに行ったそうです。またある方からは、リタイア後のセカンドキャリアとして熱海でスナックをやってみたいという相談を受けることがありました。

このように、「会社員として」ではなく「個人として」地域に関わり始めること、それによってその方の暮らしや人間関係、キャリアが豊かになっていくことがとても重要だと感じています。みなが会社員から個人へと変貌していくこと。それが実現した背景には、熱海という地域そのものがゆるい場になった、という実態がありました。本事例では、企業研修事業を立ち上げた筆者のキャリアと、事業部立ち上げがゆるい場の実現につながった経緯について紹介します。

2 ゆるい場をつくる人：佐々木梨華さん
── machimori の企業研修事業を立ち上げるまで

筆者は、岩手県久慈市という沿岸地域の出身です。大学 3 年生の時に東日本大震災がありました。筆者の家族や実家は被害を受けませんでしたが、ある日、高校の同級生が津波に流されて亡くなったという知らせが届きました。身近な人が亡くなったことがなかった筆者には、ショックなことでした。震災後月日が経っても、亡くなった彼のことを考えてしまい、涙が出ることも

GeNSEn ウェブサイト

度々ありました。そんなある日、X（当時、Twitter）で、江戸時代を舞台にしたテレビドラマの、坂本龍馬のセリフを目にしました。「死んでいったもんに報いる方法は、もう一度生まれて来たい、そう思える国にすること」というセリフです。筆者はなぜか、その言葉に救われた気持ちになりました。

被災地や社会課題の現場には、人が育つ環境がある

　大学卒業後は、専攻していた政治学を学びながら復興に関わろうと思い、大学院に進みました。社会課題解決には NPO の役割が重要と学び、NPO の実態を知りたいと思い、仙台の NPO で長期インターンとして働く経験もしました。その中で、東京の大企業を辞め、東北で起業したり復興支援活動を行ったりする人々との出会いがたくさんありました。当時の筆者は、卒業したら大企業で働くことが当たり前と考えていたので、大企業を辞め、東北の田舎にやってくる人々との出会いは衝撃でした。

　そのような人たちの中で、印象的な方がいました。ある大企業から復興庁に出向していた方で、「『あなたは今なぜ東北にいるのですか』と聞かれたら、私は、『自分のため』と答えます。被災地での経験が、未来の自分のためになると信じて活動しています」と率直に述べていました。当時、「被災地のために」と想いを持って東北にやってきても、課題が複雑かつ深刻なために被災者を救えないと感じ、辛くなってしまう人も多かったように感じます。「被

災地のため」ではなく「自分のため」で良いのだ、ということに共感しました。それと同時に、「自分のため」とは、自分の将来にとって役にたつ学びや経験ができるということであり、被災地や地域には、人が育つ価値があるのだと思いました。

優秀な個人だけで、社会課題を解決できるとは限らない

東北で過ごした中で、驚いたことがもう1つありました。それが、優秀な個人だけでは社会課題は解決しない、ということです。どんなに良い活動をしていても、組織内で軋轢が生まれたり、他の組織と仲が悪かったり、地域の中で新しいことを受け入れられない風土があったり。個人の問題ではなくチームや組織の問題で、物事がうまく進まないと感じることがありました。人と人の間に生まれる問題や、組織の問題を解決することが、社会課題の解決につながるのではと考えるようになり、その結果、就職先として研修会社を選びました。

研修会社に就職した筆者は、東京で法人営業としてのキャリアをスタートしました。人や組織の問題がいかにして起きるのか、そのメカニズムや解決方法を知ることは面白く、モチベーション高く働いていました。朝早くから夜遅くまで働き、3年目で営業成績トップになり、4年目でマネジャーに昇格しました。売上数字への責任は増し、毎月の売上だけを考えていました。しかし、提供するサービスが本当にお客様の課題を解決しているかと考えた時に、疑問に思うこともありました。売らなければいけない商品や、問題意識が薄く「去年と同じで良い」という担当者など。それらが本当に顧客企業の課題を解決しているのか、それが社会を良くすることにつながっているのか、ということに疑問を抱くようになったのです。

震災後の東北を舞台にした1冊の本との出会い

研修会社で働いていた頃、1冊の本と出会いました。山崎繭加さんの『ハーバードはなぜ日本の東北で学ぶのか　世界トップのビジネススクールが伝えたいビジネスの本質』という本です。アメリカのハーバード大学の学生が東

北の被災地を訪れ、課題解決提案を行うプログラムを紹介するものでした。その本の中では、一流のビジネススクールの学生が東北の被災地で起業家精神を学んでいることが紹介されているのですが、同時に、学生から提案を受けた東北の起業家が「自信と指針を得られた」と書かれていました。「参加者のためになると同時に、プログラムを受け入れた地域のためにもなる研修事業をしたい」と感じました。

筆者がこの本を読んだのは、2016 年でした。当時「越境学習」という言葉は聞いたことがありましたが、今ほど浸透していませんでした。ビジネスパーソンが、地域という普段とは異なる環境に身を置いて学ぶということにニーズがあるのか、またそれをどうやって実現できるのかわかりませんでした。地域や行政と連携して事業をできないか、上司などに話をしてみたものの、理解を得られず悔しい思いをしました。

2018 年に、経済産業省が「未来の教室」という事業を始めました。日本のあるべきリカレント教育の在り方として、地域や社会課題の現場に社員を派遣して学ぶ研修プログラムの実証事業です。この事業に一般社団法人 RCF という団体が採択され、宮城県石巻市の被災した水産業を題材にしたプログラムの実証を行っていることを知りました。RCF は、2011 年に設立された復興支援団体です。行政や企業と連携し、復興や地方創生に関する事業をコーディネートしています。筆者は、大学院生時代に RCF の職員の方と出会う機会がありました。多様なセクターの連携によってプロジェクトを生み出し、社会課題を解決していく仕事は、とても魅力的に感じました。当時から RCF の SNS をフォローしていたため、「未来の教室」事業のことを知り、「これが私のやりたいことだ」と感じて RCF に転職しました。

地域の「焼畑農業」をなくしたい

RCF で「未来の教室」事業を担当した当初、同僚から「焼畑農業にならないようにね」と言われました。震災後の東北では、「焼畑農業」という言葉を聞いたことがあったのを思い出しました。

当時、ボランティアや視察、研修という形で、外部人材が被災地にやってきて、地域課題解決策を提案するプログラムが多くありました。しかし、提案された解決策が実行されず、結果として課題解決に至らないことがあります。地域では、実行するための人員や時間が足りなかったり、どうやって実行したら良いかわからなかったりするためです。外部人材がやってきて提案をしても、解決策は実行されず、課題が取り残される状態を繰り返すと、地域が外部人材を受け入れることに否定的になっていくことがあります。この状態を「焼畑農業」と呼んだのです。「焼畑農業」は、森林を焼いて灰を肥料とし食物を育てた後、土に栄養分が蓄積されず、結果的に森林のない土地になってしまう状態を表す言葉です。

　筆者自身は、余所から東北にやってきた方々との出会いから多くの学びがありました。また、ハーバード大学のプログラムでも、受け入れた地域に良い影響があることが示されていました。社会課題の現場にやってくる人材と、受け入れる地域の双方にとってメリットがあるプログラムを実現できないかと考えるようになったのです。

machimori との出会い

　そんな時に見つけたのが、machimori の複業人材募集でした。募集内容は、「machimori が提供する『企業研修』の営業担当者が欲しい！」というもので、興味を持ちました。

　しかし、応募はしませんでした。複業で貢献できるのだろうかという疑問があったからです。ただ、その募集にネット上で「いいね」をしたところ、翌日に筆者のプロフィールを見た machimori から連絡があったのです。調べてみると、熱海は筆者の住む横浜から1時間強で行けることがわかりました。もしかしたら複業という関わり方ができるかもしれないと、とりあえず熱海に行ってみることにしました。

　現地で市來さんに「どれくらいの売り上げを目指して、どんなプログラムを提供したいですか」と質問したところ、市來さんからは、「企業研修事業

をやったことがないから、わからない」と返答がありました。売り上げより
も、筆者の「参加する企業にも、受け入れる地域にとってもメリットのある
プログラムをやりたい」という話に共感して、自由にやっていいと言われて、
machimori で複業をすることに決めたのです。

3　売るプログラムがない、顧客もいない、体制もない

　複業を始めましたが、企業研修としてパッケージ化されたプログラムはあ
りませんでした。そこで、machimori の創業支援プログラムや、起業家向け
のプログラムを観察し、machimori で何ができるのか、地域にどんな人たち
がいるのかを把握することから始めました。また市來さんにヒアリングし、
どんな考え方で事業を生み出し、地域課題を解決してきたのか、その考え方
をベースに、machimori の企業研修プログラムのコンセプトをつくりました。
　しかし、企業研修の売り先となるような企業とのネットワークもありませ
んでした。そこで、東京で人事の方が集まるイベントに出かけて行って名刺
交換をしたり、過去に市來さんが名刺交換した何百人にもメールしたりして、
話を聞いてくれる人を探しました。そんな活動をしている中で、ある大企業
の方が、machimori の企業研修を導入したいと言ってくれました。複業を始
めて 3 か月ほど経った頃のことでした。

事業を担う仲間を複業で集める

　企業研修事業を始めた当初、社内の体制は市來さんと筆者だけでした。と
ころが、次第に紹介や問い合わせなどを通じて machimori の企業研修を実施
したいという企業が増え、プログラムを実施する体制に課題が出てきました。
しかし、社内の人材は既存事業で手一杯で、企業研修を実施したことのある
人材もいません。そこで、研修事業を担うメンバーを複業で集めることにし
ました。
　プログラムに協力してもらう地域関係者をコーディネートする人材、プロ

筆者と machimori の仲間

グラムの詳細を設計しファシリテートする人材、事務局を担う人材など、仲間が増えていきました。嬉しかったのは、複業メンバーが、「参加する企業にも受け入れる地域にとってもメリットのある企業研修事業」という考えに共感してくれたことです。複業というと、業務の一部をアウトソースする受発注の関係をイメージしますが、machimori の複業メンバーは、事業のビジョンやミッションを共有する仲間のイメージに近いのです。2019 年に企業研修事業を立ち上げてからすぐにコロナ禍になったり、2021 年には伊豆山での土石流災害があったり、大変なこともありましたが、顧客や複業メンバーという仲間の存在があり、事業を続けることができています。2024 年現在、筆者を含め事業部のメンバー（複業、プロボノ、インターンなど）は 18 名になりました。

複業の難しさ

一方で、複業だからこそ難しさを感じることがありました。どうしても活動できる時間が限られてしまうことです。ある時、筆者の対応が不十分だったために、お客様に迷惑をかけてしまうことがありました。もっと machimori の仕事に十分な時間を割くことができていれば、迷惑をかけずに済んだと思います。顧客企業は、他にも同様の研修を提供する企業がある中で、研修業界では知名度の低い machimori の研修を選んでくれます。筆者の話を聞いて、応援してくれたり、熱海のファンになったりしてくれます。そのような企業の方々に迷惑をかけてしまったことが、とても悔しく、申し訳なく感じる出来事でした。もっと顧客の期待に応えたいと感じるようになり、筆者は machimori へのコミットを高めるようになっていきました。そして筆者は、2024 年 5 月、machimori に転職することにしました。この企業研修事業を本気で価値あるものにしていこうと決めたのです。

4 **machimori の企業研修事業のこれから**

machimori の提供する企業研修は、社会課題を解決する事業を生み出すプロセスを体験してもらうものです。ESG 投資や SDGs の普及の中で、企業も社会課題に取り組む重要性が増しています。またイノベーションの種を、社会課題を起点とした新規事業創出に期待している企業も多くなっています。しかしながら、企業の新規事業開発の現場では様々な課題があります。筆者が企業の方々にヒアリングしたり、観察したりする中で、それには大きく2つの要因があるように思います。第1に、課題の解像度が低いため課題設定がずれてしまうこと。第2に、事業が自分事になっていないため、やり抜くのが難しいことです。machimori の企業研修では、地域に飛び込んで人々に繰り返しインタビューを行ったり、まちを観察したり、体験したりして、どこかで見聞きした情報ではない一次情報から課題を発見します。これにくわえて自分自身の原体験を振り返り、なぜその課題に挑みたいのか、自分の問題意識や感情との紐付けを行います。

研修を受講された方から、「最初に考えた解決策は、二次情報を元にした思い込みであったことに気づいた。『誰かが喜びそう』ではなく、具体的に『○○さんが喜ぶ』という確信を持てる事業を考えることが大事」という声がありました。また「事業プランを考えることはこれまでも多くあったが、原体験を意識することはなかった」という感想もありました。「日々の仕事で、声にならないお客様の本当の課題を把握できているか」「仕事は大変なもの、と思っていたが、パッションを感じること、ワクワクしながらやることが大事」など、熱海での学びを研修から戻った職場にも活かせているように思います。

熱海という地域そのものがゆるい場になり得る

筆者が目指しているのは、外から地域にやってきた越境者だけではな

machimori の企業研修の様子

く、研修を受け入れた地域側にも価値を生み出すことです。machimori の研修では、参加者に地域の生の声を聞いてもらうため、多様な地域の方々をインタビュイーとしてアサインします。アサインした地域の方々は、累計で 100 名を超えました。インタビューを受けていただいた方の中で、「質問に答える中で、改めて自分の地域に対する想いやキャリア、仕事への考え方を再認識した」とおっしゃる方がいました。また研修を受け入れた経営者の方は、「自分はずっと地域にいて、外から来た人と話をすることで、いかに井の中の蛙かわかった。一番変わったのは自分かもしれない」と話し、地域の人々にとっても学びが生まれているようです。

　つまりここで何が起こっていたかというと、それは熱海という地域そのものがゆるい場になったということではないでしょうか。machimori が媒介の役割を果たして、越境者と地域の人々がつながりました。多様な越境者と地域の人々がつながることで、どちらか一方だけが学ぶということではなく、双方が学びを体感する状況が出現したのです。これはおそらく、日常とは異なるインタビューという空間で、お互いが自分と他者の思いをじっくりと振り返ることができたからではないかと筆者は考えています。

　3 か月など長期のプログラムでは、受講者が考えたプランが、その後地域や行政を巻き込んで実現に動き出す成果も生まれています。地域がゆるい場という舞台であるからこそ、地域を消費してはいけない。いかに地域に新たな事業や学びを生み出せるか、いかに地域にとっての価値を言語化していくことができるか。そうした方向性が今後は一層重要だと、筆者は思っています。

ゆるい場では、「会社員」という立場から、「個人」の立場に変わることが鍵になる

参加する企業も人も地域も共に変容する企業研修事業。これに重要な要素であると筆者が感じているのが、参加者が会社から派遣されてやってくる「会社員」という立場から、「地域に関わる個人」という立場に変わることです。会社員という立場では、与えられているミッションやルールが制約となって行動が制限されてしまうことがあります。個人という立場であれば、熱海という地域に関わる自由度があります。熱海という地域を好きで度々訪れるファンの 1 人でも良いし、複業やプロボノとして熱海のサポーターになっても良いし、起業して熱海のプレイヤーになっても良いのです。

そして一度関わったからといってコミットする必要もなく、多様な関わり方を行ったり来たりすることができることも重要であると感じます。つまり、出入り自由だということです。思えば、筆者も研修会社の会社員時代に漠然とやりたかったことを、複業という形で始めたことで、自由に小さく試行錯誤ができました。強制されたり管理されたりすることが比較的少ないからこそ、自分のやりたいことを実現したり、意思決定したりできるのかもしれません。

このように、熱海という地域そのものがゆるい場になるためには、そこに参加する人々が会社員という鎧を脱ぎ捨て、自身の小さな物語を大切にする個人になることが重要ではないでしょうか。企業研修による越境学習において、多様な越境者と地域の人々がつながるからこそ、みんなが小さな物語を大事にする個人になっていく。これからも筆者は、こうした機会を大切にしていきたいと考えています。

地域をフィールドにした越境学習が、越境者と地域の両方に価値を生み出す、そのような事例は、全国的にまだまだ不十分であると思います。筆者はこの両方を実現することで、熱海を越境学習のフィールドとして全国ナンバーワンにしたい。そして、そのために常に新しいことにチャレンジし続けるオンリーワンであることも目指していきたいと考えています。「社会課題先進

熱海のビジョン

地だからこそ、熱海を未来社会の実験都市にする」という、machimori のビジョンがあります。熱海を実験の舞台として、真の越境学習プログラムが実現できると確信しています。

佐々木梨華

4章

章

楽しいから楽しい、
地域活動

富士山が微笑む若者のまちづくり
—— 一般社団法人 F-design ｜ 静岡県富士市

メンバーの心の支え、富士山

1 若い世代が富士市を盛り上げる

F-design とは、静岡県富士市で 20 代から 30 代までの大学生や社会人が中心に活動している一般社団法人です。その基本理念とは「富士山が微笑み、みんなが関わりたくなる "まちづくり"」。F-design のメンバーにとっては、富士山こそが心の支えです。そこで、富士山に喜んでもらえるようなまちづくりが理想ということになります。写真にあるように、富士山に見守られながら「私たちはこのまちと学んでいく」活動を目指しているのです。

「学び」がまちを明るくする

F-design は「学び」を重視し、「学びの道場」であることを標榜しています。F-design は、学校でも職場でも家庭でもない、世代・性別・立場を越えた人が集まり成長できる場所を目指しているのです。では、具体的にはどの

富士青春メッセージ大会

ような活動をしているのでしょうか。

　F-design が設立されたのは 2018 年 11 月です。最大の特徴は、若い世代が自発的に富士市に貢献することを目指して団体を設立した、ということです。それ以来、「富士青春市民ミーティング」や「富士青春メッセージ大会」などの取り組みを進めてきました。

　「富士青春市民ミーティング」に関しては、F-design が富士市とパートナーシップを結び進めています。富士市のシティプロモーション課は、富士市民に限らない富士市のファンを富士青春市民と呼んでいます。これは、富士市の関係人口を拡大する試みです。この試みを推進するために、F-design は富士市に存在する様々な市民団体がお互いに交流できるミーティングを仕掛けているわけです。

　「富士青春メッセージ大会」とは、富士市の中高生が、日々頑張っていることを発表する大会。コロナ禍の中高生の日常を応援しようという趣旨です。2023 年 1 月 29 日には有観客で大会が実施されました。中学生は 15 校から 3

F-design の中核メンバー 3 人

名ずつが登壇。ユニークな発表を繰り広げました。高校生については、市内 6 校から 2 名ずつの動画が公開されました。

3 人の出会いが F-design の今をつくった

なぜ、若い世代が F-design に集まり、地域を盛り上げる活動をしているのでしょうか。それは、F-design の中核メンバーである大道和哉さん、井出幸大さん、川上大樹さんの 3 人の出会いにあったと筆者は考えています。この 3 人が出会ったことで、それぞれの個性が絡み合い、弾けあい、他のコミュニティとは異なる F-design らしさが創発されていったのでしょう。しかし 3 人が出会い、その人生が交差するまでは、それぞれキャリアの道のりがありました。本事例では 3 人がそれぞれのキャリアをどのように歩み、そしてどう出会って F-design の今に至るのか、について詳しく語っていきたいと思います。

2　個性が異なる 3 人の若者

3 人のキャリアを語る前に、しばし、筆者（石山）と F-design の関係についても説明させてください。2021 年の 5 月、筆者のもとに、F-design の中核メンバーの 1 人、井出さんから一通のメールが届きました。それは、富士市のシティプロモーション事業の一環として、サードプレイスに関する講演をしてほしいとの依頼でした。

なぜ、突然、富士市から依頼がきたのか。その答えは、メールの中にありました。やはり F-design の中核メンバーの 1 人である大道さんが、2019 年11 月に静岡市の複合施設ペガサートで開催された、出版記念イベントに参加

してくれていたのです。それは序章で述べた『地域とゆるくつながろう』の
出版記念イベントでした。大道さんが、我々の研究室の提案するサードプレ
イスのコンセプトに共感してくれていることをありがたく思い、筆者はこの
講演の依頼を二つ返事でお引き受けしました。

　井出さんおよび富士市の職員と講演の事前打ち合わせを繰り返すうちに、
筆者はますます F-design に興味を持っていきました。まず、井出さんは富士
市の市役所の職員ではなかったこと。井出さんは富士市の学校に勤務してお
り、その勤務時間外に打ち合わせをしていたのです。仕事ではないのに、井
出さんは富士市の活性化に情熱を燃やしていました。そしてそれは、井出さ
ん以外の F-design の 20 代・30 代のメンバーも同様でした（この打ち合わせ
には、F-design の中核メンバーの川上さんも参加していました）。

　井出さんは、序章で紹介した理想のサードプレイスである、『ゆるキャン
△』のファンでもありました。打ち合わせの合間に、『ゆるキャン△』の話題
でも筆者と井出さんは意気投合してしまいました（富士市には、『ゆるキャン
△』聖地である野田山健康緑地公園もあるのです）。

富士青春市民オンリーワンセミナー

　そしていよいよ、2021 年 8 月 28 日、講演（富士青春市民オンリーワンセ
ミナー）の日がやってきました。しかし当時はコロナ禍の真っ只中。残念な
がら筆者は富士市に伺うことはできず、オンラインのセミナーになりました。
ただし、このセミナー、筆者が一方的に講演するだけの企画ではありません
でした。筆者の基調講演後に、富士市の 5 つの市民団体が、その団体の取り
組みとサードプレイスとしての悩みをプレゼンし、その悩みについて参加者
がワークショップで話し合うという企画だったのです。その団体とは、富士
山わかもの会議（大学生団体）、SPOT（ゴミ拾いを行う団体）、ママかぐや
（子育て応援の団体）、FCS（福祉団体）、おやこそだちの会（おやこ団体）の
5 つでした。

　このワークショップに、筆者は大変感銘を受けました。まず F-design がこ

コロナ禍で開かれた富士青春市民オンリーワンセミナー

れらの市民団体をサードプレイスとして位置づけ、地域に貢献するという目的を果たしながらも、個人が楽しく成長する場としても考えている点。そして、市民団体（サードプレイス）間で交流を促すことに意義を見出している点です。

さらにワークショップの内容自体も、筆者にとっては目から鱗の内容でした。今まで筆者は、個別のサードプレイスのワークショップには様々な機会で参加してきました。しかし、あえて異なるサードプレイス間の交流を促すワークショップは初めてでした。そして実際にそれぞれのサードプレイスの悩みを聞いてみると、サードプレイス間の交流を促す意義はよくわかりました。

サードプレイスの悩みは様々です。常連だけが参加してマンネリ化する、中核メンバーが運営で疲弊する、新規メンバーをなかなか勧誘できない、当初は新鮮だった活動が義務化して楽しくなくなってしまう、将来の方向性が見いだせない、などなど。これらの悩みは、自団体だけでは、なかなか解決の糸口が見いだせません。しかし共通の悩みがあるからこそ、異なるサードプレイス間で交流すれば、うまいアイディアも考えつきます。アイディアがでなかったとしても、同じ悩みがあると知れば、気が楽になります。

サードプレイス間の交流のプラットフォームになるという先進的な取り組みを、20代・30代のメンバーが取り組んでいる。しかも、それは仕事ではなく、自発的なもので富士市が好きだからやっていること。筆者はあっという間に、こうした特徴を持つ F-design のファンになってしまいました。

交流が深まる

その後、念願かなって筆者は富士市の現地で、F-design のメンバーと共に

ワークショップを行うことができました。2022 年 7 月 31 日には、「人の心に火を灯す、火付け人を発掘育成する」ためのセミナー。2022 年 12 月 18 日には、「越境 × サードプレイス＝まちづくり」というコンセプトのセミナー。

2022 年 12 月 18 日の対面セミナー

F-design との交流が深まるにつれ、筆者は大道さん、井出さん、川上さんの 3 人の関係性に興味を持つようになっていきました。なぜ、個性が異なるこの 3 人は F-design を中核で担っているのだろう。それは偶然の出会いだったのでしょうか。

3 ゆるい場をつくる人：大道和哉さん
—— F-design を立ち上げるまで

大道さんは、F-design の代表理事です。そして創設者でもあります。井出さんと川上さんは、大道さんが F-design を立ち上げた後に参画したのです。そのため、富士山にこだわる F-design の基本理念は、大道さんの考えが強く反映されています。では、大道さんはどのようなキャリアを辿って、F-designの創設に至ったのでしょうか。

やんちゃだった中学校時代

静岡県の子どもにとって、サッカーが憧れであることは周知の事実でしょう。大道さんも例外ではありませんでした。特に、大道さんが育った静岡市清水区はサッカーのまちそのものです。大道さんは、物心ついたころから、サッカーボールを蹴っていました。そして中学生の時には学校のサッカー部で活躍し、とうとう静岡県の選抜チームに選ばれるほどの腕前になっていました。サッカーの本場である静岡県で選抜に入ることは、並大抵のことではあ

りません。実際、大道さんは静岡県選抜チームの一員にも選ばれ、ヨーロッパに遠征をすることになりました。

ところが、大道さんには別の一面もありました。大道さんは小学校4年生の時に静岡市の清水区から駿河区へ引っ越しをしました。その引っ越しの時に、よそものということで同級生たちから暴力で屈服させられそうになったのです。しかし、こどもの頃から反骨精神が強く、腕っぷしにも自信があった大道さん。反撃して、逆に周囲の少年たちのピラミッドの頂点に立ってしまいました。当時の大道さんは、周囲と付き合うためには、なんといっても力が大事だと考えていました。そして中学生になっても、同級生たちのピラミッドの頂点に君臨し続けたのです。

ところが転機となったのは、中学2年生の時。サッカー部のメンバーたちから、大道さんは不良で怖いので、部をやめてほしいと顧問の先生に訴えがあったのです。そんなトラブルもあり、静岡県選抜チームとしてヨーロッパへ派遣される話もなくなってしまいました。失意のどん底にあった大道さんでしたが、顧問の先生が仲裁に入ってくれました。大道さんが夏休み中、お寺でお経を唱え、心を入れ替えたとチームメンバーが判断できたら、もう一度チームに迎えてみてはどうか、と提案してくれたのです。その提案は受け入れられ、中学2年生の夏、大道さんはお経に明け暮れることになりました。

自ら転校を決断する

大道さんが通ったお寺は、小学校4年生の時の引っ越し前に住んでいた清水区にありました。大道さんが清水区に戻ってきたことを知った幼なじみたちは、大道さんをサッカーに誘いだしてくれました。そこで、大道さんはしょっちゅうお経をさぼって、幼なじみたちとサッカーをして遊ぶことになりました。幼なじみたちと無心に遊ぶうちに、大道さんは自分の心が癒され、友達や仲間のありがたさを実感しました。この充実した夏休みの経験によって、大道さんは心を入れ替えた自分をサッカー部のメンバーが受け入れてくれるのではないかと強い期待を持ちました。

そして夏休み明けのサッカー部。大道さんもいる場で、顧問の先生はサッカー部のメンバーに「みんな、下を向け。そして大道を部に戻してもいいと思う人は手を上げろ」と指示したのでした。ところが、手をあげた部員は2人だけ。つまり、大半の部員に大道さんの復帰は拒絶されたのです。結果的に、大道さんはサッカー部に戻ることはできませんでした。

自身の心の成長を感じていた大道さんにとって、この拒絶は衝撃でした。しかし、誰を責めることもできません。それは、大道さん自身が一番わかっていました。どれだけ自分が成長していたとしても、最初の問題をつくり出したのは自分自身だからです。この時、大道さんの心に芽生えた感情は「心を入れ替えて、もう一回、生きなおしたい」ということでした。

この感情が芽生えた時に心に浮かんだのは、清水の幼なじみの友人たち。そして大道さんは決断をしました。もともと生まれた清水の地で生きなおしたい、清水の中学校に転校したいと。この決断は、中学生にとって生半可なものではないでしょう。実際に転校すれば、通学には相当な時間がかかります。そもそも、中学生が自分で転校したいと主張して認められることも滅多にあることではないでしょう。

しかし生きなおしたいという信念を持った主張は周囲に認められ、大道さんは清水区の中学校に転校できました。大道さんは今から考えると、この時に自ら転校を選択したことが、冒険そのものだったと振り返ります。辛い体験ではありましたが、冒険心の大事さを悟るという人生の転機になったそうです。

富士市で働く

その後の大道さんはサッカーに専念しました。進学先の大学でもサッカー部に所属していました。ところが入学直後に、父親が失踪してしまうという事件が起きてしまい、サッカー部を辞めることになるのです。そのため大学時代は金銭的に苦労しましたが、なんとか乗り越え、卒業することができました。

父親の失踪などの影響もあり、大道さんは「無難に生きたい」と考えるようになりました。選んだのは、地元、清水の農協。そこで大道さんは金融関係の営業として3年間働きました。営業が性に合っていたのか、仕事には何の不満もありませんでした。

ところが、富士市役所で奇抜な人を求めている採用があるから、受けてみないかという声が大道さんにかかりました。それは自己アピール採用というもので、声をかけてくれた人は、大道さんならサッカーでアピールできると考えたのでした。これもせっかくのご縁というくらいの気持ちで採用試験を受けた大道さんでしたが、すんなり合格。大道さんは富士市の職員として働くことになりました。

大道さんの最初の職場は社会教育を担当する部署でした。大道さんは、この社会教育の考え方に違和感を覚えました。社会教育の理念では、誰もが等しく教育の機会を得られることになります。これは大道さんにとっては、弱肉強食の対極の考え方に思えました。

大道さんが生きてきた社会のルールは強い者が勝つというもの。特に清水は、全国からサッカーの強豪が集まる地。その地でサッカーをすることは、究極のサバイバルゲーム。個人の強さで勝ち抜き、ピラミッドの頂点を目指さなければ、試合に出ることはできないのです。強さを求めなくても機会が与えられるという社会教育の考え方を、当初、大道さんは受け入れることができませんでした。

震災という第2の転機

結局、大道さんは6年間、社会教育を担当することになりました。社会教育に税金を投じることさえ疑問に感じていた大道さんの考えが変わったきっかけは、教育の現場で起こった出来事でした。大道さんが担当していたのは、富士市の子どもたちと地域の社会人が同じ船に乗って、沖縄を訪問する交流事業。そこで大道さんが見たものは、学校では学びを拒絶していた子どもたちが、地域の人々と交流し、加速的に成長していく姿でした。当初、社会教

育を受け入れることができなかった大道さんが、いつしか富士市の社会教育の最強のサポーターとして事業の継続に尽力するようになっていきました。

　そんな時に東日本大震災が日本を襲いました。大道さんは富士市の職員として被災地に派遣され、復興に尽力するとともに、復興の経験を社会教育に活かす仕事を担当することになりました。そこで富士市の子どもたちと地域の社会人が、被災地を訪れるという事業も担当したのでした。

　その事業で、大道さんは中学校 2 年生の時以来の第 2 の転機を経験しました。被災地を訪れた富士市の社会人が、どや顔で子どもたちに「一所懸命に生きることが大事だよ、絆が大事だよ」と説いた瞬間を見た時です。大道さんは強い反発心を覚えました。たいして一所懸命に生きていると思えないあなたが、なぜ子どもにそんな綺麗ごとを言えるのか。そしてその瞬間に、その反発がブーメランのように大道さん自身に返ってきたのでした。そう思うおまえは、一所懸命に生きているのか。ただ市役所で根回しだけうまくなって、出世して、管理職になって、それで満足して終わりの人生じゃないのか、と。

　その夜のことでした。震災で息子さんをなくした母親の方の講演がありました。そこで、その方は子どもたちに向けて、こんな風に語ったのでした。「周りの人は、かわいそうにと私たちを見ている。でもお父さんやお母さんとの別れは、確実にあなたたちにもある。私たちは、たまたま震災でそのタイミングが来た。でも、あなたたちにとっても他人事ではなく、それを受け入れなければならないタイミングがやってくる。今のタイミングが、それを知った縁だと思ってください」。

　昼間の出来事で、まさに自分の人生に疑問を感じた大道さんを、その方の言葉が抉りました。そして大道さんに、突然 1 つの言葉が降ってきたのです。「何者になるかわかるくらいの人生を歩むくらいだったら、何者にもなれないかもしれないが、道なき道を歩みたい」。その瞬間、大道さんは富士市の職員を辞めることを決めていました。

　道なき道ですから、次にやることは何でもよかったのです。翌日、大道さ

んは復興の現場でもくもくとスコップで作業をする社会保険労務士の人と出会いました。その人が、社会保険労務士という仕事のすばらしさ、社会における意義を大道さんに教えてくれました。そしてその瞬間に大道さんは、富士市を辞めた後の仕事は社会保険労務士と決めてしまいました。

社会保険労務士として独立し、F-design 立ち上げへ

その後、大道さんは苦難の末、難関の社会保険労務士の資格を取得し、富士市を辞め、独立することになります。そして「何者になるのかはわからない」まま、F-design を立ち上げることになります。しかし、F-design が今の形になるには、川上さんと井出さんの出会いが必要でした。

4 ゆるい場をつくる人：川上大樹さん
—— F-design に出会うまで

川上さんは長崎県で生まれ育ちました。人生の最初の転機は、高校生時代。長崎県と佐賀県と福岡県から高校生の県の代表を選んで、韓国と交流するという事業がありました。川上さんはその事業に手をあげ、実際に韓国に行き、ホームスティも体験しました。川上さんにとっては、それまでの狭い生活圏内と全く違う経験ができ、おおいに刺激になったそうです。それまでの自分がちっぽけだったことに気がついた、と川上さんは振り返ります。

そして親元を離れ、北九州の大学に進学することになりました。その時、母親から、次のような言葉を投げかけられたそうです。「大学を卒業するまでの間に、ひととおりのことをやって卒業してください。やりたいことをやりつくしてください」。

この言葉は、川上さんにとって意外でした。この4年間で人生決まるから頑張れ、という趣旨のことを言われて送り出されるものと思っていたのです。この言葉に強く影響され、川上さんいわく、まず「パリピ」になったそうです。やりたいことをやりつくすなら、まずは遊びつくしてみよう、ということとでした。そしてひととおり遊びつくした川上さんが考えたことは、次は精

一杯頑張って勉強してみよう、ということ。具体的な目標があって勉強したわけではないのですが、今度は、川上さんは徹底的に勉強していきました。そして大学を卒業する時には、母親の言葉どおりに、ひととおりやりつくした、もうやることはない、というくらいの気持ちになっていたのです。

富士市で勤務する

大学卒業後、川上さんが進路に選んだのはジヤトコ株式会社。川上さんはてっきり新横浜の事業所に配属されると思い込んでいたのですが、4月1日になってみると配属されたのは、それまで縁もゆかりもない富士市。実際に住んでみると、川上さんは海も富士山もある富士市がすっかり気にいってしまいました。

富士市には、見どころがたくさんある。川上さんは夢中になって色々な場所に出かけていったのですが、思ったことは地元の人は、意外に出かけないということ。どうやら、地元の人にとっては、周囲の場所が当たり前すぎるということらしいのです。たとえば、地元の人は富士山への登山さえ、あまり積極的でないように川上さんは感じました。さらに会社で感じたことは、退職者とのやりとりでした。会社に在籍中は元気だったのに、退職してしまうと楽しそうではない。やりたいことがなくなってしまう。

そんな思いが交錯する中、川上さんは学生時代からの延長線上で、会社の中でも自分で手をあげ、まとめ役になることが多くなっていきました。技術者として入社したのですが、会社の様々なことを知りたいと手上げで異動を希望した結果、広報部門の在籍も長くなっていきました。

富士山クリーンルート3776

そんな時に、富士市とジヤトコ株式会社がコラボした企画が「富士山クリーンルート3776」。2015年に、富士市には「富士山登山ルート3776」ができました。これは、海抜0メートルから富士山頂を目指すという、画期的なルートでした。

そこで考えられた企画が、誰もがこのルートを気持ちよく歩けるように、

富士山クリーンルート 3776 (2017 年 9 月 10 日)

ボランティアとして登山しながら、ゴミ拾いをしようというもの。もちろん、いきなり全ルートの走破はできませんから、ルートを 6 分割して、最終的に 3776 メートルを走破しようというもの。

　まず 2016 年 9 月 10 日の富士山閉山日から 0 メートル地点でゴミ拾いが開始され、1 年かけて 2017 年 9 月 10 日までに全ルート走破する企画が持ち上がりました。2016 年当時は、大道さんは社会保険労務士として独立する直前で、社会教育の部門からシティプロモーション課に異動して勤務していました。「富士山クリーンルート 3776」は、大道さんにとって、富士市勤務の有終の美を飾るには、絶好の企画でした。

　一方、川上さんにとってみても、これは問題意識にうってつけの企画でした。会社の広報部門としては絶好の内容。そして退職者の元気がない状況を考えれば、在籍中から社員には社外に目を向けてほしい。そして、地元の人にも、もっと富士山を身近に感じてほしい。

　こうして大道さんと川上さんは意気投合し、1 年かけて 3776 メートルのゴミを拾い、2017 年 9 月 10 日には、プロジェクトメンバーと共に山頂に 2 人の雄姿が刻まれました。

5　ゆるい場をつくる人：井出幸大さん
—— F-design に出会うまで

　井出さんは、大道さんと川上さんと違って、富士市で生まれ育ちました。友達からは、昔から変わらないよね、とよく言われるそうです。というのも、小学校の頃から、人を巻き込み、引っ張っていくタイプだったのです。

中学生からサッカーを続け、高校生になってからはバンド活動にも、はまりました。路上ライブで、ゆずを歌っていたそうです。高校の文化祭にバンドで出演した時には、みんなから大喝采でした。それ以来、人前にでることも苦にならなくなったそうです。埼玉の大学に進学した時もバンドを結成して、とうとうCDまでつくりました。

学校の職員になる

充実した学生時代を過ごした井出さんでしたが、就職活動をしていた時には、社会人として特にやりたいことはありませんでした。井出さんは、地元の有名企業に就職。そこで気がついたことは、自分のやりたいことは人事だったということ。

考えてみれば学生時代から、井出さんは人の適性、強みを見抜くことが得意でした。仲間のスキル、強み、性格を観察することが好きで、漫画『ブルーロック』ばりに各人の適性にあわせたチーム編成（サッカーチームやバンド）を行ってきたのでした。

ところが、そのまま地元の企業にいると、どうやら人事部に異動できるのは40代以降になりそうでした。そこまでは、とても待てない。そこで井出さんが見つけた仕事は、富士市の小中学校の事務職。この仕事は、自分1人で、どんなことでもやらなければならないので、そこに人事も含まれると思ったのです。転職してみると仕事の内容は予想どおりで、井出さんは充実した日々を過ごしました。

おしゃべりナイトに参加する

井出さんが学校の職員として活躍していた頃、大道さんは、F-designとは別のコミュニティとして、2018年7月に「働くみんなの静岡おしゃべりナイト」（以下、おしゃべりナイト）を立ち上げていました。このコミュニティの目的は、静岡・富士エリアで働く若手を対象として、「働くこと」をテーマに気軽におしゃべりをし、人や情報をつなげることにありました。序章で述べた「社交交流型サードプレイス」に該当するでしょう。

富士山こどもの国でのバーベキュー

おしゃべりナイトは気軽に参加できるコミュニティとして、毎回多くの人が参加するようになっていました。川上さんも初回から、継続的に参加していたそうです。

2019 年夏のことでした。おしゃべりナイトの番外編として、富士山こどもの国でのバーベキューが企画されました。この時、元気で人を巻き込む学校の職員がいる、という評判が大道さんと川上さんの耳に入っていました。それこそ井出さんでした。そこで、おしゃべりナイトの番外編に井出さんを誘ったところ、若手の仲間を引き連れて井出さんが参加してくれたのです。それ以来、井出さんはおしゃべりナイトを気に入り、継続的に参加するようになっていきました。そして、大道さん、川上さん、井出さんの交流が深まっていったのです。

6　路線変更と信頼関係

ここまで、大道さん、川上さん、井出さんのキャリアを個別に辿ってきました。以降は、3 人の出会いによって F-design にどのような化学反応が生じたのか、ということについて述べていきたいと思います。

F-design の設立

富士山クリーンルート 3776 で全ルートを走破した大道さん。富士市の仕事もやりきったと感じ、その後、独立しました。顧客企業の目途もない中での社会保険労務士としての独立ですから、もちろん、当初の苦労は大変なものでした。しかし持ち前の熱意と努力で少しずつ顧客企業を増やし、社会保険労務士事務所の経営が軌道に乗ってきた時、大道さんの気持ちをよぎった感

情は寂しさでした。「何者になるのかはわからない」ということは、ただ社会保険労務士としての専門性を極めればいい、ということなのだろうか、と。

　それだけではない、と感じた大道さんは、2018 年 11 月に F-design を立ち上げました。当初の設立メンバーは、市役所時代から何かと大道さんのもとへと集まる機会があった大学生たちでした。当時、大道さんは、市役所だけの力ではまちづくりには限界がある、だから大学生たちが自立してまちづくりに関わることで、それぞれが笑顔になればいい、と考えていました。この段階の F-design の活動は、大学生ができる範囲で、ワイワイガヤガヤと交流しながらまちづくりを考えることが中心でした。おしゃべりナイトと同じように、「社交交流型サードプレイス」の特徴が強いコミュニティだったのです。

F-design への川上さんと井出さんの加入

　F-design の活動を継続しながら、2019 年の夏には、おしゃべりナイトで井出さんとの交流が始まった大道さん。しかし当時、大道さんは F-design のあり方に悩んでいたのです。社会保険労務士だけでいいのか、と自分の寂しさを理由に勢いで F-design をつくってしまった。だから、F-design の目的は曖昧なまま。一方、大学生たちは楽しそうに活動している。それは悪いことではないけれども、大道さんが思い描いていた方向性とはずれていってしまっている。

　その大道さんにとって、川上さんと井出さんの存在は特別でした。会社と地域を積極的につなげようとする川上さん。多くの知り合いを自然体で巻き込む力がある井出さん。大道さんは、この 2 人が加わった F-design なら、「社交交流型サードプレイス」の枠を越えることができる。そして「目的交流型サードプレイス」として、富士市にもっと直接的な貢献ができるコミュニティへと進化できる、と考えました。

　2019 年の冬。しばしばおしゃべりナイトが開催される日本料理店の花ごよみの個室に、大道さんは、川上さんと井出さんを招きました。そして大道さんいわく、川上さんと井出さんに頭を下げたといいます。それは、F-design

の活動に、川上さんと井出さんが全面的に関わってほしいという依頼でした。

実は川上さんは、前から F-design の活動が気になっていて、メンバーとして関わってみたいと思っていたそうです。井出さんは、おしゃべりナイトの活動に刺激を受けていました。自分は学校の職員としては、1人で何でもできている。しかし狭い世界で、お山の大将になってしまっているのではないだろうか。そんな不安を持っていた井出さんにとって、スキルもあり、プレゼンもうまいおしゃべりナイトのメンバーたちは、自分よりはるかに上に見えていました。この人たちに、どこまで自分の力が通用するか試してみたい。そう思っていた井出さんにとって、F-design への加入は願ったりかなったりでした。こうして川上さんと井出さんは F-design への加入を快諾したのでした。

F-design の路線変更

楽しみながら、活動に満足していた設立メンバーの大学生たちにとって、F-design の路線変更は寝耳に水でした。川上さんと井出さんが加入して、どんどん活動が変わっていく F-design に戸惑いを隠せない大学生たちに、大道さんはこう告げたそうです。「今までの人たちには申し訳ない。でも自分は、F-design の方向性を変えていきたい。今までいろいろなことを言ってきたけど、それは無かったことにしてもらいたい。こうなったことについては、本当に自分が未熟だった」。

この率直な大道さんの説明に、大学生たちは状況を理解しました。そして、結局、設立メンバーの大学生たちのほとんどは F-design に残ることはなく、去ることを選択したのです。

3人の意識合わせ

川上さんと井出さんは、早速、F-design に富士市から委託された青春市民事業を担当することになりました。大道さんの期待通り、2人は自律的に行動し、事業を一気に立ち上げていきました。その過程で、井出さんのプレゼン力は、めきめきと上達していきました。

　そんなある日のこと。井出さんが、富士市との打ち合わせを準備していた時です。大道さんは井出さんに言ったそうです。「井出さんは公務員気質だね。井出さんがやっていることに、富士山は微笑んでくれるのかな」。

　これは、かなり辛辣な声かけでしょう。実はこの声かけがあってから、筆者が3人にインタビューする2年間の間、井出さんは大道さんの声かけの意図が理解できなかったということです。インタビューの場で大道さんは、「公務員気質と言ったのは、井出さんが事業の効果検証ばかり気にしていて、目的そのものを見失っているように見えたから」と語っていました。インタビューの際のこの大道さんの説明を、井出さんが心から納得したようには、筆者には見えませんでした。

　ところが、今では大道さんはF-designの活動を、すっかり川上さんと井出さんに任せて、口をださないようになっています。3人の間には、強固な信頼関係があるのです。しかしこうした信頼関係は、お互いのやることをただ尊重するだけでは形成できないでしょう。大道さんの声かけのようなぶつかり合いがあるからこそ、3人の意識合わせができ、信頼関係が構築されていくのではないでしょうか。

7 社交交流型サードプレイスから、目的交流型サードプレイスへ

　ここまで見てきたとおり、3人のキャリアも、F-designも山あり谷ありです。特に、F-designが「社交交流型サードプレイス」から「目的交流型サードプレイス」へと路線変更していった時は、コミュニティとして大きな試練だったのかもしれません。本書の「ゆるい場」には「社交交流型サードプレイス」と「目的交流型サードプレイス」の両方が含まれますが、それぞれが異なる活動の特徴を持つということもまた事実です。だからこそ、F-designは「目的交流型サードプレイス」に変わっても、おしゃべりナイトが「社交交流型サードプレイス」であり続ける意味もあるのでしょう。

インタビュー後の懇談会

しかし、富士山に微笑んでもらう活動をする、という大道さんの理念が共有されている限り、F-design の活動は発展していくのではないか、と筆者は思います。特に F-design の特徴となる言葉の 1 つが美点凝視。これは、色々と課題があっても、各メンバーの良いところに特に注目しようという考え方です。美点凝視を基盤とするなら、「目的交流型サードプレイス」を前提として社会や地域への貢献を進める中でも、F-design のメンバーたちは、これからも活動を楽しんで続けていけるのではないでしょうか。

F-design はこれから、富士市からの委託事業だけではなく、自主事業の比率が増えていくことになりそうです。「目的交流型サードプレイス」としてどう発展していくのか。筆者としても、まだまだ目を離せません。

石山恒貴

人と農を結ぶ暮らしの創造

—— NPO法人湘南スタイル｜神奈川県茅ヶ崎市

みかん狩り観光ツアー

1 農業支援から始まった湘南の老舗NPO法人

　NPO法人湘南スタイル（以下、湘南スタイル）は、神奈川県茅ヶ崎市に拠点を置き、まちづくりを推進しています。2005年に設立され、「地域のために、人のために」という視点を大切に、地域の人・農業・公共機関の3分野を結ぶ中間支援組織として活動してきました。4年前に茅ヶ崎出身の現役世代、渡部健さん（通称、健さん）に理事長が代替わりしています。

　湘南スタイルを創業したのは、茅ヶ崎に生まれ育ち、洋服製造・販売会社や貸しビルなどを経営していた藁品孝久さんです。藁品さんがそろそろ還暦を迎えるころに、地元への社会貢献の思いを形にしようと、仲間に声掛けして設立しました。最初に取り組んだのは、湘南地域のポータルサイトの構築です。NPO法人の広報や茅ヶ崎への情報発信はもとより、隣接地域をつなぐ

湘南スタイルのホームページ[29]

広域連携が将来必要であると確信していたからです。

NPO法人としての認知度が高まったのは、地域貢献を継続するために始めた「農と食」への取り組みからです。茅ヶ崎市市民提案型協働推進事業の受託を機に、茅ヶ崎米を使用した防災食備蓄用おかゆを商品化。第一弾として14,000食分を完売したのです。地元の学童保育の子どもたちも米づくりに参加しました。「農と食」と地域の人、そして広域にわたる購入者の方々とのつながりが強くなっていきました。

湘南スタイルの取り組み

現在の正会員は理事も含めて21名。その他、賛助会員、法人会員で構成されています。湘南スタイルの財務基盤の中核は、備蓄用おかゆの他、みかんの加工品販売や、みかん狩りツアーを行う「湘南みかんの木パートナーシップ」、地元農家さんが先生となって畑仕事ができる「ふれあい畑塾」です。

最近では、各々の会員が独自のネットワークや得意分野を活かしたプロジェクトも展開。現役世代が自分らしい100年ライフを見つける事業「湘南100プロジェクト」では、地元で活躍するロールモデルの発掘や生きざまの発信、カウンセリングや意見交換を行う場の提供も行いました。

この取り組みのリーダーの1人は湘南スタイルの理事で、コワーキングスペース「チガラボ」代表も務める、清水謙さんでした。謙さんは湘南スタイルに関わった理由を「都心から引っ越してきて、自然や仲間と触れ合いたくて畑を借りたことがきっかけ。当時代表だった藁品さんとそこで知り合い、巻き込まれていった」と振り返ります。

湘南スタイルは、地元出身の現代表の健さんにとっても、移住してきた人と自由に交流でき、そしてリーダーシップを発揮できる場となっているのです。

ふれあい畑塾

2 ゆるい場をつくる人：渡部健さん
—— 農と食を通じて地域を盛り上げたい

　筆者ら3名と健さんとの出会いは、2022年度の石山ゼミの夏合宿で「チガラボ」を訪問した時のことです。ゼミでは、特に企業における人材育成や、仕事や家庭以外の第3の居場所について関心が高く研究を積み重ねてきました。夏合宿では、「チガラボ」を拠点として地域でリーダーを務める方々が一堂に介し、お話を伺う貴重な機会だったのです。

　健さんは、日焼けした精悍な顔立ちにTシャツ短パン姿で、湘南スタイルの理念や活動内容を発表しました。自己紹介の際、湘南スタイルの理事長を承継したこと、さらに、湘南スタイルの新たなビジョン「まちの人事部」について熱く語る姿が印象的でした。

　健さんは神奈川県中郡大磯町の出身で1978年生まれ。健さんはよく兄が両親に叱られるところを黙って見ながら、自分は叱られないように立ち振る舞い要領の良さを発揮していました。性格は中学生ぐらいまでは、どちらかと言

Tシャツ短パン姿がトレードマークの渡部健さん

えば目立つ方ではなくおとなしいタイプ。特に中学時代はテニス部に所属し、放課後は毎日練習に打ち込みました。健さんいわく、このころが人生で一番もてた時期だったと振り返っています。テニスの他にも、幼いころから遊び場になっていた大磯の海が大好きで、父親に買ってもらったボディボードに熱中しました。地元の中学を卒業後、高校は隣町の県立高校に進学しました。

高校に入学すると友達から誘われたことがきっかけでサーフィンを始めました。今でも週に1回ぐらいの頻度で、「波と休みが合えば」サーフィンを楽しみ湘南ライフを満喫しています。健さんが大磯や茅ヶ崎で一番お気に入りの場所は、通称「Tバー」。「茅ヶ崎ヘッドランド」というT字型の人工岬です。「それぞれが思い思いに海を楽しんでいる光景が茅ヶ崎らしいから」ということが理由。健さんにとって茅ヶ崎の海は、やはり生活から切り離すことができない存在なのです。健さんは高校時代までを地元の大磯で過ごし、都内の大学に進学します。大学時代は、サーフィンとスーパーマーケットでのアルバイトが中心の生活でした。サーフィンを通じた地元以外の新たな友達との出会いもありました。

2000年3月に大学を卒業し、4月に茅ヶ崎のスーパーA社に就職。A社は1962年の設立で、茅ヶ崎市内に4店舗を展開する老舗スーパー。A社に就職を決めた理由は、大学時代にA社以外のスーパーでアルバイトをした経験が活かせることでした。また、就職してからも趣味のサーフィンを地元で続けることができるという条件も揃っていたからです。

当時のA社は、特に無農薬野菜や地産地消の生鮮三品の販売に注力していました。今でこそ珍しくはありませんが、野菜であれば地元茅ヶ崎の生産

者の顔が紹介され、安心で新鮮で美味しいと評判でした。健さんも日々生産者のところをまわり、自分の足で新鮮で美味しいものを探し求める仕事にやりがいを感じていました。「自分で企画し商品を選定し発注する、陳列してすぐに消費者の声が聞こえる、笑顔が見える」ことが楽

茅ヶ崎ヘッドランド、通称Tバー
（茅ヶ崎市役所産業観光課提供）

しかったのです。売れない商品も当然ありました。しかし結果がすぐにわかるので、もっとお客さまに喜んでもらいたいという気持ちが次の仕入れにつながっていきます。このころから健さんは、自分がやりたいことは「食と農業を通じて地元の人たちを喜ばせること」だということに気がつきます。プライベートでもA社のパート社員の紹介で結婚。充実した毎日を過ごしていました。ところがこの後、健さんの人生を大きく変える衝撃が待ち受けていました。

迫り来る暗雲

　健さんは真面目で誠実な仕事ぶりが認められ、2013年4月にA社の取締役社長に就任しました。A社は地元で、「品揃えが豊富で良い品物を扱っている」という評判が定着していました。店舗も茅ヶ崎市内に4店舗を展開し固定客をつかんでいました。しかしライバルである他社が茅ヶ崎市内にも続々と進出し、競争は激しさを増す一方でした。「うちは良い商品を扱っている、他社のように安売りはできない」。「良い商品を安く売らないと他社にお客さまをとられてしまう」。健さんは日々葛藤しながら経営者として奮闘しました。

　しかし、大手の競合先に太刀打ちするのは容易ではありません。売上減少を抑え経営を持続させるためには、良い商品を売るというこだわりよりも価格競争で競合先に勝たなくてはなりません。まだ競争もなく業績が良かった

時代に、経費削減のための合理化などを後回しにしていたことが悔やまれました。最早、時すでに遅し。坂道を転げ落ちるように業績は悪化していきました。とにかく売上を上げなければ、資金が枯渇してしまいます。銀行からの借入もできるような状態ではありませんでした。儲けなしの安売りを続けることでＡ社の資金繰りはさらに逼迫。とうとう従業員の給料支払いも滞る状況になりました。そして2017年3月スーパーＡ社倒産。負債総額は約2億円でした。当時従業員はパート社員も含め、180名程が在籍。社長に就任してから4年目に倒産、健さんは仕事を失ってしまっただけではなく、従業員とその家族、顧客や取引先を含めた地元の人々からの信用も一度に失ってしまったのです。残ったものは、とてつもなく重たい負債だけでした。

お詫び行脚の日々

「従業員を守れなかった」。「取引先やお客さまを裏切ってしまった」。健さんは日々後悔の念に駆られましたが、倒産という事実はどうすることもできません。それでも健さんは、今すぐ逃げ出したい心境から自分を奮い立たせ、地元の債権者を中心に可能な限りお詫びをして回ります。「おまえ、金返してから来いよ」。「どの面さげて来た」。取引先から浴びせられる罵声に健さんは返す言葉もありません。「何も言えない、今の自分にできることはお詫びをするしかない」と来る日も来る日も誠心誠意頭を下げて回りました。

当時の心境を健さんに聞いたところ、正直、死にたいと思ったこともあったそうです。それでもなんとか踏みとどまれたのは、子どものころに父親から折に触れ「やめるのは簡単だ、逃げるな」と言われていたからだそうです。しかも茅ヶ崎市内に家を建てたばかりで借金もある、子どもも幼稚園に入園。これまで支えてくれた妻や子のことを考えると自分だけ逃げ出すなんてできません。どんなに辛い状況でも、黙ってついてきてくれる妻や子のことを思うと頑張るしかなかったわけです。

ところが捨てる神あれば拾う神あり。「おまえ、ここに残ってもう一度がんばれよ」。「おまえのところに品物をおろしていたのは俺だ、俺にも責任はあ

る、おまえだけのせいじゃない」。「おまえはエースで4番だろ、この経験を
活かしてもう一度ここでやってみろ」。こんな言葉をかけてくれる取引先もあ
りました。健さんの真面目で誠実な仕事ぶりを、見ている人はちゃんと見て
いたのでしょう。取り返しのつかない大失敗をしてしまった時に、こんなに
も温かい言葉をかけてもらえたらどれほど救われるでしょうか。

　お詫び行脚の最中に、「おまえ、なにもすることがないなら手伝え」と言っ
て声をかけてくれたのが藁品さんです。健さんは商工会議所の商業部会に、
スーパーＡ社の時代から参加していました。藁品さんとはその時からの知り
合いでした。「スーパーＡ社の渡部」と社長になる前から声をかけてくれて
いたそうです。藁品さんは健さんの人柄や仕事に対する姿勢を見つめ、黙っ
て評価していたのでしょう。

　健さんにその時のことを聞いてみると、「声をかけてくれたのは本当に嬉し
くて有難かった。とはいえ、湘南スタイルには全く興味がなかった」そうで
す。それよりもとにかく働かなくては生活できない状況で、アルバイトだろ
うと稼げるものはなんでもやりたいと考えていたそうです。

　健さんはワラをもつかむ心境で、藁品さんから言われるがまま、稼ぐため
に湘南スタイルの手伝いを始めました。当初は湘南スタイルの仕事に関心が
なかったものの、手伝いをしているうちに、健さんはあることに気づきまし
た。藁品さんは湘南スタイルをプラットフォームにし、食や農業を通じてま
ちづくりや地域の活性化を目指している。スーパーＡ社では上手くいかな
かったが、自分も食や農業を通じて人びとをつなげ、まちを盛り上げて住民
のみんなが喜ぶことを目指していた。自分がやりたかったことと、藁品さん
が目指していたことは同じだったのです。

3　やりたい人に任せる、ゆるいつながりの運営

　健さんは2017年4月から、藁品さんに声をかけられ湘南スタイルの事務局

として採用されました。湘南スタイルの収入だけでは厳しかったため、健さんは 2017 年 8 月からはフリーランスとして、地元の食品メーカーの商品開発や販路拡大の手伝い、商業施設への出店誘致を始めます。その後、2020 年には設立者の藁品さんから湘南スタイルの理事長を引き継ぐことになりました。事務局に採用されてから 3 年、藁品さんは健さんの仕事振りを見て、健さんならできると判断したのでしょう。

　藁品さんの時代の湘南スタイルの運営は、藁品さんにカリスマ性があり、「やるぞ」と声がかかるとみんながついていく運営でした。ところが、健さんの湘南スタイルの運営は、藁品さんの時代とは異なるものになっています。健さんは、いろいろな決まり事や制約を設けずに参加者の主体性に任せています。どうしても必要な時だけ健さんがアドバイスをしますが、基本的にはゆるいつながりで運営がなされています。そもそも健さん自身が、生活のためにはなんでもやらざるを得ない状況であり、湘南スタイルの運営も手が回らないところは、誰かに任せるしかなかったのです。

　健さんは、以前の茅ヶ崎はベッドタウンで平日は都心で働く人が寝に帰るまちでしたが、コロナ禍で家にいる時間が増え、地元に目が行く住民が増えていることを実感していました。特に、地元の課題を問題視する人は都心で働く意識が高い人に限らず、自分の生活はギリギリでも、自分たちの生活環境を少しでも良くするためになんとか課題を解決したいと思う人が一定数いました。

　そこで、健さんは課題解決に限らず、様々な人がやりたいことを楽しみながらやれるように、だれでも気軽に参加できる場づくりを心掛けました。男性は職場でつながっている仲間や友達はいるけれど、地元でつながっている人は意外に少ないのではないだろうか。健さん自身も、以前は職場のつながり以外は年に 1 度大学時代の友達に会うぐらいだったそうです。考えてみれば、女性はママ友とか意外なぐらいに地元でコミュニティがあるのに対し、男性は職場以外のつながりが少ないのではないだろうか。だからこそ、健さ

んは地元で何かをやりたい人がゆるくつながる場の必要性を感じ、それが現在の湘南スタイルに至ったわけです。

4 街の人事部──住民が共に成長し支え合う

　湘南スタイルの運営で鍵となるビジョンが「まちの人事部」です。この「まちの人事部」活動とは、何か依頼がある際にボランティアで関わりたい人たちに協力を仰ぎ、それを企業の人事部のようにサポートする仕組みです。

　湘南スタイルの「農と食」を取り巻く活動では、商品化や広報のための Web デザインなど、各分野の専門家との連携が不可欠です。また、イベントの企画では、音楽、ヨガ、美術、読書など様々な趣味を持つ人々を結びつけ、地域の人々が自然に協力し合い、互いに支え合う環境を創出するのが「まちの人事部」の役割です。

　そして、2024 年春、湘南スタイルを中心に、「まちの人事部」のビジョンをベースとした「茅ヶ崎カンパニー」[(30)] の運営を開始します。茅ヶ崎カンパニーは、まちをまるごと仮想会社として見立てた、地域の人材プラットフォームです。まちに関わりたいと思っている人を巻き込み、「まちのヒト」と「まちのコト」をつなげることを目指します。

　湘南スタイルが進化する中で、まちの人事部の構想が浮かび上がり、茅ヶ崎に住む様々な才能を持つ人々をつなぎ、地域の活性化を図る試みが進められました。「まちの人事部」というビジョンは、健さんのこれまでの経験から培われた信念と深く関わっていると筆者は感じます。

誰が運営しても経済的に困らずに自走できる組織

　健さんのキャリアは、地域社会との深い関わりの中で発展してきました。これまでの経験を基に、今後も湘南スタイルの理念を発展させ、地域コミュニティへの貢献を続けるでしょう。健さんの抱負は、地域の個性を活かし、住民が共に成長し支え合う環境を築くことにあります。

健さんと筆者 3 名、チガラボにて

そのために、健さんは、結果としてやりたい人に任せ、調整はできるだけ踏み込まず、当事者同士で解決してもらうスタンスを取っています。湘南スタイルの運営については、現状問題はないと考え、その運営スタイルはチガラボの謙さんの方法も参考にしているそうです。健さんの理想は、誰が理事長になっても自走できる組織で、経済的にも困らずに運営できることです。健さんの展望は、湘南スタイルを通じた地域社会への積極的な貢献と、持続可能な地域コミュニティの創出に向けられています。地域住民、特に若い世代や移住者に焦点を当て、地域の人たちが地域に根差し活躍できる機会を提供することに注力しています。「先輩方が築いてくれた器があるから、自分もやれていますが、それをもっとやりやすくすることが引き継ぐ際には大事ですね」と語る健さんの言葉から、湘南スタイルのさらなる発展の可能性を感じることができました。

小山田理佐・近藤英明・佐藤雄一郎

事例 13

楽しく備える新しい減災・防災のかたち
—— 溝の口減災ガールズ｜神奈川県川崎市

減災・防災ワークショップ

1　減災・防災を「自分ごと」に

　溝の口減災ガールズは、川崎市高津区溝の口周辺に住む女性たちが「減災」[31] の意識を伝える目的で 2016 年にスタートしました。メンバーは約 15 名、世代は 40 〜 70 代と多様なメンバーで活動をしています。

　溝の口減災ガールズの活動は、災害時に役立つ情報を参加型のワークショップスタイルで行っています。具体的には、缶詰や乾物など日常的に使用し、補充しながら循環させるローリングストックの考え方を取り入れたポリ袋クッキングを伝えています。ポリ袋クッキングは、家でよく使われる常備品を使って、災害時でも調理しやすい料理を参加者の方に一緒につくってもらいます。また、食関連だけではなく、被災時のトイレ事情や整理収納から考える減災対策、ハザードマップを応用した my 減災マップの見方など、

溝の口減災ガールズメンバー

災害時に知っておきたい情報を楽しみながら身につけてもらえる内容を心がけています。

　参加型ワークショップで展開する理由には、これまでの防災訓練によくある防災食の配布や炊き出しの試食、といった受け身なものだと、どうしても自分ごととして考えるクセがつきにくいためです。さらに、やみくもに防災グッズ、食材を買いそろえることがベストではなく、自分の家ならこれは使わないな、他のもので代用できるな、など自分ごとにして考えてみることが大切だと思っているからです。

　後ほど説明しますが、溝の口減災ガールズの発足のきっかけは、2016年の熊本地震でした。「食べ慣れた味が心身を癒やした」という被災者との支援交流から得たことが「日常でやっていることがいざとなった時にそのまま役に立つ」という発想につながり、大きな原点となっています。

2 ゆるい場をつくる人：山本詩野さん
——被災地へ支援に行ったつもりが、逆に刺激を受けて帰ってくる

　筆者は、生まれも育ちも溝の口がある川崎市高津区。住んでいるまちのことは、それなりに知っていると思っていました。しかしながら、ふとまわりを見回してみれば、知らない人、場所ばかり。会う人も過ごす場所もほとんどを都内で過ごす生活は、知らない間に地域への知り合いもつながりもなくなってしまい、どことなくぼんやりと寂しさを感じていました。

　2019 年の秋、大阪在住の友人が東京へ遊びに来た際、「今日一緒にご飯したい人がいるねん。場所が溝の口ってとこなんやけど、一緒にどう」と。筆者の住まいを詳しく知らなかった友人から溝の口が出てきたことに大変驚きましたが、願ってもない誘いに喜んで参加しました。その時ご一緒した方が溝の口減災ガールズ代表・山本詩野さん（以下、詩野さん）であり、筆者が溝の口減災ガールズの一員になる奇跡的な出会いとなったのです。

　大阪の友人と詩野さんは、仕事を通じてのご縁でした。友人は、まさか自分が溝の口で筆者と地域活動をつなぐ縁結びを担うとは全く想像していなかったそうです。偶然にも筆者は、詩野さんと会う前に、「地域とつながりがないことに漠然とした不安があること、何かできることはないのか」と友人へ話していたのです。筆者が口にしたことが、初めからお膳立てされていたかのように事が運んだのでした。

　詩野さんとすぐ意気投合し、その場で溝の口減災ガールズのメンバー入りが決まりました。その日は、詩野さん以外にメンバー 2 名が加わり、初対面とは思えない暖かい雰囲気だったことも、知らないグループへ入る緊張や不安を払拭する安心材料になりました。他のメンバーたちもいい意味で力が抜け、フラットな空気を纏っていました。新参者である筆者にとって、萎縮することもなく、逆に地域で活動する面白さを知る場になりました。

　とんとん拍子に地域との接点が生まれたのですが、そもそも、どのように

して溝の口減災ガールズは誕生したのでしょうか。

ハズレくじ？いきなりマンションの管理組合の理事と防災担当に

2011年2月、溝の口にある1000世帯を超える大型マンションに引っ越しをした詩野さん家族。それまで住んでいたまちでは何か活動することはなかったそうです。ところが、引っ越し早々に詩野さんの旦那さまである山本美賢さん（以下、美賢さん）が、マンションの管理組合理事改選を知らず不在者投票で理事に就任。続く別のくじで同マンションの防災防犯担当も担うことになり、気持ちとは裏腹に思わぬところで大役をあてがわれてしまったのでした。

溝の口に引っ越して間もなく起きた東日本大震災は、首都圏においても大きな被害をもたらしました。美賢さんは、石巻に知人がいたことをきっかけにマンション内を中心に有志で集まった人たちと一緒に物資支援活動を行うことにしたのでした。ところが、手探りの中での取り組んだ支援。被災地では必要としないものや時期にそぐわないものなど、残念ながら役に立たない物資も多く集まりました。この過程で支援したい気持ちと現実の違いに運営の厳しさなども味わい、地域活動の難しさを感じたのでした。

その後も石巻との交流は続き、約1年後の2012年、美賢さんはまだ何かできることがないかと石巻を訪れたのでした。

支援する側と思っていたら、逆に悔しいほどカッコよく活躍している人たちがいた

自分たちが何か支援できることがあると思って向かった石巻でしたが、想像していた状況を裏切る形で衝撃を受けたのでした。その頃の石巻市には地元出身のクリエイターたちが帰ってきて、地域経済復興のためにクリエイティブやIT分野で様々な事業を立ち上げ、活躍し始めていたのです。廃屋を使ったカッコ良いリノベーション。Yahoo!やGoogleなどのIT企業による様々な支援や連携。少子高齢化に拍車がかかる中、石巻から若者の流出を少しでも減らそうと魅力あるまちづくりに疾走する人びとの熱量。美賢さんは、これらの状況に圧倒されたのでした。支援に行ったつもりが、活躍している人たちを見て、美賢さんは打ちひしがれ、逆に恥ずかしい気持ちで東京

へ戻ったそうです。同時に、まちを変えていく様子を目の当たりにし、地域の価値に触れた瞬間でもありました。

地元でチームづくりをしたい

　美賢さんは、自分たちの地域で何かできることがないか、すぐに行動しました。特に、石巻で課題になっていた少子高齢化は、美賢さんが住むマンションの状況においても、他人事ではなかったからです。当時、資産価値の下がらないマンションとしてメディアにも取り上げられ、終の棲家を希望する住民が数多くいました。築年数が30年以上、60歳以上の世帯が80%以上占めていました。何か改善策を試みないとそう遠くない将来ゴーストマンションになってしまう。そして災害が起きたら迅速に対応できるのか。こうした切実な危機感がありました。まずはマンションの理事という立場を生かし、近隣にある大型マンション2つと一緒に連携をとり始めたのでした。大きな理由は、そこでは働き盛りや子育て真っ最中の世代など年齢が比較的若い世帯が多く、築年数も浅いマンションだったから。有事の際の防災に対する知識の蓄積が少ないことが課題と聞き、そこを共有できたらお互いにとって良いのではないかと考えたからです。

　各マンションは築年数が少しずつ異なっていました。そのため今後自分たちのマンションがどんな課題や問題に直面していくのかをイメージしやすく、各マンションは一緒に連携していくことに前向きになってくれたのでした。3つのマンションは、餅つき大会や夏祭り、防災訓練など事あるごとに合同イベントを行いました。交流機会を増やし、幅広い世代間で連携し合える関係を築き、課題解決の糸口が開く実感を重ねていったのです。

　同時に、美賢さん自身、東京で制作会社を経営しつつ、石巻との交流をきっかけに地元デビューをすると決めたのです。自分が住む地元に、ゆくゆくは若者たちが帰ってこられるような居場所となる拠点をつくりたい。さらに、それを一緒につくっていくチームづくりを実現したい、と思ったのです。これまでのマンションの周りだけではなく、地域の範囲をもっと広げて知る必

近隣マンションとの連携が進む

課題の解決のために互いの「強み」を共有、「弱み」を補完し合う。すると「弱み」が「強み」に変わる。

美賢さんがつくった3つのマンションの特性を表したマップ

要があると考えた美賢さん。子育て世代から高齢者までどんな課題があるかをとことん知りたいと思い、自治会、PTA、民生委員を務め、あらゆる世代との接点をつくるため積極的に動き、地域の中に飛び込んでいきました。

地域を知らない人が何かを言う権利はないと考え、まずは様々なところへ顔を出すことにしました。それによって発言力や発信力が高まり、仲間を集めやすくすることで実現への一歩に着実に近づいていきました。仕事でも地域でも1人では何もできません。自分自身がこの人と何かしたいと思ったら、会いに行く、説明する、を繰り返し、とにかく誠意だけでやってきたそうです。自分に特別なスキルがある訳ではなく、求愛するような一生懸命な気持ちがありました。

その想いは、2016年にクリエイティブの地産地消を目指すデザインエージェンシーの会社創設に至ります。地元をもっと元気に、もっと暮らしやす

くする地域力を高める美賢さんの活躍は、今後もますます広がりそうです。

女性の活躍をもっと地域に

地域を知り、関わりが増えれば増えるほど美賢さんが感じたのは、多様なスキルと高い経験を持つ女性たちがたくさんいるのに、地域でその人材資源を活かしきれていないことでした。1つお願いすれば機転を効かしていくつものことを対応してくれる。限られた条件の中で効率的に進めてくれる。イベントなどで起きるハプニングにも臨機応変に対応する。これらの行動に、何度となく助けられてきたのでした。女性たちが中心になる活動がもっと増えてもいいと考え、背中を押すような機会や役割を心がけるようになったそうです。当時美賢さんはイベントに合わせて、芋煮ガールズ、マルシェガールズなど、その時々で声をかけては活動を促していました。

また美賢さんには、様々な産業で本来当たり前に支払われている対価が、防災の場合にはボランティアとして対価なしですまされてしまっているという感覚がありました。地域の活動といえども、活動に充ててくれた時間やその時に発揮してくれたスキルに対して、できる限り謝礼を用意できるように心がけていました。

3 近隣連携の副産物——「溝の口減災ガールズ」の誕生

2016年に熊本地震が発生し、現地では大きな被害が生じました。マンション仲間のご親戚が被害の大きかった熊本県益城町で被災され、美賢さんは再び被災地に向けて支援を行いました。この時は、東日本大震災以降、地道に取り組んできた地域の連携がまさに実践で生かされたのでした。被災地と連絡を取り合いながら、リアルタイムに必要な物資の情報収集と支援物資の集積や管理がスムーズに行われたのでした。マンション住民の特性を活かし、日中の時間帯に動けるシニアが支援物資の管理をしました。物資の調達情報のやり取りでSNSネットワークを駆使する人。モノ移動など体力仕事で機動

炊き出しフェスでの段ボールジオラマのワークショップ [(32)]

力を発揮する人。効率的な適材適所の役割分担が実現できたのです。日頃からの地域との交流があったからこその迅速な対応と実行でした。こうして、災害が起きても地域との連携対応力が発揮できる自信につながったのです。

　そんな気運が高まる中、熊本地震があった同年、3つのマンションで溝の口ご近所マンションイベント「炊き出しフェス」を開催しました。そこでは熊本地震の学びを共有することを目的にしました。会場では、各マンションの防災への取り組み事例の共有がなされました。その他、ローリングストック料理教室や、段ボールジオラマを用いた災害時対応をシュミレーションするワークショップ、熊本県益城町立広安西小学校 PTA 会長による被災体験の講演などが行われました。楽しみながら防災について学びを深められる仕掛けが多く、会場はまさに「フェス」のような雰囲気で盛り上がりました。実は、「フェス」という表現は、被災した人たちに対し不謹慎だという意見も管理組合内であったそうです。しかし美賢さんは、被災地を訪れて「この被災体験を、未体験の人たちの防災に役立つよう広めてほしい」という体験者の思いを知ったからこそ、多くの人に届けられるようハードルを下げるため

に、あえて「フェス」と掲げたといいます。入口は楽しく、でもしっかり学びを持ち帰ることができる。今でこそこの考え方は当たり前になってきていますが、その当時は革新的だったといえるでしょう。

　自分の住むエリアで災害が起きた時に何ができるのか、どうしたら自分ごとにしていけるのか。このイベントが災害に対する活動を前進させるための大きなきっかけとなったのです。ローリングストック料理教室を主催、または参加したメンバーを中心に、溝の口減災ガールズとしての活動がここからスタートしたのでした。

減災ラボとの出会い

　溝の口減災ガールズの活動が深まるきっかけには、もう1つの出会いがありました。それは、一般社団法人減災ラボの存在です。当時、減災アトリエを主宰し、フリーランスの減災ファシリテータとして活躍していた同法人代表の鈴木光さんとの出会いです。堅苦しさを感じる従来の防災活動から、もっと軽やかで新しい形を模索していた美賢さんや溝の口減災ガールズにとって、しなやかに災害に向き合い、乗り越えることを目指していた鈴木さんの活動は、強く共感できるものでした。災害による被害を減らすための「防災」はもちろん大切ですが、災害が起きる前提のもと、災害後の被害を最小限におさえる「減災」の取り組みに重要性を感じたのです。減災ラボがテーマとする「わかりやすく"自分ごと"にし、1つでもアクションしてもらうこと」は、溝の口減災ガールズの活動と同じ志。当時は、まだ「減災」という表現が広まっていなかった頃で減災の意識を捉えることは、防災活動のハードルを下げると実感したのです。

4　マジメだけど軽やかに

　一般に「炊き出し」といえば、避難所で大きな鍋にたくさん並ぶ光景をイメージしますが、実際に災害が起きた時の多くは在宅避難となります。熊本

地震の直後、在宅避難をしながら家庭用鍋ふたつ程度のご近所レベルの炊き出しを始め、その活動はやがて地域が支えあう力になったという話を被災した知人から聞き、この炊き出しを「ミニ炊き出し」と名づけました。

そして、熊本地震の支援から新たに学んだことは、「食べ慣れた味が、疲れた体と心を癒す」という被災地からの声でした。被災地から日々送られてくる料理の写真は、災害食とは思えない彩りや栄養不良にならいないよう考慮された品々でした。

ワークショップでは、カセットコンロと鍋さえあれば気軽にできる「ミニ炊き出し」をホームパーティーやバーベキューなどに取り入れて日常的に楽しめるような提案をしました。また衛生的に安心でき手軽につくれるポリ袋クッキングも取り入れることにしました。おいしいものを食べると幸せな気持ちになり、みんなで食べるとさらに温かな気持ちになって笑顔になる。そんな食がつくり出す力を実感した結果、ローリングストック調理を伝えるワークショップが活動の主力となりました。

減災をキーワードにマンションの自治会や町内会での防災訓練などでお声がけが増えるなか、その活動は川崎市で実施した九都県市合同防災訓練への参加にまで至りました。

さらには防災訓練だけでなく、学校教育や新しい分譲地のコミュニティづくりなどへと、活動の場が広がっています。

クラウドファンディングでレシピ本を制作

熊本地震から始まった交流を経て誕生した溝の口減災ガールズ。「支援する」「支援される」それぞれの「気づき」を次に活かせれば、災害からの復興がもっと早くできるはず。こうした考え方をワークショップとは別な形で伝えたい。そこで、その方法の1つとして共感してくれた仲間たちとレシピ本の書籍化を目指すことにしました。

様々な地域でのイベントや防災訓練でつながったご縁、知人友人などを介し、料理家、編集者、カメラマン、ライター、スタイリストと各業界の第一

上：熊本地震震災後の益城町での
ミニ炊き出し [33]
右：おいしいミニ炊き出し
レシピブック

線で活躍している方たちそれぞれが領域を発揮し、2018 年春にクラウドファンディングでレシピ本『おいしいミニ炊き出しレシピブック』が完成しました。

　災害発生時の緊急から復興までのフェーズを 5 つに分けて、ライフラインの状況や心理的な変化など熊本地震の体験を反映させ、実践的なものにできるよう工夫を施しました。また料理のレシピを紹介するだけでなく、避難所でのエピソードや災害発生後の 1 日でも早く生活再建するためのお金のことなど、リアルな声も盛り込みました。そして、最もこだわったのは、見ているだけで楽しくなるような本のデザインです。書店でいえば、防災コーナーではなく、料理やライフスタイルコーナーにおかれるイメージ。盛り付けや彩りにこだわった見た目の美しさ。すぐつくってみたくなるような手軽で美味しいレシピ。こうした工夫でお腹も心も満たされるような料理本に仕上げたいという思いが込められています。かんたんにつくることができ、おいしいものであれば、災害時に関係なく、普段の食卓やキャンプ料理、野外パーティーなどで十分活用ができます。つまり日常でやっていることで楽しく備えることによって、いざとなった時にそのまま役に立つのです。

5　できる時に、できるひとが、できることを

　活動が広がるにつれて「どれくらいの頻度で活動されていますか」「セミナーなど企画されていますか」などと質問されることが多くなってきました。このように積極的で活発な活動をしている団体と思われることが多々あります。しかし実際の活動はゆるいのです。「ゆるいとは何だ」と思う読者もいることでしょう。それは「できる時に、できるひとが、できることを」が基本ということなのです。

　仕事、家庭、子育てや介護など、みな日常生活でやることはたくさんあります。だからこそ、決まりごとをつくりません。積極的に参加する人、たまに

参加する人、しばらく音沙汰ない人。みんなそれぞれでいいのです。来るもの拒まず、去るもの追わずの考え方を採用しています。活動に関心があれば、いつでもその門戸は開いていて、年齢や子どもの有無など関係なく、メンバーが緩やかに集まってきています。

ローリングストック調理のワークショップ

　溝の口減災ガールズの活動が段々と知られるようになってきた頃のことです。代表の詩野さんは、団体としてもっとしっかりと活動を運営していかないといけないのでは、と思ったそうです。それまで溝の口減災ガールズは、依頼があったら活動するという受身な姿勢から、主体的に発信する側へ変わっていこうと取り組んできました。ところが実際にやらねばとなってみると、どこかに無理や負担が生まれてしまっていました。無理や負担で疲れてしまうと楽しくないし、面倒になる。そんな時、ワークショップに参加された保護者の方から、「子どもが小学生の時に参加してとても楽しかったので、中学生になって同じワークショップの開催があると知り、また参加しました」と声をかけてもらいました。

　楽しかったり面白かったりすると人は誰かに話したくなり、良い記憶として残る。だから、またやってみようと思ってくれる。そんな風に活動に親しみを感じてくれた人から広がりが生まれる。そんな実態を知り詩野さんは、必死に活動しなくてもいいと思い直しました。そして、自然体で無理をしない、今の活動スタイルが定着したのです。

　「それにワークショップの参加者から私たちも学びをもらえるから、主宰という立場でも『教える』のではなく、『一緒に知見を増やしている』という感覚なのです。減災の正解は未知ですから」と詩野さんは言います。

まずやってみる、面白がる

メンバーの共通点は、好奇心旺盛で食べること飲むことが大好きであること。だからといって料理が得意な人が多いわけではありません。「日常でやっていることが役に立つなら覚えていられるよね」「楽だし、助かるよね」といった思いがあるということなのです。それは「得意じゃなくても何かしらできることがあるよ」と思える安堵感なのかもしれません。レシピ試作とかこつけてワイワイと集まり、その場のノリでインスタライブをやってみる。こうした自分たちでできそうなことは、とりあえずやってみるのです。新しい企画やイベントについては、参加したい人を中心にメンバー一人ひとりがプレーヤーとして活躍できる場となるように心がけています。

メンバーには、次のように活動に対する気持ちの温度差があります。「いつも参加してないから申し訳ないなと思いながらも、たまに行ってみようかなと思えて、居心地の悪さを感じないのよね。それは溝の口減災ガールズに加わる前から地域で培ってきたつながりとかメンバーへの信頼感があるからかも」。「初めは自分の身になればいいなと思ってて。だんだん楽しくなってきて、関心も持つことができて良かったなと。ただ、現場が楽しい反面、ついちゃんとやらないと、という気持ちが強くて、仕事モードになっちゃう」。

こうした多様な考え方の人がいて、新しいことや変化を受け入れて、軽やかにしなやかに楽しむ。そんな風通しの良い関係こそ、溝の口減災ガールズが続く秘訣なのではないかと思います。最近では、行政や企業とご一緒する機会にも恵まれ、その活動は多岐に渡ります。

行政の広報番組やかわさき FM の特番にも出演

2023 年は関東大震災から 100 年。多くの媒体で防災に関する特集が組まれました。いつ起こるかわからない災害にどう向き合うか。少しでも被害を少なくできる方法や伝え方はないか。番組スタッフのみなさんの真摯な番組づくりに、私たちの取り組みが少しでもお役に立てたらという想いで出演しました。防災のプロから見たら、特別なことはなく、こんなレベルでいいのか

来る自然災害に向けた地域防災特集でポリ袋クッキングを紹介 [34]

　と思われてしまいそうです。しかし溝の口減災ガールズの活動は、減災につ
いて誰でもができる日常のことに気づいてもらうことにあります。私たちの
活動で、防災についてのハードルが下がることに意味があると思っています。

　メンバーたちがまず楽しんでいること。それがみなさんにも伝わって、私
たちの活動が広がっているのではないでしょうか。何かを教えてくれるもの
は、書籍やYouTubeなどいくらでもあります。私たちが何かすごいことを教
えてあげようという気持ちはありません。私たちの活動は、自分だったら何
ができるかについて気づいてもらう場と考え、楽しく学び、楽しく伝えたい
と思っています。それは「これなら私にもできそう」「こんなに簡単なんだ」
「これは楽しい」と感じてもらえる気楽な空気感です。それが波紋のようにい
ろんな人の心に響き、様々な機会につながっているのではないかと筆者は感
じています。

6　　いざという時に手がつなげる安心感

　学校教育やコミュニティづくりの場など、減災を通じて様々な場所でワー

クショップを開催する際、毎回お伝えしていることがあります。溝の口減災ガールズの「溝の口」をあえてつけていることです。それは、各地域によって地形や環境など条件が違い、必要な減災・防災もそれぞれのため、ご当地の減災ガールズ・ボーイズ・ファミリーができることへの願いを込めているからです。溝の口減災ガールズの活動は、他の人の正解ではありません。みんな温度差があって感じ方が違う。そこから自分だったらと想像して、一番ホッと安心できる減災を見つけてほしいと考えています。筆者自身も溝の口減災ガールズに参加して、いざという時に手をつなぐことができる相手がいる安心感を得ました。そのため、これまで漠然と地域に感じていた寂しさを拭うことができました。

代表の詩野さんは溝の口減災ガールズを「活動を始めた時からこれまで、活動を広げるというより、こぼれ種のように勝手に芽吹いて仲間が増えていく感覚に近いのかも」と表現します。

溝の口減災ガールズは、これからも自分たちのペースで「自分ごと」にする大切さを伝え、各地で芽吹いてくれる仲間が増え、その輪が広がることで国内の防災力の底上げにつながることを願って、活動を続けていきます。

本多陽子

事例 14

多様な関係人口とのつながりがまちを変える

── ARUYO ODAWARA ｜ 神奈川県小田原市

ARUYO 併設の カフェ＆バル

1　多様な関係人口が行き交う都市のコミュニティ

　東京駅から新幹線で 35 分、人口約 19 万人の中核都市である小田原。JR 東海道線、小田急線に通じ箱根・伊豆のバケーションエリアにも近く、中心地から歩いて 15 分程で相模湾の海が広がるロケーション。

　そんな利便性と歴史・自然を兼ね備えた小田原は、ワーケーション・移住先として注目され、近年とても活気づいています。2020 年前後より駅周辺には多くのワーキングスペースが点在、長期滞在を想定したゲストハウスや ADDress のような多拠点生活施設も続々とオープン。地の利を生かし小田原市は、2030 年までにテレワーク・ワーケーションスポット 100 か所をつくることを目標に掲げています。

　この流れを受け、小田原では多様な関係人口（よそ者）と地域住民によるコ

ARUYO エントランスとコアゼユウスケさん

ミュニティが続々と生まれ、両者が交わることにより小田原のまちを進化させています。加えて世代を超えて小田原のコミュニティマネージャーが連携することで、さらに盛り上げています。

多様な人が行き交う小田原のコミュニティの在り方は、これからの地域のお手本になるかもしれません。この章では、自分たちの好きなこと・やりたいことを実現しながら、よそ者と地元をつなげることでまちを進化させているコワーキング&コミュニティスペース「ARUYO」と「ARUYO」の立上げメンバー兼コミュニティマネージャーであるコアゼユウスケさんを取り上げます。

あらゆる人のつながりが生まれるコミュニティ「ARUYO」

「ARUYO ODAWARA（アルヨ　オダワラ）」は、2022 年 9 月に開業。「クリエイティブワークスペース」のコンセプトどおり、コワーキングスペースとしての空間やミーティングルームの他、会員以外も気軽に利用できるカフェ&バルも併設。昼はカフェ、夜はとっておきのクラフトビールや料理を出すバルとなり、「働く」だけでなく様々な出会いにより、新たな交流と創発をつくり出すような空間構成です。

「ARUYO」というネーミングは、「ここに出会いや新たな発見があるよ」「小田原に魅力的な地域資源、魅力的な人がいるよ」というメッセージから。この空間構成とネーミングどおり、この場の目的は小田原のコミュニティづくりと新たなビジネスの創出。コアゼさんたちスタッフが「この人とこの人合うかも、何かがうまれそう」と思う人をリアルで引き合わせるトークイベント「ARUYO meet」、小田原で活躍する人に一夜限りのママ・マスター役になってもらい、併設するカフェ&バルにて人生とビジネスについて語っても

ARUYO のフリースペース

らう「ARUYO SNACK」など、定期的にイベントも開催しています。

1日平均80人ほどが出入りし、常時利用する個人会員は2023年9月現在で46人。都内のスタートアップ企業に勤める人、フリーランスなど利用者は様々です。最近では会員同士でつながり一緒に企画をしたり、地域の事業者がこの場を活用して会員に仕事を頼んだり、まさにコミュニティとビジネスが生まれる場となっています。

「ARUYO」はコアゼさんはじめ計3人が共同で立ち上げ、運営。コアゼさんは自らの役職を「OOO（オー・オー・オー：おだわら・おせっかい・おじさん）」と名乗り、小田原でビジネスを生み出したい人と既存事業者や行政とのマッチングなどを行っています。

泊まると移住したくなる？ゲストハウス

コアゼさんにとって「ARUYO」はやりたいことを叶える場の1つ。本業はゲストハウスのオーナーです。このゲストハウスは個性的なシステムで人気の宿で、移住者を創出する宿としても知られています。旅行者など多様な関係人口と地域の関係構築を研究している筆者は、「泊まると小田原に住みたくなる面白いゲストハウスがある」「そのオーナーがすごい！」との噂を方々から聞き、コアゼさんの小田原の取り組みに関心を持っていました。

ゲストハウスを通して小田原に移住する人をたくさん見てきたコアゼさんは、「ARUYO」を立ち上げる際、「利用するだろう、という顔が10人は浮かび上がった」といいます。実際多くの移住者が「ARUYO」を利用しています。

なぜコアゼさんのゲストハウスに泊まると小田原に住みたくなるのか、「ARUYO」のコミュニティは良い循環になっているのでしょうか。

2 ゆるい場をつくる人：コアゼユウスケさん
—— 人生は学校ではなく、すべてタワーレコードから教わった

コアゼさんは小田原の隣、神奈川県二宮町生まれ。小田原にコミュニティをつくる原点は中学時代とバンド活動に原点があるようです。

コアゼさんは中学2年生の時から学校に行かなくなったといいます。「自分がやりたいようにやろうとすると目立ってたたかれる」「好きなことは好きといえない空気」に違和感を持ちました。引きこもるわけでも不良になるでもなく、当初小田原にあったCDショップ「タワーレコード」に通うように。試聴機にかぶり付き、新しい音楽との出会いを探します。

その音楽の世界での、自分を魅了するアーティストは、個性の丸出し、個性の塊。自分の好きなように個性を表現する人たちを心底かっこいいと思い、学校社会にはない価値感があることをみいだします。「人生は学校からではなく、全てタワーレコードから教わった」とコアゼさんは言い切ります。

場が変わる。ライブハウスでのカルチャーを変えた体験

20歳の時、自らも小田原を拠点としてバンド活動を開始。その際、東京などの自分たちの好きな「個性の塊の」バンドを、共演者として小田原へ積極的に誘致します。というのも、当時の小田原のライブハウスはお客さんも比較的おとなしく、自分たちが目指すようなフロアがもみくちゃになることがなかったのです。そこでかっこいいと思うバンドを小田原に呼び、みんなに楽しさを味わってもらおうとしたのでした。

実際、東京の"はっちゃける"バンドを連れてくると、そこにはそのバンドのファンが小田原以外から一緒にやってくるため、ライブハウス全体が"もみくちゃ"になり"はっちゃけ"ます。そうするとそれまでおとなしかった小田原のお客さんも、場の雰囲気や外からのお客さんに影響されて、"はっちゃける"ように。

そうして地元の人がライブハウスの楽しみ方・遊び方を知っていき、外か

らのバンドがいなくてもライブハウスが盛り上がるように。場が盛り上がると自然にパフォーマンス側も上がります。「小田原のライブハウスのフロアの遊び方が、変わった」とコアゼさんは振り返ります。

　これは地域の中の1つのカルチャーが変化した瞬間であるともいえそうです。自分たちのやりたいことを「東京に自分たちが行く」のではなく、あえて自分たちの地域に持ってくる。新しい人と地元の人たちが交わると、新たな楽しみ方や生き方に触れて地域の人も変わっていき、いきいきとする。

　この経験は現在の活動にも大きくつながり、「今もあんまり変わらない、バンドやっているみたいな気持ちで自分の事業をやっている感じです」とコアゼさんは言います。

個性的な仕組みで世界中の音楽が集まるゲストハウス

　バンド活動をしながら、おしぼりの配送会社を経てコアゼさんはバスの運転手として働くようになります。業務中、乗客と話す機会も多く、「富士山はどこからみえるのか」などの問いに答えると、地元にとっては当たり前のことがとても喜ばれることに、驚きと嬉しさを感じます。自らもそんなコミュニケーションが楽しいことに気づき、小田原市内にアパートの一室を借り、民泊運営を副業で始めます。民泊事業にて、世界各地からのゲストが自分の周囲にはないたくさんの価値観を持ち運んでくれることを実感します。

　そこで、かつてライブハウスで体験したように、「小田原に人を呼び、自分と自分の周囲を小さく変化させ、楽しくさせたい」と会社を辞め独立。2018年、小田原駅周辺のアパートや空き家をリノベーションしたゲストハウス「Tipy records inn（ティピレコーズイン）」を開業します。「ティピ」はインディアンの移動式住居であるテントの総称から、「レコーズイン」はレコードが集まる、の思いから。

　その名のとおり、コアゼさんのゲストハウスは世界中からレコードが集まります。まず、宿泊客が自分のCDやレコードを持ち込むと宿泊代金が割引になります。そのCDやレコードは宿に置いていってもらい、持ち主はその

音楽に対する思いと自分のストーリーを専用のカードに記します。そうして宿泊客は、世界各地から集まった音楽を様々な国の人に思いを馳せながら、宿内で自由に聴くことができるのです。この独自のシステムは話題となり、世界中から音楽好き

宿泊客が持ってきた CD が飾られる
ゲストハウス「Tipy records inn」のエントランス

が集まる人気の宿に。

　ここにもコアゼさんの思いが詰まっています。その頃になると小田原のタワーレコードも閉店していました。かつてのコアゼさんがタワーレコードに救われたように、「若い人がわくわくするようなレコードや CD が集まる場をつくりたい」という思いがあったといいます。

コロナ禍にて地域内コミュニティが連携

　軌道に乗り小田原駅周辺の 4 軒の空き家を再生して業を拡大していく中、2020 年コロナ禍で宿泊客が途絶えます。資金面でも困ったコアゼさんは、自らでできることは全てトライするものの、行き詰まります。そこで同じ思いをしていた小田原市内の他のゲストハウスのオーナー 3 人と「これからどうしていこうか」という作戦会議を開催。「自分たちでは限りがある、どうせなら」とオンラインでの公開会議にすると、市内の関係者や仲間 60 人以上が参加。その中にはケントスコーヒー店主の平井丈夫さんもいました。

　平井さんは現在 70 歳。約 50 年のもの間、小田原市内で喫茶店を営みながら、同時に小田原に人を呼ぶまちづくりと地元の人と旅行者が交わるコミュニティづくりをしています。また小田原の日常や歴史を伝えるまちあるき案内人としても知られ、多拠点宿泊サービス「ADDress」の家守でもあり、コアゼさんら若者の活動を応援してくれています。

　その作戦会議で 1 つの答えを導き出します。「自分たちがずっと大事にし

てきたことに立ち戻る」。すなわち、地域の魅力を自分たちで確かめること。たとえば小田原に世界中からサイクリングをしに来るようになったけれど、自分たちはそれを経験したことがない。こんな状況だから、自分たちのまちを自分たちで知るこ

ケントスコーヒー・平井丈夫さん（右）とコアゼさん

とから始めよう。そこでゲストハウスが共同で、時には平井さんも巻き込んで、地元の人向けのサイクリングツアーやまち歩きを実行します。

「Tipy records inn」は小田原市のお試し移住の宿泊先になっていたこともあり、移住に興味のある人や地元の人を集めて、小田原のお気に入りの日常的なスポットを一緒にまち歩きをしてみました。すると移住者は馴染みの店や知り合いができることでまちが身近に、地元の人は地元がより好きに。

コロナ禍を通して、近い事業者が世代を超えて連帯感を持つように、また地域に対する考えが深まったといいます。

3 住民・移住者・リモートワーカーが集まる場で好循環が生まれる

コロナ禍において地域の魅力を改めて知り、地域内で連携が深まる中で、さらにやりたいことが見えてきたコアゼさん。次に「ARUYO」の企画・運営に参画します。かつてライブハウスや自らのゲストハウスで実践してきたように、移住者やリモートワーカーなど多様な人が集まる場をつくり、外からの人と地元の人が交わって新しい働き方や動きが生まれる。その手段としてコワーキングスペースという場は可能性があると考えたからです。立ち上げメンバーとも偶然が重なって出会い、3人で共同運営することになりました。

地域内での人材好循環が生まれる

「ARUYO」がオープンしてから、毎日たくさんの人が使い、交流とビジネスが生まれています。マッチングにより新しいビジネスが生まれたり、会員同士のコミュニティが盛んになるにつれ、一緒に仕事することも。たとえばペットの遊び場をつくった女性と動物を撮りたいフォトグラファーが ARUYO の飲み会で出会い「じゃ、一緒にやろう」となるなど。「こんなに使う人がいて、つながり、仕事も生まれる。これまでこのようなリアルなコミュニケーションがとれる場がなかっただけだったんだ」というのが開業して 1 年の実感だそう。

地元の信用金庫など、地域の事業者も気軽に出入りするように。たとえばポスターづくりなどのクリエイティブやシステムのプログラミングなどを会員さんにお願いするようになったり、企業の課題を気軽に相談しにきたり。東京に発注しなくても、身近に優秀な人材がいることに気づく場となっています。

大事にするのは「やりたいことを叶える」

コアゼさんが主に担当するビジネス創出事業は、相談自体が 1 年で 220 件、実際のマッチングは 41 件と順調です。一方でこの事業は神奈川県および小田原市による事業でもあり、関係者が非常に多く、様々な立場からの要望があるそう。

そんな時はそれぞれの立場からの思いを汲み取りながらも自分たちのやりたいことに戻るといいます。というのも「ARUYO」の運営メンバーは他に仕事を持ちながら夢を叶えるために参画してるからです。たとえば立ち上げメンバーの 1 人であり「ARUYO」のプロデューサーの椿谷勇次さんは、故郷・秋田の町長になるためにコミュニティを実証中。ARUYO の方向性については時間をかけて話し合い、会員さんの意見も大切にしながら進めています。

フラットなコミュニティ

「ARUYO」のコミュニティの在り方の秘訣はどこにあるのでしょうか。

言えるのは「フラット」であるということ。会員も運営側も同等で自由。

コアゼさん自身も自らをあまりコミュニティマネージャーとは思っていません。コアゼさんもその時に話したい会員さんと話し、もくもくと仕事をしている人でも居心地が良ければそれでよし。そのようなスタンスでいると自分の軸をきちんと持っていて、何かを他人に求めない会員さんが自然と多くなります。その空気感の連続でARUYOの在り方に共感する人ばかりが集まるようになっているようです。

ARUYOのフリースペースでの
仕事風景

　運営側が大事にしていることが会員にも自然と伝わり、共有する。だから場の居心地がよく、自然とコミュニケーションが生まれて仲間意識ができ、創発が生まれるのでしょう。

4 　楽しく生きる大人を増やす

　コアゼさんの方向性は今も根本的には変わりません。ライブハウス、ゲストハウスにおいても、小田原から外へ行く、ではなく小田原にユニークな人を連れてくる。自分自身がまず楽しみ、周囲を楽しませる。そこに新しい価値観が生まれ、楽しい日常をつくる。少しずつ変化させる。今は旅行者、移住者、ワーケーションで利用する人、多拠点生活者など様々な関係人口と地域の人が交わることで、まちに新しい価値観と動きが生じています。

　コアゼさんのこれからの展望は「かっこいい大人を増やすこと」。移住者が増えた小田原ですが、未だ10代後半から20代前半がまちを離れていってしまう。その世代が「小田原いいよね、東京よりイケてる」と思うこと。まさに「ARUYO」のネーミングに込めた思いと一緒です。

小田原駅地下街で開催された ARUYO1 周年イベント

自分と自分の周りが楽しく生きる

そうなるには「僕らの世代の人たちが自由にやることも大事」とコアゼさんはいいます。下の世代の人たちがみて、「あの人たちでもできるんだったら僕たちもできるかも」という関係をつくりたい。学生時代、自由に楽しく生きている大人が周囲にいたら、自分も窮屈にならなかったかもしれない。そんな想いが大きくあります。「自分と自分の周りが楽しく生きていることがやりたいこと」とコアゼさんは断言します。

やりたいことができる地域コミュニティ、地域社会。小田原も他の地域も今がその分岐点なのかもしれません。

大川朝子

面白そう、楽しそうでつながる里山のコミュニティ
—— バー洋子・焚き火編集室｜福岡県宗像市

バー洋子に集う地域の人たち

1　多彩な顔をもつデザイナー

　福岡県宗像市に、月に1回、飲み物と食べ物を持ち寄って地域の人が集まるコミュニティ「バー洋子」がありました。「バー洋子」は、地域の農家や商店の人が気軽に集まることができる場として2016年から3年ほど続き、多くの人が地域とゆるくつながっていました。しかし、コロナ禍で集まることが難しくなり一旦休止。その後「バー洋子」が形を変えて「焚き火編集室」として地域をゆるくつないでいます。

　この「バー洋子」や「焚き火編集室」を立ち上げたのが、本事例で紹介する谷口竜平さんです。谷口さんは実に多彩な顔を持っています。本業は福岡県宗像市を中心に活動するデザイナーですが、デザイン事務所の運営以外に、シェアハウスの大家、コワーキングスペースの管理人、NPO法人の生涯教育

シェアハウス&コワーキングスペース

プログラムのディレクション、ゲストハウスのプロデュース、地域 WEB 新聞の副編集長など。最近は、宗像市で面白いイベントがあるなと思って検索してみると、そこに谷口さんが関わっていることが少なくありません。この谷口さん、一体何者なのでしょうか。

「リトルムナカタ」での出会い

筆者と谷口さんとの出会いを紹介しましょう。筆者は谷口さんが活躍している宗像市出身です。宗像市は、福岡市と北九州市の中間に位置する人口 10 万人弱のまちで、標高 400m 前後の山々と玄界灘の大海原を臨む自然豊かな地域です。筆者は社会人 8 年目に上京しましたが、当時は宗像をごく平凡なまちだと思っていました。しかし、離れてみて初めて気づいたことがありました。それは、故郷を大事にしたいという気持ちでした。筆者にとって学生時代を共に過ごした故郷の存在は思った以上に大きく、次第に、宗像を離れていても何か地域に関わることができないだろうかと思い始めました。そんな時、筆者と谷口さんは「リトルムナカタ」のスタッフとして出会いました。

「リトルムナカタ」とは、首都圏在住の宗像市出身者の集まりで、東京にいながら宗像を盛り上げたい人がつながる地域コミュニティです。「リトルムナカタ」の立ち上げのきっかけは、筆者の中学時代の同級生久間敬介さんと谷口さんの飲み会の席でした。会社の人事異動で地域創生を担当することになった久間さんは知人から「宗像出身なら宗像で面白いことをしている人がいるので紹介するよ」と谷口さんを紹介されました。2人が「東京で宗像出身者が集まって地元を盛り上げたら楽しそう」と軽い気持ちで立ち上げたのです。

谷口竜平さん

東京在住の久間さんと宗像在住の谷口さんは、とりあえずそれぞれの友人に声をかけて、徐々に参加者を増やしていきました。その時、久間さんが声をかけたのが筆者で、地域に関わることがしたいと思っていた筆者は二つ返事で「リトルムナカタ」のスタッフを引き受けました。

誰もが地域コミュニティに参加できる

　2018年2月、「リトルムナカタ」の第1回目のイベントが開催されました。前年の2017年、宗像市北部に位置する沖ノ島が「神宿る島」として世界遺産に登録されたこともあり、87名もの首都圏在住の宗像出身者が渋谷に集まりました。「リトルムナカタ」を通じて友人と再会した人もいましたが、多くの参加者は「東京で宗像を応援したい」という気持ちで集まっていました。このことに、筆者はとても驚きました。なぜなら、地域コミュニティとは、地域の課題解決に向けて情熱を注ぐ人だけが集まるものだと思っていたからです。しかし「リトルムナカタ」は違っていました。「リトルムナカタ」をきっかけに、筆者は誰もが気軽に参加できる、ゆるいつながりを持てる地域コミュニティの存在に関心を抱き始めました。そして、スタッフとして故郷

リトルムナカタでの懇親会

宗像で活躍していた谷口さんへの興味につながっていきました。

　現在、宗像市で様々な地域コミュニティを立ち上げて活躍する谷口さんですが、以前は県の中核都市である福岡市内の広告会社に勤務するごく普通の会社員でした。会社員だった谷口さんがどのようにして地域とつながっていったのかを紐解いていきたいと思います。

2　ゆるい場をつくる人：谷口竜平さん
──田舎での暮らしと、都会への屈折した憧れ

　谷口さんは宗像市の南西部に位置する大穂地区の出身です。大穂地区は、宗像市でも数少ない谷間の集落で、地区の大半を山林が占めています。山林に囲まれた自然豊かな地域ですが、子どもの頃の谷口さんにとってはただの田舎で「とにかく、何もない田舎が嫌だった」と言います。

　谷口さんの母親は2歳の時他界、父親も小学3年生の時に他界しています。母親の他界後、父親の実家である宗像市で祖父母と共に新しい生活を始めました。農業を営む祖父母と暮らした場所は、子どもだった谷口さんにとって近所にコンビニもスーパーも、信号機すらない退屈な田舎でした。谷口さんは徐々にテレビに映る華やかな世界に強い憧れを抱いていきました。テレビの中の世界は都会的でかっこよく、刺激的で楽しそうに見えました。それに引き換え、自分の住む場所は田舎。近くにはおしゃれな場所などなく、周りは農家ばかり。とにかく何もない田舎が嫌いでした。

　農家を営む祖父母との食事は、煮物やおじやといった質素なもので、小学生の谷口さんにとって魅力的な食事ではありませんでした。たとえば、夏野菜のオクラが収穫された時は、とにかくオクラの料理ばかりが食卓に並ぶといった感じで、たまに「インスタントラーメンが食べたい」というと「体に

悪いから」と食べさせてもらえなったそうです。おやつは祖母の好きな和菓子やせんべいばかり。小学生の頃は、新興住宅地に住む同級生の家で出たポテトチップスのおやつを羨ましく思ったそうです。

　谷口さんが田舎を嫌いになった理由はそれだけではありません。周りは農家ばかり。しかし当時は、農家になんてならずに公務員になった方が良いと思っていたであろう人たちが多く、自分たちの仕事に誇りを持っているようには感じられませんでした。何もないだけでなく、閉塞感のあるそういう田舎が嫌いでした。

祖父のこだわりに対する屈折した思い

　さらに、祖父のこだわりが谷口さんの田舎嫌いに拍車をかけていました。谷口さんの祖父はもともと国有企業に勤めていて、その後、有名な酒造メーカーで働いていたそうです。退職後は十分な企業年金で家計には余裕があったそうですが、ずいぶん節制した質素な生活をしていたそうです。谷口さんの子どもの頃は 1990 年代だったにもかかわらず、風呂も薪で炊く徹底ぶりで、そんな祖父のこだわりに「うちは貧乏でもないのになぜこんな生活なの」と屈折した思いを抱いていたそうです。谷口さんは、ますますテレビの中の華やかな都会の世界に憧れていきました。

3　かっこいい大人とかっこいい仕事

　そんな子ども時代の谷口さんにとって、周りの大人の仕事といえば、農家か公務員しか知りませんでした。どうしても農家の仕事には魅力を感じられなかった谷口さんは、やはりテレビの中のかっこいい世界で楽しそうに仕事をしている大人に憧れていきます。自分の周りにいる農家の大人たちは泥臭く、かっこよく見えません。特に、職人気質で頑固者の祖父は、朝からお酒を飲んで畑に出ることもあり、楽しそうに仕事をしているようには見えませんでした。

谷口さんはそんな大人にはなりたくないとずっと思っていたそうです。そのため、進学先を決める時は、何をしたいかよりも、何もない田舎からとにかく出たい、かっこいい仕事がしたい思いが強かったそうです。当時はインターネットもなく、どんな仕事があるか調べることもできなかったため、谷口さんはテレビドラマのイメージで、なんとなく建築がかっこいいと思い、地元大学の建築学科に進学します。

建築からデザインへの転向

　この時は、あまり深く考えずに進学した谷口さんですが、幼いころの父親の印象が建築学科を選んだ背景にあったかもしれないと振り返ります。神奈川で土木関係の会社に勤めていた父親は、宗像に戻ってから自宅を増築し、事務所にして仕事をしていました。仕事場には、大きな製図台や当時は珍しかったパソコンがあったのです。しかし、もともと、建築をやりたいという強い思いで進学したわけでもなく、とにかく田舎から出たい、かっこいい仕事がしたいという思いが強かった谷口さん。数学や物理を使う建築で仕事をしていくのは、勉強嫌いの自分にはあまり向いていないと思うようになります。将来の仕事を考えていく中で、谷口さんの憧れはやはりテレビの華やかな世界。次第に、建築よりも華やかなデザインに関心が向き始めます。大学卒業後、改めてデザインの専門学校で勉強して、広告制作会社にデザイナーとして就職しました。

　実は、この建築からデザインへの転向も、父親の影響があるかもしれません。谷口さんの父親は、本当は画家として生計を立てていきたいと思っていたそうですが、食べていくことは難しいと考えて土木建築の道へ進んだそうです。土木建築の仕事をする傍ら、趣味で油絵を続けていた父親の自宅には、大きなキャンバスやパレットが置かれた油絵専用の部屋もありました。幼かった谷口さんは、その部屋から漂ってくる油絵の具の匂いを覚えていました。谷口さんが建築からデザインに関心を持つようになった背景には、知らず知らずのうちに父親から受けた影響というルーツがあったのです。しかし、

この不思議な巡り合わせを谷口さんはずっと
後になって気づいたそうです。

4 「田舎はいい」が 初めて腑に落ちた瞬間

　就職後、谷口さんはデザイナーとして多く
の会社のデザイン制作に関わりました。3年
後、建築や空間・都市デザインを手がけてい
た会社に転職した谷口さん。デザイナーだけ
でなく、制作現場でのチーム管理や指示を行
うディレクターとしての経験も積んでいきま
した。しかし、デザイナーとして5、6年が

デザイナー時代の谷口さん

過ぎたころ、谷口さんはデザイナーとしての未来に悩み始めます。自分より
も素晴らしいデザイナーの存在を知るにつれ、自分は一介のデザイナーとし
て埋もれてしまうのではないかという危機感があったそうです。自分にしか
できない仕事は何か、自分らしいデザインとは何かを模索していた時、以前
勤めていた広告制作会社の元同僚から、地域で生涯教育のコミュニティを立
ち上げるプロジェクトに誘われます。このコミュニティは「福岡テンジン大
学」。地域における生涯教育を目的とした地域コミュニティでした。当時の谷
口さんは、地域コミュニティに強い関心を抱いていたわけではありませんで
した。「立ち上げから関われば面白いことがあるかも」という軽い気持ちで関
わり始めたのです。
　谷口さんは、本業のデザインで培った広報やディレクターの経験を活かし
て活躍していきます。「福岡テンジン大学」での活動は、自分がこれまで出
会ったことのないジャンルの人と知り合うことができ、とても楽しく面白い
活動だったそうです。デザイナーとして自分の立ち位置を模索していた谷口
さんでしたが「福岡テンジン大学」をきっかけに、自分が経験してきたデザ

福岡テンジン大学で知り合った仲間

イン力やディレクション力を活かして地域で活動するコミュニティデザインというコンセプトを掴んでいったのでした。

田舎の良さに気づく

一方、「福岡テンジン大学」に関わり慣れ始めたころ、実家の祖父母が相次いで体調を崩します。谷口さんは定期的に実家に帰省するようになりました。あんなに嫌いだった田舎に帰省するようになった谷口さんは、あることに気づきました。夜があまりにも静かなのです。谷口さんが当時住んでいた福岡市の自宅は、夜の交通量が多い大きな幹線道路沿いでした。日常的に車の騒音が聞こえるのが当たり前で、ようやくその音に慣れてきた頃だったので、実家の夜の静けさの中で眠れたことにとても驚いたと言います。同時に「今まであたりまえだと思っていた田舎には、気づいていなかった魅力が実はたくさんあるのかもしれない」と心から感じたそうです。都会の人が口にする「田舎はいい」という感覚が初めて腑に落ちた瞬間でした。谷口さんはようやく自然豊かな田舎の良さに気づいたのでした。祖父母のために帰省していた 4 年間は、嫌いだった田舎への魅力を再確認する熟成期間になりました。

5 　一万坪の里山でゆるく地域とつながる

2014 年に祖父母を見送った谷口さんは、祖父母と暮らした実家と 1 万坪の里山を相続しました。これをきっかけに会社を辞めて独立し、宗像で本格的に活動を始めることにしました。まずは、この里山と実家を活用して、人が集まり、そこから何か新しいことが生まれる場をつくろうと考えました。1 万

坪の広大な広さの里山に人が集まれるように始めたプロジェクトが「ツリーハウスプロジェクト」です。これは、里山の一角にツリーハウスをつくるためのコミュニティです。谷口さんが声をかけて広がった仲間と一緒にツリーハウスをつくり上げ、みんなで遊べる拠点にしようと計画しました。ツリーハウスの完成後も仲間と一緒に活動していましたが、ツリーハウスをつくること自体に仲間のモチベーションは高く、そのプロジェクトは終了しました。

　2016年には、実家の敷地にあった農業用倉庫で「バー洋子」というコミュニティを立ち上げます。これは谷口さんと仕事仲間の女性が、地域の農家の人たちが一品ずつ持ち寄って、一緒に食卓を囲んだら楽しそうと始めた飲み会でした。洋子という名前は、この飲み会を一緒に考えた仕事仲間の名前が由来です。毎月第3水曜日の19時から出入り自由で参加は無料。各自が飲み物と一品持ち寄りで一緒にご飯を食べる「バー洋子」。最初は、近隣の農家の人たちが10名ほど集まってなんとなく交流ができればと思っていた谷口さんでしたが、SNSや口コミで宗像以外からも人が集まるようになり、最高60名ほどが集まることもあったそうです。このコミュニティは3年ほど続きました。

　「バー洋子」では、ただ集まって一緒に美味しいご飯を食べながら話すだけですが「みんなで何か一緒にやるだけで楽しいし、それが結果的に社会的なつながりの1つになる」と谷口さんは思いました。この考え方は、ツリーハウスから得た経験ともつながっていきます。

　「ツリーハウスプロジェクト」も「バー洋子」も、谷口さんがコミュニティを立ち上げるきっかけは「何か面白そう、楽しそう」ということでした。その活動の原動力は「自分が楽しいと思うことで他の人も楽しいと思ってくれる。そこに人が集まって、そこから何かが生まれる」ことであるそうです。

バー洋子から焚き火編集室へ

　2019年、コロナ禍で不特定多数の人が会食をすることが難しくなったことで「バー洋子」は一旦休止することになりました。しかし「バー洋子」のコ

ツリーハウスプロジェクト

ンセプトは、全く別の形で新しいコミュニティへとつながりました。2020年、谷口さんは「リトルムナカタ」のスタッフだった中村昌史さんと宗像経済新聞を立ち上げました。これは宗像市近郊でオープンした新しいお店や地域で活躍する人にスポットを当てた地域情報限定のWEBメディアです。編集長の中村さん、副編集長の谷口さんを中心に、地域に住む子育て世代の主婦や副業として関わる宗像在住者、中には、関東に住む地元出身者がフルリモートでコンテンツをつくっています。宗像経済新聞の取材を通じて宗像近郊の事業者とのネットワークができました。そこで谷口さんは、オンライン上のコンテンツが地域の人に愛されるものになるには、気軽に集まって話ができるリアルの場があった方が良いと考えました。

　その結果、コロナ禍でも人との距離を保ち、気軽に集まることができるコミュニティとして立ち上げたものが「焚き火編集室」です。これは、宗像近郊の事業者を中心に1回10人ほどが集まり、谷口さんの実家の庭で焚き火を囲んで話す場です。これも「バー洋子」と同様、何か特別なことをするわけではなく、同じ空間に集まって焚き火を囲み、各人がゆったりとした時間を過ごしています。話をする人、焚き火でマシュマロを焼く人、そんな仲間を見ながら話を聞いているだけでもいいのです。同じ空間にいるということが一体感を生み、集まった人々の関係性が深まると、深くゆったりとしたコミュニケーションが生まれます。このゆるいコミュニティの中で、集まった仲間同士で知り合いを紹介したり、新しいプロジェクトを始めてみたり、自然と地域のネットワークが広がっていくのだそうです。新しいプロジェクトの中には、参加した事業者がご自身の飲食店で「出張焚き火編集室」を実施して、地域とつながることもあったそうです。コロナ禍で人数が限られた「バー洋

「子」よりも深くゆったりしたコミュニケーションを谷口さんは目指していたコミュニティの理想だ、と振り返ります。「焚き火編集室」は、現在も活動を継続しながら、地域の人がゆるくつながるきっかけを提供しています。

シェアハウスでの焚き火

地域とつながりつづけるために

谷口さんがコミュニティを立ち上げてきた軌跡を辿ると、谷口さん自身が「何か面白そう、楽しそう」と感じた活動の延長線に、地域の人とのつながりができ、そこから地域とゆるくつながる人たちのコミュニティができていることがわかります。谷口さんにとって地域と関わることは「のどが渇いたからお水を飲む」くらい自然な欲求だと言います。ちょっと重い腰をあげるくらいの気持ちの人たちが増えることで、自分たちの地域が変わる、カリスマやスーパーマンがいないと成立しない地域活性はどこかで破綻するのではないか。谷口さんは、100万人に1人しかできないことより、100人に1人ができることをやり続けることが地域を良くすることにつながると考えています。

谷口さんの活動の原動力は「自分が楽しいと思うことで人が集まって、自分の想像していなかった何かが生まれること」だと言います。しかし、それ以上に、1万坪という広大な里山を良くしていきながら、ポジティブに次の世代につないでいきたいという気持ちが地域との関わりに大きく影響していると言います。子どもの頃はあんなに嫌だった田舎。しかし今では、自分のルーツであるこの土地を無理なく自然に即した形で活用したい、自分が育った場所をどうつないでいくか考えたい、という熱意が谷口さんの地域との関わりを支えています。

現在取り組んでいる里山活用プロジェクト

　最初に述べた通り、筆者は地域コミュニティとは、地域の課題解決に向けて情熱を注ぐ人だけが集まるものだと思っていました。しかし、谷口さんが地域コミュニティを立ち上げた経緯や活動を知ると、自分がやりたいと思うことを気軽に始め、ゆるく地域とつながれば良いのだということを実感させられます。地域課題ありきでコミュニティをつくるのではなく、ゆるいつながりでコミュニティを生み続ける谷口さんの活動。筆者のように地域とのつながりにハードルの高さを感じる人にも勇気を与えるのではないかと思います。

北川佳寿美

事例16

定年後に地域とゆるくつながる
―― ながはま森林マッチングセンター・
星の馬 WORKS・もりのもり | 滋賀県長浜市

琵琶湖の源流（高時川）のブナ林

1 　山を活かす、山を守る、山に暮らす

　「ながはま森林マッチングセンター（以下、マッチングセンター）」は総勢
5人の小さな任意団体です。滋賀県長浜市北部地域の魅力を発信するととも
に、森林や山村の資源を活用した就労を促進し、山村地域の活性化に寄与す
る取り組みを進めています。地方創生推進交付金を活用し、「山を活かす、山
を守る、山に暮らす」という都市交流モデル事業を県と市が連携して展開し
ています。

　長浜市は小谷城跡や黒壁ストリートなど歴史的景観で有名ですが、森林な
どの自然の資源にも恵まれており、マッチングセンターは豊かな資源の利活
用を担っています。

　マッチングセンターの事業内容は多様です。森林の魅力を伝えるためのハ

上：ながはま森林マッチングセンター、中左：ワークショップ：ナリワイとしてのグリーンウッドワーク、中右：奥びわ湖・山門水源の森現地交流会、下左：長浜市北部から竹生島を望む、下右：逆杉トレッキング

イキングや観察会などのイベント、山村資源を活かすためのワークショップ、山の保全や資源活用を行っている団体への森の道具の貸出し、山の保全活動や森林環境学習のサポートなど、地域活動リーダーの人材発掘や支援だけではなく、筆者のような自然を求めて訪れるビギナーでも参加できるイベントも主催しています。例えるなら「森林ワンストップ・サービス窓口」だと思います。

歴史と自然が豊かな滋賀県長浜市

長浜市は、滋賀県の北に位置する美しく豊かな自然環境に恵まれた地域で、琵琶湖はもとより、鏡湖と言われる美しい余呉湖もあります。北部山間部は近畿地方唯一の特別豪雪地帯で、林野庁が定める「ブナ・ミズナラ植物群落保護林」が広がります。

長浜の地名は天正年間に羽柴秀吉が「今浜」から改名し、小谷城下などの商人たちを集めて、楽市である城下町をつくったことに由来します。長浜城や小谷城跡、賤ヶ岳、姉川古戦場などの戦国時代を偲ばせる旧跡や、竹生島の宝厳寺、渡岸寺の国宝十一面観音をはじめとする数多くの観音が祀られる観音の里など、歴史的な観光資源も豊かです。

2　マッチングセンターとのゆるく心地良い関係

筆者とマッチングセンターの関わりは、「越境学習」がきっかけです。

筆者は企業（現在は滋賀県に住み、学校事務員として働く）で働いてきた会社員です。娯楽といえば、たまに職場の同僚と行く釣りやゴルフ程度の仕事が中心の平凡な生活でした。しかし還暦を前にしてリスキリングに目覚め、2019 年に社会人大学院である編者（石山）の研究室の門を叩きました。

石山ゼミは地域課題に熱心です。編著（石山）をはじめ、この本の共著者である多くのゼミ生や修了生が、地域で支援や取り組みをしています。しかし 60 歳手前まで会社組織の中だけで活動してきた筆者にとって、地域活動は

ハードルが高く、興味関心を持ちつつも踏み出す勇気がありませんでした。

定年まで働いた食品会社の仕事は人事でした。会社は創業家によるトップダウン経営が長く、業績が低迷していましたが、2016 年の経営体制刷新を機に社内改革に着手し、業績が向上していきました。

この社内改革を推進していく中で、人事として新たな人材育成手段の越境学習に関心を寄せていたタイミングで、一般財団法人 ALIVE の庄司弥寿彦代表理事から連絡をいただきました。ALIVE は社会や地域課題解決をテーマとした、越境型次世代リーダー育成プログラムを企画運営する団体です。

ゼミで地域活動に関心を持ちつつも、二の足を踏んでいた筆者はチャンスだと思い、越境学習の検証を兼ねて、個人で ALIVE による東京都墨田区のプログラムに参加しました。

その後 2022 年に食品会社を定年退職し、東京での単身赴任から滋賀県に戻り、ALIVE の関連団体で個人参加型プログラムを推進する 100DIVE 主催の滋賀県長浜市のプロジェクトに参加しました。

このプロジェクトは、3 つのチームを結成し、それぞれが地域おこしのプランを策定し、コンペによって勝利チームが選ばれます。勝利チームは提案したプランの実現に向けて、マッチングセンターの伴走支援を受けられるという、3 か月にわたる長期プログラムでした。

筆者は地域おこし協力隊員（現在は卒業）として長浜市に移住し、森から馬で木材を運び出す「馬搬」で森林資源活用を目指す、「星の馬 WORKS」の隅田あおいさんと同じチームになりました。我がチームは、星の馬 WORKS の事業化に向けたアイデアを練りましたが、チームは敗退しました。

チームは敗れましたが、このプロジェクトに参加し、地域に思いを寄せるたくさんの方々と関係し、プロジェクトが終わってもマッチングセンターや星の馬 WORKS と関わっていたいという思いが芽生えました。そうして今でもマッチングセンターや、センターの事業関連団体が企画する巨木やブナ林ツアー、トチの実拾い、森林浴リトリートなどのイベントに参加し、長浜と

100DIVE プロジェクト　　　　　　　　　　　トチの実拾い

関係しています。

　人見知りな筆者が自ら進んで地域とつながっているのは、窓口となっているマッチングセンターの橋本勘さんや、マッチングセンターを取り巻く団体の方々との、ゆるい関係が心地良いと感じているためですが、この感覚の理由を探るために、キーパーソンに話を伺いました。

3　ゆるい場をつくる人：橋本勘さん
——強い思いは、あまりない

　マッチングセンターで 2017 年から森林環境保全員として活動している橋本さんは、転校が多い子ども時代を過ごしました。そのため、いつも「途中参加」の意識がありました。ある時、転校直後に学級員選挙が行われ、誰も知らない橋本さんは、たまたま隣で話しかけてくれたクラスメイトに投票しました。その唯一投じられた 1 票が、隣の子に恥をかかせてしまったことが苦い記憶です。このように、幼いころから頻繁に感じたアウェー感や、ばつの悪い思い出が、他者の立場になって考えることを習慣づけたと橋本さんは感じています。

　あこがれていた小学校時代の担任が天文好きであったことから、大学は教育学部の地学専攻に入学しました。大学 3 年の分属では天文ではなく地質に進み、博士後期課程で大学を移って学位を取得し、特許事務所に勤務しました。しかし、生き馬の目を抜くような世界についていけず、疲弊していきま

した。

　そんな中、後に『奇跡のリンゴ』の映画で有名になる、農家の木村秋則さんの講演を聞く機会に恵まれました。自分が経験している社会のルールとは違うところで生きている人が認められるような社会になればいいなと願っていた時に、木村さんの講演を聴いたことが転機で、父の実家のあった長浜市に移住を決断しました。

　一世代飛び越したUターンを「孫ターン」と言うそうです。橋本さんは長浜市に孫ターンして農業法人で研修を受けつつ、休日には森林整備ボランティアを行っていました。そこでタイミングよく国の緊急雇用政策の「森林レンジャー」の募集を紹介されて、これに応募して採用されました。この森林レンジャーをきっかけに、その後も橋本さんは、次々と周囲から手を差し伸べられる幸運に恵まれます。

　森林レンジャーの仕事は3年限定でしたが、続いて長浜市から臨時の専門職として5年間の森林レンジャーの仕事の誘いを受けました。さらにその任期終了のタイミングで、レンジャーとして湖北で計画されたツアーのガイドスタッフの事前調査に同行したところ、偶然の成り行きで当日のメインガイドを任されることになりました。その様子がマッチングセンターの目に留まり、職員に就きました。

頑張らなくてもいい

　マッチングセンターでは、チェンソーや草刈り機の使い方などの山仕事の技能講習会、ブナ林やトチの巨木見学ツアー、廃鉱山の歴史や地質の調査・広報活動、馬と森を歩く森林浴リトリート、森で哲学を語る集いなど、様々な種類のイベントを数多く実施しています。こんなにも様々な活動を小さな組織で進めていますが、橋本さんは企画とは自分で引っ張っていくものではないと言います。

　橋本さんは、マッチングセンター企画担当として伴走支援に徹しています。だから自身はなにをするという明確な意思を示さず、「どう思う」と周りに

聞いて「あっ、それいいですね、じゃあ、やってみませんか」と声をかけます。こうした巻き込みが橋本さんのスタイルです。

　橋本さんは「自分には強い思いは、あまりない」と言います。「たくさんの人にお世話になり、渡りに船で助けてもらった人生。自分としてはそれで良かったと感じている。パッションが強すぎると、付き合う人を選んでしまうが、このように、ゆるい感じでやっているので、周りの人も火傷しない。パッションを持つことで、うまくいく人もいると思うんだけど、僕の場合は自分のパッションがそんな強くないから、いろんな人の話を聞けたりとか、いろんな人がいろんなことを言ってくれたりとか、気を許してくれるみたいなね」と語ります。

　マッチングセンターが 2016 年に立ち上がった当時のキャッチコピーは「次世代の働く場と定住できる環境づくり」でしたが、いまだ未達成です。コンサルタントに依頼し付加価値を生み出す取り組みを試みましたが、うまくいきませんでした。現在、マッチングセンターのキャッチコピーは「森と人とのまんなかに」に変わっています。

　マッチングセンターは、様々な企画を通して森と人をつなげ、そこから多様なコミュニティやプレイヤーが生まれています。マッチングセンターを核として新たに生まれた多様なコミュニティやプレイヤーの活動が、さらに多くの人々を森林資源につなげることができたなら、やがて「次世代の働く場と定住できる環境づくり」が達成されるかもしれません。

　橋本さんはそんな多様で広い関係の中から、色々なことをしたいという欲求を支援（橋本さんは「欲望形成支援」と言います）することを心掛けています。この「やりたい」という欲求が、むくむく起こるのを待って、それが醸成し自然と事が動いていく。強い意思じゃないから「頑張らなくてもいい」と橋本さんは語ります。「僕自身がそんな意思が強い人間じゃないっていうのがありますし、他者からの欲望で気付かされることとか、そっちの方が結果としてうまくいくな、みたいな。そっちの方が楽しいよね。（それが）正

ながはま森林マッチングセンター橋本勘さん

しいか正しくないかわかんないけど、こっちの方が、気持ちが和らぐ」と、橋本さんは言います。

橋本さんは組織の目的性が高すぎると排他的になるため、「組織はゆるい方が面白く、またゆるい方が遠くまで行けるような気がする」と言います。

4 マッチングセンターを取り巻く人々

長浜市では森に関わるたくさんのイベントが行われています。これらはマッチングセンター主体で進めるだけではありません。マッチングセンターの取り組みをきっかけに参加者がスピンアウトして誕生した部会や団体、さらに長浜市内外で個別に活動する団体など、マッチングセンターが支援する外郭的な組織が進めるイベントも数多くあります。

マッチングセンターには、県や市の職員、地域おこし協力隊や協力隊OBOG、地域活動団体、地域プレイヤー、資機材貸出し利用者、諸々の相談者など、入れ代わり立ち代わりで複数の人々が毎日出入りしています。そんな方々の中から、地域プレイヤーである地域おこし協力隊OGの隅田あおいさんと、地域活動団体代表の北川勇夫さんのお二人の取り組みを紹介します。

馬と家族のような暮らしを目指す：星の馬 WORKS【隅田あおいさん】

「星の馬 WORKS」は、馬とともに里山で暮らしていくことを模索するマッチングセンターの事業関連団体の1つです。代表の隅田あおいさんは、長浜市の地域おこし協力隊を経て、「白星姫」と「くれは」という2頭の馬たちと共に、長浜市に移住して暮らしています。

幼少期より馬が好きで、中学から乗馬クラブの手伝いをしながら乗馬を学

んだ隅田さん。大学卒業後に引退馬が余生を送る養老牧場に就職し、各地で馬と暮らしている人たちのもとへ足を運びました。

　隅田さんの夢は「馬と家族のように暮らしていく」ことです。そのためにはどのような仕事なら理想の関係を馬と築いていけるだろう。そんな事を考えて出会ったのが、山で伐採した木材を馬に曳かせて搬出する馬搬（Horse Logging）という仕事です。人では到底動かせないような重たい丸太を、馬が全身に力を込めて運ぶ姿に圧倒された隅田さんは、チェンソーや山仕事道具を車に詰め込み、東北・北海道へ馬搬の修行に旅立ちました。

　修行を終えた隅田さんは、地域おこし協力隊として長浜市に移住し、すぐにパートナーの馬を探しました。当初は青森県東通村で放牧されている、逞しい寒立馬を迎えたいと考えていました。寒立馬は近親交配を避けるため定期的に出陳されますが、2020 年末はコロナ禍にあったため出陳の目処が立たず、埼玉の牧場から寒立馬のような逞しい女の子「白星姫」（生後 1 歳半）を紹介されました。

　また馬は社会性の高い動物で、一頭だけでは精神的に安定しないので、飼育放棄された家畜の保護もしている牧場から「くれは」（生後半年）を妹として譲り受けました。隅田さんはこの 2 頭の娘たちとともに、長浜市北部の黒山という小さな集落で移住生活を始めました。

　森林リトリートなどのイベントは実施していますが、星の馬 WORKS の事業はまだ採算ベースには程遠く、馬との山仕事で生計は立ちませんが、隅田さんは星の馬 WORKS だからできる仕事を創造していきたいと願っています。

　馬の背に乗って揺れを感じたり、馬にブラシをかけ毛並みに触れたり、歩幅を合わせて散歩に行ったり、のんびり一緒に過ごして深呼吸することを思い出したり。馬と過ごす時間はたくさんの学びにあふれています。そんな学びを体感してもらえるような場をつくることが、隅田さんの夢です。

森と歴史文化を守り、次代につなぐ：もりのもり【北川勇夫さん】

　「もりのもり」は、長浜市木之本町金居原の土倉岳のふもとに残る巨木を

星の馬 WORKS

森林リトリート

白星姫とくれは

育んだ森を守る「森の守り」と、その森とともに地域の歴史や文化が継承されてきたことの「守りの森」の 2 つの意味を込めて設立したマッチングセンターの事業協力団体の 1 つです。マッチングセンターが土倉の森で行っていた活動と、巨木林の保全を継続させるために、北川勇夫さんが中心となって立ち上げました。

この地域にはトチノキをはじめとする 240 本を超える巨木の森があり、もりのもりは巨木の巡視やトレッキングツアーのためのルート整備を行っています。トチノキは急斜面に自生するため、安全に歩けるためのルートを開発し、川を渡るための橋を架けるなどの整備を行っています。また、明治 43 年から昭和 40 年まで操業されていた土倉鉱山の遺構を巡り、仕事や暮らしの歴史に触れるツアーも開催しています。

琵琶湖源流の森にはたくさんの山菜やトチの実やバイの実などの木の実が採れ、雪の多いこの地域では山菜料理が大切に食べ継がれてきました。この調理方法や味を保全、継承していくための料理教室なども実施しています。

この土地で生まれ育った代表の北川さんは、地元ガソリンスタンドの店長からキャリアをスタートし、アパレル業コンサルティング企業、地域工務店などで働いてきました。

地域工務店は国産材を使った家づくりにこだわった企業で、そこでお客様に森林資源の大切さを説明してきたことで、自らも地元の森林の大切さに気づき、この活動に取り組むことになりました。

さらに、北川さんは 2023 年から一般社団法人 MORITOWA（もりとわ）という法人を立ち上げました。MORITOWA は、森の中で子どもたちが安心して自然体験ができる遊び場「音羽の森ジョイパーク」の整備や、地元で採れる香り高いクロモジという植物を使ったクラフトビールやサイダーの販売などを計画しています。

上左：もりのもりの北川勇夫さん（右から3人
　　　目）
上右：もりのもりでの土倉鉱山歴史探訪
左：MORITOWA での川の遊び場づくり

5　　地方は元気なシニアのサードプレイス

　長浜市では、地元で活動する方々が様々なイベントを数多く実施しており、気軽に参加することができます。これらイベントへの参加を通して、地域で活動する方々と出会いました。

　日本は世界に誇れる長寿国です。今どきのシニアである筆者は、還暦を超えてなお元気ですし、労働意欲に変化はありません。しかし、日本型の労働慣行や制度が残る会社組織は、シニアに対する処遇が還暦前後で大きく変わるので、多くのシニアの働くモチベーションは下がり気味であると感じています。

　一方で人口減少著しい地方は、課題が山積していますが人材が足りませ

ん。副業や越境で地方課題へ取り組み、スキルアップしながら地方創成に取り組んでおられる方々もたくさんいらっしゃいますが、まだまだ少数です。

　ここでシニアの出番ではないでしょうか。筆者は十分に元気なので、今からでもトラクターや草刈り機（加えて長浜では除雪機も）の操作を習得できる自信があります。チャレンジすれば、地方で農業や除雪のお手伝いができるんじゃないかと思い、ワクワクしています。

チェンソーに挑戦する筆者（左）と、小学生以来の旧友（右）

　地方の空き家の増加も課題ですが、筆者は自然豊かな場所の空き家を賃借して、シェアハウスや民泊として再利用できるように DIY でリノベーションし、管理人として、冬の夜は薪ストーブの前で、春夏秋の夜は小さな焚火を見て過ごすことを夢見ています。

　筆者は、この壮大な夢の実現に向け、「地方は元気なシニアのサードプレイスだ」という仮説を立てて、20 年ぐらいの予定で実証実験中です。

八代茂裕

医療をもっとカジュアルに語りたい
—— 医カフェ・CoCo-Cam｜青森県弘前市

発起人メンバーの 5 人（左から米谷さん、佐々木さん、白戸さん、九鬼さん、山村さん）

1　医学生が経営するカフェの誕生

　青森県弘前市といえば思い浮かぶのは、毎年多くの人が訪れる弘前城の桜、そして生産量が日本一のリンゴ。その弘前には、もう 1 つの特徴があります。それは学生の割合が非常に高いことです。

　人口 17.5 万人のうち、約 1 万人が高等教育機関に通う学生。人口に占める学生割合は 5.3%（2017 年）。全国平均の 2% を大きく上回っています。

　弘前市には国立大学である弘前大学をはじめ、7 つの大学、短大などの高等教育機関があります。しかも、そのうち 2 つは医療系の学校です。弘前大学にも医学部があるため、学生の中でも医療従事者を目指す学生が多いことが特徴なのです。

医療をもっとカジュアルに

2021 年 4 月、このまちで「医学生が地域住民と医療の架け橋となる」をコンセプトに掲げたカフェが誕生しました。その名も「医 Café SUP ?」（医カフェ）です。SUP ? は、英語で挨拶代わりによく使われるフレーズ「What's up ?（やあ、元気？）」の後ろ 3 文字をとっています。この名前が示すように、悩みごとや心配がある人が気軽に立ち寄り、「最近どう？何かあった？」と気軽に話せる場を目指しています。

健康に生きること、は誰もが願うことです。そしてそのためには病気になる前の予防が重要と言われています。しかし、「病気ではないが健康でもない状態」、いわゆる未病の状態で病院に行くことは、なかなか敷居が高いことが現状です。そんな中で、日常的に医療について気軽に話せる場があったら、という思いからこのカフェはオープンしました。弘前大学医学部の学生 5 人が発起人の「学生団体 CoCo-Cam」（CoCo-Cam）の最初の事業です。カフェの開業資金はクラウドファンディングで集めました。

CoCo-Cam は、医カフェの運営以外にも、医学生であることを活かし、地域住民への医療啓発、プライマリ・ケアの普及促進など、地域と医療をかけあわせた様々な活動を行っています。

この事例で取り上げるのは、この医カフェを立ち上げた初代代表の白戸蓮さん（健生病院、初期臨床研修医）、そして白戸さんから代表を引き継いだ佐々木慎一朗さん（弘前大学医学部 4 年生）のお 2 人のストーリーです。

2 　筆者 2 人と CoCo-Cam との出会い

「人」を見る医療の実現を目指して

筆者の秋田が白戸さんと初めてお会いしたのは、2022 年 11 月に青森県弘前市で行われた石山ゼミの合宿でした。地域コミュニティの研究のためにコラーニングスペース HLS 弘前（HLS 弘前）を訪ね、医カフェ創設について白

戸さんのお話をお伺いしました。

　白戸さんは、幼少期から医カフェ立ち上げに至るまでの自身のキャリアにくわえ、縦割り医療の問題点とご自身の目指す医療像について熱くお話されていました。健康には生物学的な要因以外に、貧困による食の質低下や労働環境によるストレスなど様々な社会的要因が関わっています。病院でどれだけ良い治療が施されたとしても、そうした人の背景を見ずして個人は健康を維持できない。そしてその人の社会的背景から病気を見るためには、社会のつながりをいかにつくっていくかが大切だというお話でした。

　このお話を伺った時に、食の仕事に携わっている筆者の頭に浮かんだのは「食医」という言葉でした。東洋における食文化の1つに、薬と食は同じ源であるという「薬食同源」の思想があります。古代中国では医師は4つのランクに分けられており、食事指導をして未病を治す医師「食医」が最も最高位とされていました。白戸さんの語る、患者の生活に介入し食生活を含めた患者の行動変容を促すことこそが、患者により価値のある医療を適切に提供することにつながるのだと感銘を受けました。

　白戸さんの目指す医療は、「治す」という医療に加えより豊かな人生を送るための人の体と心を「培う」医療と言えるでしょう。白戸さんが語る、患者さんの背景を見つめ、患者さんの生きる世界を念頭に置きながら共に健康のために伴奏してくれる医師の姿は、患者のメンターのように映りました。そしてそうした医療が自身の生活地域にあれば、どれほど心強いだろうと、胸を打たれたのです。

地域の未来を変える若き起業家

　白戸さんからご紹介いただき、まずはオンラインミーティングで佐々木さんとご対面しました。エネルギッシュで、理路整然と淀みなく語る佐々木さんのパワーに、オンライン上にかかわらず筆者は圧倒されました。

　お話を伺う中で鮮明になったことは、佐々木さんは、ご自身が登る山がどこにあるのかという視点を明確に持っているということでした。山は地域住

民と医療現場から見る医療のギャップを埋めることにあります。そして医療
のギャップをなぜ埋めたいのかという信念が、佐々木さんを医カフェ立ち上
げから Coco-Cam 創設に至るまでの道のりを突き動かしていました。佐々木
さんは、社会的インパクトを高めるために、自身のコミュニティの文化を言
語化し魅力を伝えて、周囲を巻き込んでいました。

　好奇心とパワーにあふれ、周囲の先輩に臆せずに意見し、さらに苦労やネ
ガティブな経験を、ユーモアを持ってポジティブに語る佐々木さん。CoCo-
Cam だけにはとどまらず、今後さらに社会を変える可能性を秘めていると感
じました。

医療のあるべき姿のビジョンで周囲を魅了する

　筆者の平田が白戸さんに初めてお会いしたのも共著者の秋田と同じタイミ
ング。HLS 弘前での白戸さんの講演でした。その時に印象深かったのは、「恵
まれている、だから進路で悩んだ」と自身について語っていたことでした。

　どういう思いで CoCo-Cam を立ち上げたのか、最初の事業である医カフェ
をどのように運営しているのか、20 分ほどの講演でした。

　「普通の家庭に育ち、きちんと教育も受けさせてもらい、何不自由なく育ち
ました」。目の前にいるさわやかで感じのいい青年が、恵まれていると認識す
るに至った経験には何があったのか、何らかの非常に濃い体験があったのだ
ろう。筆者はとても気になりました。

　講演の後半では、臓器ごとに診療科の縦割りになっている問題を白戸さん
は説明しました。そして「臓器ではなく人を見る医療ケアを行いたい」と、
日本ではまだ新しい総合診療科を将来の進路として目指していました。その
ような診療科の存在は、その場の誰も知りませんでした。筆者も過去に体調
を崩した際に、どこの診療科にかかったらいいかわからず悩んだ経験があり
ました。その時にこんな医師がいたらよかったのに、と白戸さんを見て思い
ました。

　同じように感じた人が多かったのでしょう。講演が終わった後、みんなが

上：HLS弘前で講演中の白戸さん
下：講演後二次会でゼミ生に囲まれる白戸さん

　白戸さんを取り囲み、質問しました。その後、居酒屋でのゼミ生の打ち上げにも快く足を運んでいただき、そこでも白戸さんは大人気でした。話しを聞けば聞くほど、「短命県の青森を何とかしたい」と熱く語る白戸さんに、みんなはすっかりファンになっていました。

才能溢れる強いリーダーシップで周囲を引っ張る

　そんな白戸さんから代表を引き継いだ佐々木さんに、最初にお会いしたのはオンラインミーティングでした。白戸さんと佐々木さんのお2人への取材でしたが、ほとんどの質問には現在代表を務めている佐々木さんがテキパキと答え、その姿を白戸さんがニコニコと温かく見守っていたことが印象的でした。

その後、佐々木さんへの単独取材で今まで
のキャリアをお聞きしました。成績優秀で小
学校から弘前大学の付属小学校に進学し、個
性的な子どもが集められるクラスで学んでい
たこと。ガキ大将でクラスのみんなを引っ
張っていたこと。書道で何度か全国的な賞を
もらっていること。CoCo-Cam 以外にも幼い
頃から地元紙に取材される有名人であるこ
と。CoCo-Cam とは別の起業をしていること、
などなど。

佐々木さん（左）の出店イベントの
応援に訪れた白戸さん（右）

　他の CoCo-Cam メンバーは、白戸さんと
佐々木さんを比較して、次のように語ります。
「白戸さんはともかく優しい。対話を大切にし、こちらの話をとことん聞い
てくれる。何をしたいかを引き出してくれるリーダー。一方で佐々木さんは
こっちの方向に行くよ、とみんなをぐいぐい引っ張るタイプのリーダー。2
人ともすごいリーダーですが、全くタイプが違いますね」。

　共に素晴らしいリーダーである2人ですが、タイプは全く異なっているの
です。そんな2人は、それぞれいったいどんなキャリアを歩んできたのでしょ
うか。

3　ゆるい場をつくる人（初代）：白戸蓮さん
——医学部では学べない社会的テーマを追求したい

　白戸さんは青森県八戸市で中学教師の父親と専業主婦の母親のもとで育ち
ました。小学校から高校までずっと、地元八戸市の公立学校で学びました。
　「ともかく同じことを何度も繰り返す子どもだった」。幼い頃、どんな子ど
もだったか尋ねた際に、白戸さんが母親から言われた言葉です。大好きなト
ミカやプラレールを何回も並べ直す。アニメの『千と千尋の神隠し』のビデ

オを1日中巻き戻しては観る。納得するまで同じことを集中して繰り返す子どもだったそうです。幼児教育で有名なモンテッソーリ教育でも、幼児期には同じことを何度も繰り返す「集中現象」で集中力を学び、自分らしさを形づくっていくといいます。こうと決めたら集中力を持って突き進む白戸さんの原点は、この幼児期にあるのかもしれません。

その後、地元の小学校に入学します。いつの時代も小学生のヒーローは「駆けっこが早くて勉強ができる子」と決まっているが、自分はそういうタイプではなかった、と白戸さんはいいます。走るのは中の上で普通より少し早い程度。成績は悪くなかったものの、算数の筆算での計算や九九のような、「ただ覚える」勉強がとても苦手だったそうです。

どうしてそうなるのかを理解ができないまま、マニュアルをそのまま暗記することに強い抵抗がありました。普通の小学生とは少し違っていたのかもしれません。クラスのみんなはそのまま言われたことを受け入れているのに、なぜ自分はできないのか。それは幼い白戸さんにとって最初に挫折感を味わった出来事でした。

一方で、物事を分析し、どうしたらうまくいくか試行錯誤しながら答えを探すことは得意でした。たとえば、毎年学校で開催される体育イベント。運営を先生から任された白戸さんは、どうしたらみんなが来てくれるのか頭をひねりました。そしてチラシを配ったり、校内放送で呼び掛けたり、イベント担当全員が1人5名以上の友達に声をかけてそれを広げていくなど、あらゆる手法を実際にやってみたのです。このように机上で考えるだけではなく、実際にすぐ行動に移してみて検証してみるところも白戸さんの幼い頃からの強みです。結果、当日は予想を超える人数が体育館に集まり、大成功を収めました。

また、低学年の頃からずっと運動会のリレー選手になりたかった白戸さんは、6年生になり、その夢を果たします。お父さんに朝練に付き合ってくれと懇願し、親子で毎朝練習した甲斐あり、とうとうリレー選手に選ばれるとい

う快挙を成し遂げたのです。前の年に選ばれずに家で悔し泣きをしていたという白戸さんにとって、それはどんなに嬉しいニュースだったことでしょう。

　しかし、すぐに事件が起きます。選手に選ばれ、より一層練習に励んでいた白戸さんは練習中に転んで鎖骨を折る大怪我をしてしまいました。全治1か月の大怪我でした。結局、そのおかげであんなにも楽しみにしていた運動会で走ることができませんでした。小学校時代は様々なことに熱中し、挫折と成功を交互に繰り返し過ぎていきました。

　中学に進学した白戸さんは、今度はテスト問題の予測に熱中します。授業中に先生がテストでここを出すといった箇所について、実際に出したかどうか分析を行い、先生ごとの確率も出しました。そのように物事を分析し、成功の型を見出していくことが、相変わらず得意でした。

　大好きな生物や日本史の授業では、テストに出るかどうかに関係なく、授業中に知りたい問いがたくさんあふれ出てきました。問いを書き溜め、授業が終わった後にまとめて先生に質問にいくことが常でした。興味あることにはとことん向き合い、追求するという白戸さんらしさの片鱗がここにも見受けられます。

高校進学で感じた社会的格差

　高校生になり地元の進学校に入学した白戸さんは、クラスの友達の家庭に偏りがあることに気付きます。小中学生の時にクラスに何名かいた、シングルマザーの家庭は見当たらず、親の職業も学校の先生や医師が多く、似たような属性の家庭で育った人たちが集まっているように感じました。高校の友人の家庭は、小学校や中学校の時に一緒に遊んでいた友達の家庭とは明らかに異なっていました。

　もしかしたら、自分や今ここにいるクラスメイトたちは恵まれた家庭に育ったから、ここに来ることができているのかもしれない。同じような能力や志向を持っていても、親の職業や経済的状況によって同じ選択ができない人がいるのかもしれない。そう感じ始めた白戸さんは、テレビのニュースや

新聞、YouTube などでも社会的格差の問題に関心を持つようになりました。

医師になりたいと進路を定めたのも、ちょうどその頃でした。高校 1 年生の秋、卒業した先輩の講演会がありました。皮膚の難病の研究に取り組む玉井克人先生（大阪大学医学系研究科・寄附講座教授）の講演でした。玉井先生は水ぶくれやただれが全身に広がる「表皮水疱症」という遺伝性難病の治療法を探す研究をしています。玉井先生の研究のきっかけは、研修医の頃にそのような患者さんに出会ったことでした。生まれながらに難病を患う人々を救う、その研究に白戸さんは心打たれました。

世の中には、その人自身が悪いわけではないのに、遺伝的な要素や、住んでいる地域、親の収入、そういう自分以外の要因で同じスタートラインに立てない人たちがいる。高校生になってから漠然とそのようなことに疑問を感じていた白戸さんは、様々な人を救うことのできる医師になることをそこで決意しました。

医学部に進学して感じたモヤモヤ

受験勉強の末、夢見た医学部に進学した白戸さんは、すぐにモヤモヤにぶち当たります。大学での学びは予想以上に受動的学習が多く、知識を詰め込む職業訓練学校的な要素が強かったのです。そんな学びに疑問を感じ、すぐに「弘前医ゼミに参加する会」(医ゼミ) のサークルに入ります。健康には医学だけでは救えない社会的な要因が大きく影響しており、将来医師を志す者として、そういった学校では学べないテーマをもっと追求してみたかったのです。

医ゼミは、自主ゼミ形式が特徴的なサークルでした。座学で誰かに教えてもらうのではなく、自分たちで設定したテーマを調べ、みんなでディスカッションする、自主性を重んじる形式でした。自ら考え学びながら答えを探していくスタイルを身に着けていた白戸さんにとって、まさにうってつけの場所でした。

その後、白戸さんは、大学 2 年から 4 年までの 3 年間、医ゼミで部長として

みんなを取りまとめることになります。ここでのリーダー経験が CoCo-Cam
での運営にも活かされているそうです。

　たとえば部長になった 2 年生の時にまずやったことは、サークルの新歓イ
ベント企画。ここでテレビ番組「情熱大陸」にも取り上げられた有名な救命
医である、今明秀氏の講演を企画しました。青森県出身の医師であり、山間
部の過疎地で勤務していた時に患者を救えなかった経験から、行政に働きか
け、2009 年に八戸にドクターヘリ体制を確立させた、著名な医師です。

　結果、当時部員 5 名のサークルの新歓イベントに、なんと 150 名の学生が
集まりました。そして、部員は一気に 20 名以上に増えていきました。新歓イ
ベントは大成功を収めたのです。

　ただ、もちろん多くの人が集まれば価値観も多様になってきます。サーク
ルで毎週自主学習を行う中で、少人数の時とは違い、おたがいの学びたいこ
とが少しずつずれていくという課題も起きてきました。部長としてそれらに
向き合っていく中で、白戸さんは組織をいかに動かすかということを学んで
いきました。

　そんな積み重ねで、最初に入った時には 5 名だったメンバーは白戸さんが
部長をバトンタッチする 3 年後には 30 人に増えていました。そして、共に学
び志を同じくする、医ゼミメンバー 5 人で、CoCo-Cam はスタートしたので
した。

4　ゆるい場をつくる人（2 代目）：佐々木慎一朗さん
──遊びの天才ならではの実行力

　人々が、神が宿る山として崇めてきた青森県弘前市のシンボル岩木山。佐々
木さんはその岩木山の麓で生まれ育ちました。佐々木さんは子ども時代を振
り返り、「ただの野生児ですよ」と語ります。そんな子ども時代の佐々木さん
は、見るもの全てになりたかったそうです。幼少期には絵本で見た世界を救
う消防自動車に。東日本大震災が起こった時には気象予報士に。そしてその

中の1つに医師も含まれていました。一見ばらばらに見える職業ですが、共通点は人を救うこと。そんな見るもの全てになりたいという感覚は、大人になった今もあまり変わっていないそうです。

　小学生時代には書道で文部科学大臣賞を4回取るなど、地元新聞紙面を度々飾っていた佐々木さんですが、小学生時代は手がかかった子どもだったのではと振り返ります。佐々木さんは成績も優秀なうえに、俊足。しかし3年生の時には友人10人程を引き連れ、昼休みに学校を抜け出して川に遊びにいき、校長に叱られるガキ大将でもありました。

　佐々木さんの通う弘前大学付属小学校には、1組から3組の普通クラスに加え、飛びぬけて何かに秀でている5、6年生が集まる「5、6の4組」というクラスがありました。佐々木さんはその4組に所属していました。個性豊かな子どもたちが集まる4組では日々様々なことが起こります。教室内で野球をしてテレビを倒してしまう子。授業中に抜け出してパソコンに熱中する子。一見すると無秩序にも思える光景ですが、佐々木さんは当時は自分たちでルールをつくり、楽しみを創造していたと振り返ります。

　中学校は弘前大学の付属中学校に進学した佐々木さん。中学校でも学年1位の成績を取り、先生の推薦を受けて生徒会長にも選ばれます。しかし同時に遊ぶことにも手を抜きません。後に医カフェやCoCo-Cam立ち上げを成し遂げる佐々木さんの秀でた実行力は「遊ぶこと」から培われてきたと言えるでしょう。

個性を認め合う出会いの中で

　勉強と同時に遊ぶことにも力を注いできた佐々木さん。高校に入り世界は勉強一色に染まりました。進学した高校では、卒業後は東大か東北大学医学部に進学することが、唯一の正解という世界でした。佐々木さんは、弓道部での活動や中学生から出場していた競技科学大会など勉強以外の楽しみを数多く持っていました。しかし勉強するという正義を押し付けられ逃げ場を失う感覚を覚えます。そうした中でも高校に通い続けられた背景には、幼少期

弘前大学の図書館で佐々木さんと筆者ら
（左から秋田、佐々木さん、平田）

から佐々木さんのやりたいことを尊重し続けてくれた両親の存在がありました。自宅から最寄りのバス停まで1時間かかってしまうこともあり、毎日学校まで送り迎えをしてくれた母親の姿は、勉強だけの世界に戸惑う佐々木さんの背中を押し続けてくれたのでしょう。

　高校卒業後は弘前大学医学部に進学します。中学生の時から東北大学の医学部で脳神経に携わることが1つの選択肢であった佐々木さん。入学後に目的を見失います。しかし遊びの天才である佐々木さんは、ここでも楽しむことを次々に見つけていきます。ここに至るまで佐々木さんは、全ての遊びを本気で取り組んできました。中学時代は生徒会長という遊び。高校時代は勉強という遊び。そして現在は医カフェ、CoCo-Cam という名の遊びです。本気で遊ぶ佐々木さんの姿が、周囲の人を魅了するのでしょう。

　佐々木さんの大きな出会いの1つに、白戸さんとの出会いがあります。佐々木さんは当時の白戸さんを、自身のリーダーの理想像のような人だったと語ります。佐々木さんは白戸さんとどのように出会い、医カフェ立ち上げに至ったのでしょうか。

5　仲間と共にビジョンを実践する

　CoCo-Cam のルーツは白戸さんの大学時代の飲食店アルバイト経験にあります。昼間は勉強やサークル活動で忙しかった白戸さん。入学してすぐに、深夜営業のラーメン屋やバーなどの飲食店でアルバイトを始めます。そこで普段接することのない人たちと会話したことが、こんな活動があったら世の

中のためになるのではないか、と考えるきっかけになっています。

　たとえば、朝4時まで営業しているラーメン屋でのアルバイト。自分の店を店じまいした後にやってくる人。何軒も店をハシゴし散々飲み明かした農家の人。酔いが回った人々が最後の締めに店を訪れました。そして、白戸さんが医学生だと知ると、みな口々に病院や医師に対する不満や不安を話しました。

　「病院に行きたくても土日や夜に営業していないので行けない」「お医者さんを前にすると、緊張するし、話しにくい」「病院で実際に嫌な思いをしたことがある」。どの人も病院や医師に対しての、恐れや億劫さを抱いていました。この人たちはきっと病院には来ないだろう。話を聞けば聞くほど、白戸さんは確信しました。一方で、まだ医師ではない白戸さんには、それぞれが忌憚ない意見をぶつけてきてくれることに驚きを覚えました。

　「この前健康診断受けたけど、これ、どうすればいいんだ」と質問されたり、自分が病院で受けたマイナスの経験を引き合いに出し「お前はこんな医者になるなよ」と叱咤激励してくれたり。みな一様に、白戸さんの前で心をひらいてくれたのです。

　もしかしたら、フラットに話を引き出すことができる医学生だからできることがあるのかもしれない。健康診断の結果が悪いにもかかわらず病院に行くかどうか迷っている人たち、実際に不規則な夜の仕事のため昼間の通院が難しそうな人たち。この人たちに対し、もっとひらかれた休日も対応できる、健康や医療の話ができる場をつくりたい。医学生の立場ならそれができるのではないか。白戸さんはそう考えたのです。

案を形にできた経験者の存在

　早速、構想を練り始めました。その時に何度も意見をもらったのが、第2章の事例である HLS 弘前の辻さんです。HLS 弘前には何度かイベント参加で出入りしていました。当時サークルのリーダーでコミュニティ活動や組織づくりに興味を持っていた白戸さんにとって、そこで行われているイベント

はどれも興味深く学び多きものだったからです。そこで辻さんと出会いました。

　構想をきちんと世の中に通用する形にするには、世の中の仕組みを知っている経験者の存在が必要でした。そこで、辻さんに何度もディスカッションの壁打ち相手になってもらったのです。どうしたらいいか悩んだ時、いつも辻さんは耳を傾け、「じゃあ、こうしたらいいんじゃないかな」と、毎回適切なアドバイスをしてくれました。教師から転じ知らない土地で地域コミュニティを立ち上げた辻さんの経験から学ぶことは、たくさんありました。

　その後、弘前大学が毎年起業家育成のために実施しているイベント「弘大じょっぱり起業家塾2020」にビジネスプランを提出。白戸さんは見事、最優秀賞を受賞。その塾でも色々なアドバイスを受けたのち、医ゼミで活動していた4人の仲間と共に医カフェを2021年4月にオープンさせたのです。

異なる才能を持つ仲間を集める

　仲間集めにはこだわりがありました。最初は1人でやった方がいいよ、というアドバイスも周囲から多かったそうです。確かに事業スピードなどの効率を考えれば1人か、せいぜいパートナーを見つけて2〜3人でやる方が効率が良いと思いました。しかし組織運営を学んでいきたかった白戸さんとしては、効率が悪くとも、ある程度の規模の人数で事業をスタートしたいという思いがありました。また、医学生がやることに意味があるということを考えれば、もうすぐ卒業してしまう自分の後を継ぐ存在を確保しておきたいということも念頭にありました。

　最終的に、医ゼミで一緒に活動していた後輩4名に声をかけました。2つ下の学年の米谷隆佑さん、九鬼朝美さん、山村悠介さん、4つ下の学年の佐々木さん、でした。どんな基準で選んだかといえば、対話がしっかりできる人であること、なるべく白戸さんとは違うタイプであること、この2点でした。正解がない中で活動をしていく過程では、先の見えない試行錯誤が発生します。そんな中でやっていくには相手と対話できる能力が大切だと考えたから

です。また、異なる人が集まることで、おたがいに強みを発揮し補いあえるのではないか、と期待しました。

米谷さんは白戸さんといちばん付き合いが長く、詰め込み式の医学部の学びに疑問を持つ、まっすぐでピュアなタイプ、山村さんは部活のキャプテンなどのリーダー経験がありムードメーカータイプ、九鬼さんは忖度なく発言できるタイプでした。

そして最後に佐々木さんです。当時1年生ながら、上の人にも物怖じせず発言し、正しいは正しい、間違ったことは間違っていると指摘する鋭さに白戸さんは感銘を受けたといいます。また、受験を終わったばかりの1年生の多くはまずは遊びたいとなるところが、佐々木さんは6年間でどうやったらいちばん成長できるかということを考えていました。白戸さんは、そんな佐々木さんは稀有な存在だと感心したそうです。

地域の人をもっと知りたい、5人だからできた地道な活動

まず5人で徹底的に地域に住む人たちの生の声を聴いてまわりました。地元の温泉に足を運んだり、スーパーマーケットを訪ねたり、時には早朝に雪かきをしている商店街の人に声をかけたり。そんな泥臭いことを積み重ねました。温泉の効果を扱った論文をわかりやすくまとめ、医学的な目線で説明をしてみました。スーパーマーケットでは、「医学生が健康相談にのります」というポスターを貼り、無料で健康相談もしてみました。

医療を通じて世の中に貢献したい。そういう思いがあって医師を志しました。しかし、医学の勉強はしているものの、将来患者さんとなる地域の人たちのことを自分たちは全然知らない。どんなことに困っていて、自分たちは何を手伝えるのか、もっと追求したい。根底にあった思いは5人とも同じでした。

こうして立上げまでの半年は、毎日顔を突き合わせての議論が続きました。夢中になって気付いたら朝になっていたこともあったといいます。授業とアルバイトの傍ら、そこまで頑張れたのは、学年も異なり意見も様々なメ

医カフェの店内の様子

ンバーで喧喧諤諤と議論していくのが、単純に楽しかったからだ、と佐々木さんは笑顔で語ります。また、5人いたからこそ、それぞれの得意分野を発揮し合い補い合い前に進めた、と白戸さんもうなずきます。

開店に必要な資金 100 万円はクラウドファンディングで集めました。同級生はもちろん、その親からも寄付が集まりました。最終的には目標を大きく上回る、150 万円を集めることができました。

急速に進んだ組織としての形づくり

オープンして半年。自分たちで SNS 発信を行い、様々なメディアにも取り上げられ、医カフェは連日大繁盛となりました。大成功です。当初想定していた医療相談以外にも、医学部を目指す学生が受験の相談に訪れたり、応援してくれる人が立ち寄ってくれたり、医療関係者同士が集う場になったり、いろいろなニーズがあることもわかりました。しかし、勉強との両立は過酷でした。医学部での勉強の傍ら、5人でシフトを組んで料理や接客をするには限界がありました。

そこで、5人は話し合い、2021 年 10 月からメンバーを増やすことを決断しました。今度は学生であれば医学部以外にも門戸を開こうと考え、学内で募集告知をしました。そして応募者全員と面談した結果、10 名が新たなメンバーとして加わりました。ここで、CoCo-Cam は 15 名の大所帯になりました。

しかし今度は別の問題が起きます。シフトは楽になりましたが、15 名での意思疎通は今までと同じやり方では難しかったのです。そこで、今度は組織体制を構築することを決断しました。カフェ、企画、財務、マーケティングと、4 つの部門をつくり、それぞれにリーダーを置いたのです。これらの意

志決定は発起人の 5 人が平等に発言権を持ち、その都度話し合いながら決めていきました。時間はかかりましたが、こうやって目線をあわせていくことで徐々に組織として強くなっていきました。

そして、その半年後の 2022 年 4 月にはさらに 10 名のメンバーを増やしました。現在では 25 名が CoCo-Cam に所属しています。15 名から 25 名になったタイミングでは、佐々木さんの発案で人事部門を新たにつくりました。

さらに 2023 年 4 月には組織としての目指す方向を定義した、MVV（ミッション / ビジョン / バリュー）をつくりました。5 人でスタートした時は、アドレナリンが出ている状態で乗り切れたけど、この規模になるとみんなで目線をあわせするものが必要だったのです。組織の競争力を計る「3P 分析（Customer（顧客・市場）/Competitor（競合）/Company（自社）」などの戦略分析手法を使い、自分たちの立ち位置や強みを分析し、それを元に全員でグループワークを行いました。そこで出た言葉を全部投入し、ChatGPT も活用しました。こうして短期間の間に組織としての形がつくられていきました。

その後も進化は続きます。2023 年 7 月には、新しく「NPO 法人 ココキャン」を発足させました。学生団体とは別に、NPO 法人をつくったのです。これにより、学生団体を卒業して医療従事者となった人たちも一緒に活動できるようになりました。今後 NPO 法人では、地域、行政、アカデミックなど、さらに多くのステークホルダーとの関係を深め、より影響力のある取り組みを目指していくつもりです。

医学生が学ぶ場としての CoCo-Cam

こうして組織が強固になっていくにつれ、白戸さん、佐々木さんの教えを受けた後輩たちが運営主体者として活動するようになってきています。日々の運営はかなり任せられるようになってきました。

その 1 つ、2023 年 10 月に行われた弘前市主催の健康イベント「医食動源フェスティバル」で、後輩である野々山航士さん、須田智慧さんが出店していました。2 人は白戸さんが部門長を務める広報部門に所属しています。当

日はブースを出し、健康に留意したスムージーを来場者の目の前でつくって販売していました。

　野々山さんは白戸さんが 6 年生の時に入学し、ずっと一緒に活動してきたメンバーです。中高と 6 年間弓道部で部活に明け暮れていましたが、大学に入り、なにか全く違う新しい経験をしたいと CoCo-Cam に入りました。その願いは十分にかなっているそうです。地域医療に対して医学生ができることを、企画からみんなで考え実際に実行していく過程が何よりとても楽しい、といいます。

　また、現在の代表佐々木さんが行政や各種団体へ企画提案する場面に同席させてもらうこともあり、その立ち居振る舞いがとても勉強になるといいます。CoCo-Cam では患者さんとの向き合い方やリーダーシップなど、将来医師として働く上での学びが多いと考えています。将来は救命医を目指しています。

　須田さんは歯科衛生士として 9 年間働いた後に、医学部に入学しました。働いていた当時は、予防歯科診療所に勤務していました。患者さんの困りごとを聞く機会が多く、その時に歯だけではなくその人の生活全般を見て健康アドバイスを行う必要性を痛感していました。白戸さんと同じ総合診療科の医師を目指しています。

　また、茨城県の過疎地に育ち、実家近くで地域医療にも従事していた経験から、地域医療の難しさを何とかしたいと考えており、CoCo-Cam の活動に興味を持ったといいます。これからも CoCo-Cam のイベントで地域の人たちと触れ合うことで、地域で医師がどう役に立っていけるか考えていきたいそうです。

　始めた時はこんなに長く続くと思わなかった、と笑う白戸さん。それだけ医学生がこのような場を必要としていたのだと後輩たちの話を嬉しく感じています。医ゼミの代表をしていた当時から、白戸さんのいちばんの幸せは自主的な学習によってメンバーが学びを深め達成感を得て成長していく姿でし

上左：スムージーのつくり方を子どもに教える
　　　佐々木さん
上右：イベントで接客中の野々山さん
左：イベント対応中の白戸さん率いる広報部門
　　メンバー（左から野々山さん、白戸さん、須
　　田さん）

た。今後も CoCo-Cam で、野々山さんや須田さんのような後輩たちが育って
いくことを願っています。

6　全国に医カフェができていく未来

　前述したように、青森県は日本一の短命県です。その青森で医療関係者が
協力しあい、地域の人の健康に寄与していく連鎖をつくりたい、と白戸さん、
佐々木さんは考えています。そのための仕組みが CoCo-Cam であり、NPO 法
人です。縦割りになりがちな医療の世界ですが、多くの医療従事者が若いうち
から連携し地域とつながっていくことで、そんな連鎖が実現できるはずです。
　また、その思いは青森県に留まりません。医カフェのような場が自分たち
の手を離れ、日本全国にも世界中にも、どんどん広がっていくのもおもしろ

い、と思っています。実際によその地域の大学から声をかけられ、医カフェのノウハウを講演することも増えてきました。そんな横への広がりも今後の楽しみの1つとなっています。

それぞれのリーダーシップで共に目指す世界

白戸さんは現在卒業し、医師として念願の総合診療科で働いています。目指すのはオーケストラの指揮者です。総合診療科は最初に患者さんの悩みを聞き、診療科の選択をコーディネートします。最終的に治療するのはそれぞれの療科の医師です。専門家の良さを引き出し、適材適所に配置するのは総合診療科の役割です。まさに白戸さんの強みを活かせる場所です。

白戸さんは自分は何か飛びぬけたものがあったわけではなく、幼い頃から平凡な人間だった、と振り返ります。周囲の人を見てすごいなと感じることが多く、だからこそ、人の強みを引き出すことで力を発揮しようと考えたそうです。まわりの良さを引き出すことが白戸さんのリーダーシップなのです。

現在 CoCo-Cam と NPO 法人の両方の代表を務める佐々木さんは、さらにいろいろなことにチャレンジし、多岐にわたる分野でネットワークをつくっていきたいといいます。目の前の人を救うには、知識や多岐にわたるネットワークが必要だからです。

こんな2人の新旧リーダーの描く未来に共鳴する人が、今後も数多く現れるでしょう。そしてこの活動が続いていくことで、2人が目指す、医学生、医師、そして地域も巻き込んだネットワークはどんどん広がっていくのではないでしょうか。

秋田志保・平田朗子

ゆるいからこそつながれる、続けられる

1 ゆるい場をつくる人々が歩む共通プロセス

　17の事例、読者はどのようにお読みいただいたでしょうか。それぞれが17通りの異なる小さな物語でした。やりたいことや目指すことは、まさに個性そのものであり、その多様性が興味深いところです。ところが、ゆるい場をつくる人々が歩むプロセスには共通性があると感じた読者もいらっしゃるのではないでしょうか。

　ゆるい場とつくる人々が歩むプロセスにはどのような共通性があるのでしょうか。それがわかれば、今後、ゆるい場をつくりたいと思う人々、気軽に参加したいと思う人々の参考になるのではないかと思います。それは本書の目的そのものでもあります。そこで以降は、17の事例から見出すことができた共通プロセスについて分析していきます。

共通プロセスの図

まず、ゆるい場をつくる人々が歩む共通プロセスの図を示したいと思います。

図3　ゆるい場をつくる人々が歩む共通プロセス
出所）筆者作成

　この共通プロセスは、26の項目で構成されています。26の項目は、ゆるい場をつくる人々が歩む共通プロセスとして特徴があり重要であろうと考えた内容を抽出し、見出しをつけたものです。17の事例全てに共通する内容とは限りませんが、少なくとも複数の事例で観察できた内容です。本書ではこの見出しの番号を、以降は、コード番号と呼んでいきます。

　ゆるい場をつくる人々が歩む共通プロセスは、大別すると5つの段階に区分できます。26のコード番号は、この5つの段階に配置されています。5つの段階は次のとおりです。「個人の多様な特徴」「地域とゆるい場に興味を持つきっかけ」「ゆるい場の生成」「ゆるい場の発展」「今後の展望」です。以降、5つの段階にわけて、コード番号の詳細について説明していきます。

「個人の多様な特徴」

　この段階では、ゆるい場をつくる人々がもともと持っていた特徴について

説明しています。コード番号は1から5まであります。本書では、誰でもがゆるい場をつくる人々になることができると考えています。したがって、ゆるい場をつくる人々の個性は多様なものになります。多様な個性がある中でも、ゆるい場をつくることに関係がありそうだと考えられる特徴を抽出しました。

　コード番号1は「新しいことへの興味・関心」。ゆるい場をつくる人々には好奇心が強い人が多く、新しいことをとりあえずやってみようという行動もしばしば見受けられます。たとえば事例1の清水さん（謙さん）、事例2の辻さん、事例8の市川さん、事例15の谷口さんなどは、しばしば取り組んでいることや自身のキャリアが変わっていきます。こうした新しい取り組みを進める過程で、ゆるい場への取り組みが始まることも多いようです。

　コード番号2は「引っ込み思案、恥ずかしがり屋」。ゆるい場をつくる人々は、必ずしも全員が対人関係を得意であると認識しているわけではありません。むしろ、自分は引っ込み思案であり恥ずかしがり屋であると思っている人が多いくらいです。事例1の謙さんは恥ずかしがり屋で、子どもの頃は迷子の放送をされることを恐れていました。事例5の岡本さん（オカポン）は物静かで落ち着いた印象。ご自身も自分が人見知りと認識しています。しかしだからこそゆるい場をつくり、人とつながりたいという気持ちが生じるのかもしれません。

　コード番号3は「何かに夢中になる（スポーツ、音楽、天文、遊びなど）」。ゆるい場をつくる人々は、学生時代は何かに夢中になって打ち込んでいます。事例1の清水さん（謙さん）、事例2の辻さん、事例11の大道さんはサッカー、事例12の渡部さん（健さん）はテニスとサーフィンに打ち込んでいました。事例3の石井さんはお祭りと生き物、事例14のコアゼさんはタワーレコード、事例16の橋本さんは天文に夢中でした。事例11の川上さんは、徹底して遊びつくしたそうです。このような何かに夢中になった経験は、自分が楽しみたいからゆるい場をつくるという行動につながるのかもしれません。

　コード番号 4 は「リーダーか、黒子としての役割」。ゆるい場をつくる人々には、リーダーシップを発揮する人と、黒子としての役割を好む人と 2 種類にわかれるようです。事例 11 の大道さん、井出さん、川上さんは学生時代にリーダーシップを発揮することが多かったそうです。事例 17 の佐々木さんは生徒会長としてリーダーシップを発揮していました。それに対して、事例 1 の謙さんは、学生時代の性格は先頭に立つことはしないというもの。事例 7 の大西さん（ジミーさん）は、学生時代に友人たちが自宅に集まってきましたが、みんなの中心に立ち引っ張る性分ではなく、みんなの話を聞くタイプ。このリーダーと黒子という 2 種類の役割ですが、ゆるい場をつくり運営する際には、両方とも効果を発揮していきます。

　コード番号 5 は「地域外への憧れ」。ゆるい場をつくる人々は、生まれ育った地域にとどまり続ける人もいますが、地域外に憧れ、外の世界に飛び出していく人もいます。代表例は事例 15 の谷口さん。谷口さんは地元を刺激のない田舎と思い、テレビに映る華やかな都会に憧れ、実際に福岡の市街地に住むことになりました。ゆるい場をつくる人々にとって、いったんは生まれ育った地域を離れる、あるいは全く異なる地域へ移住することは珍しいことではないのです。

「地域とゆるい場に興味を持つきっかけ」

　ゆるい場をつくる人々は、もともと地域とゆるい場に興味を持っていたわけではありません。なんらかのきっかけを経て興味を持つようになっていったのです。この段階では、そのきっかけについて詳しく述べていきます。コード番号は 6 から 11 まであります。

　コード番号 6 は「東日本大震災などの災害の衝撃」。やはりこの時代を生きる人々にとって、東日本大震災の影響は大きいものでした。事例 4 の齋藤さん、事例 11 の大道さんは被災地で出会った人の言動に心を打たれ、人生の方向性が大きく変わってしまいました。事例 10 の佐々木さんは震災復興の取り組みをする団体に転職し、それがゆるい場への取り組みにつながっていきま

した。事例 13 の山本美賢さんは被災地の支援への取り組みを通して、地域活動に深く関わるようになっていきました。

コード番号 7 は「移住や転勤などの新しい土地との出会い」。事例 1 の謙さんは子育てのために茅ヶ崎市に移住したことが地域と関わるきっかけとなりました。事例 2 の辻さんは、妻の実家に近い弘前市に移住しゆるい場をつくりあげました。事例 4 の齋藤さんは、今まで住んでいた地域から意図的に離れてゆるい場をつくりました。事例 11 の川上さんは新卒入社時に富士市に配属され、富士山がある富士市に魅力を感じることになりました。

コード番号 8 は「地元への思いの再確認（U ターン含む）」。事例 6 の渡辺さんは一度地元を離れた事で、改めて地元の良さに気づき、29 歳で町内会役員になりました。事例 15 の谷口さんは、祖父母のために実家に帰省していた 4 年間が、嫌いだった田舎の魅力を再確認する熟成期間になりました。

コード番号 9 は「自分自身の辛い体験」。事例 7 のジミーさんは心療内科に通院し、休職することに。それがきっかけで「マインドフルネスカフェ」に申し込み、チガラボと出会い、とまり木をつくることにつながっていきました。事例 12 の健さんは、経営していたスーパー A 社が倒産してしまい、関係者にお詫びを続けるという苦しい時期を過ごしました。2 人にとってはこうした辛い体験があったからこそ、その体験がゆるい場をつくる意味につながっていったのでした。

コード番号 10 は「社会課題への問題意識」。ゆるい場をつくる人々は、様々な社会課題への問題意識を持っています。たとえば事例 6 の渡辺さんは町内会活動で感じた地域での課題。事例 9 の四條さんは、定年後の孤独という課題。事例 10 の佐々木さんは震災復興の取り組みで感じた、焼畑農業と呼ばれる課題。事例 17 の白戸さんは、病院以外に健康や医療の話が気軽にできる場がないという課題。これらの課題を自分自身の課題して受け止め、それをなんとかしたいという気持ちがゆるい場へとつながっていました。

コード番号 11 は「ゆるく話すことの良さの認識」。ゆるい場は、ゆるい場

を生みだします。事例1のチガラボ、事例2のHLSに参加した人々は多くの
ゆるい場を生み出しました。ゆるい場で多世代の人々とフラットに楽しく話
せたという実感が、自らがゆるい場をつくりたいという気持ちにつながって
いくのです。

「ゆるい場の生成」

　様々なきっかけでゆるい場をつくることに取り組み始めた人々。ただそれ
は簡単な道のりではなく、苦労やそれを乗り越える工夫がありました。この
段階では、ゆるい場をつくっていく中で生じる出来事を説明します。コード
番号は12から16まであります。

　コード番号12は「ひたすら人脈を開拓する」。移住や転勤で新しい地域に
住むことになった場合、そこでゆるい場をつくるために人脈の開拓が必要に
なることもあります。代表例は事例2の辻さん。移住してから9か月間、肝
臓を酷使しながら毎晩飲み続け、弘前の多様な人々の対話を繰り返し、自身
の理想とする「ルイーダの酒場」のようなゆるい場をつくりあげました。

　コード番号13は「支援者の登場」。ゆるい場をつくる人々の思いに共感した
地域のキーパーソンが支援者となることは、ゆるい場の実現につながります。
たとえば事例1の謙さんと事例12の健さんにとっては、地域のキーパーソン
である藁品さんの存在が大きな助けになりました。事例2の辻さんにとって
は、かだれ横丁という屋台村で飲んでいた時に、弘前市のまちづくりを進め
るキーパーソンである大浦さんに共感してもらえたことがHLSの実現につ
ながっていきました。事例6の渡辺さんにとっては、町内会長からの手紙の
返信が大きな心の支えになりました。

　コード番号14は「対人関係の葛藤」。ゆるい場をつくりあげていく時期に
は、対人関係の悩みも生じます。事例4の齋藤さんは、自分と気が合わない
ゆるい場のメンバーとの関係に悩みました。事例5のオカポンは、ゆるい場
をしっかり運営しなくてはと思い始めたことで他のメンバーと距離感が生ま
れてしまいました。しかし2人ともこの問題を乗り越え、心地良いゆるい場

を実現することになります。

コード番号 15 は「メンバーに助けてもらう、決めてもらう」。事例 4 の齋藤さんと事例 5 のオカポンは、ゆるい場の運営を自分だけで抱え込まず、それをメンバーに委ねていくことで対人関係の葛藤を乗り越えていきました。事例 7 のジミーさんは、本棚オーナーたちから、「ジミーさんが頼りなさすぎる」と口々に語られます。そしてジミーさんが頼りないからこそ、本棚オーナーたちはジミーさんがハッピーになるように工夫し、とまり木がさらに心地良い場になっていくのです。

コード番号 16 は「多世代がフラットに話せるしかけの構築」。これは常連がえらくないためのしかけであり、ゆるい場の初期段階から様々な工夫が凝らされます。事例 1 のチガラボでは、「気軽に参加する→整理して発信する→イベントを主催する→活動を始める」という誰でもが登れる階段をつくることで、多世代が気軽に参加できるようにしています。事例 2 の HLS では、発足当初はとにかく多くのイベントを実施して多様な層に参加してもらい、その多様な層にまじりあってもらうようにしていました。同時に「金曜の夜は、ふらっと」という、参加者が食べ物や飲み物を「ふらっと」持ち寄り、年齢、地位、肩書に囚われずフラットに会話を楽しむという象徴的な企画を実施していました。食によって、参加者がフラットに話せるという工夫は、他の事例でも様々に実施されています。また事例 3 の EdiblePark のように畑の中に休憩所がある、事例 15 の焚き火編集室のように焚き火を囲んで人々が対話する、など自然の中で対話することも多世代がフラットに話せるしかけになっています。

「ゆるい場の発展」

ゆるい場の運営が軌道に乗り始めると、より持続的な仕組みへと発展させていく段階へと移行していきます。この段階のコード番号は 17 から 21 まであります。

コード番号 17 は「事務局の交代、多様化」。ゆるい場が発展し始めると、

事務局が代替わりする、人数が増えチーム化する、という状況が見受けられるようになります。事例1のチガラボのスタッフは10人ほどにまで増え、謙さんは別の事業に奔走し、運営はスタッフに任せるようになっていきました。事例2のHLSでは、その運営を学生としてアルバイトをしていた佐藤綾哉さんに託すことになりました。事例17では、白戸さん、佐々木さんの教えを受けた後輩たちが運営主体者として活動するようになってきています。このように事務局が交代し多様化していくと、ゆるい場の持続性が高まっていくといえるでしょう。

コード番号18は「多様な関係者との連携強化」。ゆるい場がその地域で認知されていくと、多様な関係者との連携が強化されていきます。事例2のHLSは、「まちなかキャンパス（まちキャン）」プロジェクトで弘前市、弘前大学、土手町商店街と連携しました。このような自治体、学校、商店街との連携は典型例といえるでしょう。事例11ではF-designが、富士市のシティプロモーション課と組んだうえで、5つのゆるい場である市民団体と連携してワークショップを行いました。このようにゆるい場同士がつながるようになっていくことも発展期の特徴です。

コード番号19は「異なる対象層へのアプローチ」。ゆるい場は多世代の人が集まることが特徴ですが、それでも初期段階は主な対象として定めている層があります。ところがゆるい場が発展していくにしたがい、その対象層が拡大していくのです。たとえば事例2のHLSは、まちの学校として学生を主とした対象層と考えてきました。その後、運営が軌道に乗ってきた段階では、子育て世代も対象層の狙いに含め、子連れで働ける場づくりを目指して、HLSの2階に「おやこコラーニングスペースcotto」を開設しました。

コード番号20は「ルールは決めない、臨機応変な対応」。ゆるい場はメンバーの意向でその内容を変化させていくことによって、発展していくようです。事例4の齋藤さんは、コミュニティの運営は決め過ぎないことが大事だと考えていました。事例7のジミーさんは、ゆるい場ではお互いに話し合え

ば済むことであればそれでいいし、ルールを決めるとこのプロセスが省略されてしまい、つながりが生まれにくくなってしまうと考えています。事例5のオカポンは、ゆるい場はしっかりやらなくても運営できればそれで良いと考えています。事例16の橋本さんは、組織の目的が高すぎると排他的になるので、強固な目的を持つよりもゆるい方が面白く、ゆるい方が遠くまで行けるのではないかと考えています。

コード番号21は「新しいゆるい場が生まれる」。本書の事例のゆるい場の関係性を見るとわかるとおり、事例1のチガラボと事例2のHLSからは、様々な新しいゆるい場が誕生しました。ゆるい場はゆるい場を生んでいくのです。

「今後の展望」

ゆるい場をつくる人々は、その将来に様々な展望を持っています。そしてその視野はゆるい場そのものにとどまらず、地域や社会に広がっていきます。この段階のコード番号は22から26まであります。

コード番号22は「楽しさ、寛容さ、カッコよさの社会への発信」。ゆるい場をつくる人々は、ゆるい場の活動によって、楽しさ、寛容さ、カッコよさが社会に発信されていくと考えています。事例5のオカポンは、ゆるい場の活動に「みんなが関与する社会になれば、みんなが寛容になる」と考えています。事例14のコアゼさんのこれからの展望は「かっこいい大人を増やすこと」。事例15の谷口さんは、ゆるい場の活動の原動力は「自分が楽しいと思うことで人が集まって、そこから何かが生まれること」だと考えています。

コード番号23は「新しい場への取り組み」。ゆるい場をつくる人々は、さらに新しい場づくりに取り組み始めることがあります。事例1の謙さんは、横浜市港北区日吉でマンションコミュニティをつなぐカフェレストランを立ち上げました。事例2の辻さんは、2024年に愛媛県今治市で開校する「FC今治高校里山校」の校長として、日本の学校教育を変える取り組みを始めています。事例8の市川さんは、Polarisとは別に小回りのきく会社を設立し、新しい取り組みを始めています。このようにゆるい場は、しばしば次の新し

い取り組みにもつながっていきます。

　コード番号24は「発展的な解消」。ゆるい場の理念が実現することは、そのゆるい場が発展的に解消することでもあります。事例1の謙さんは、チガラボという存在がなくても、まち自体がラボ（実験の場）になることが理想だと考えています。事例17の白戸さんと佐々木さんは、医カフェが自分たちの手を離れ、日本全国にも世界中にも広がっていくことがおもしろいと考えているのです。

　コード番号25は「地道な継続」。発展的な解消とは対極の考え方かもしれませんが、せっかくつくったゆるい場をずっと続けたいという思いを持っている人も多くいます。事例3の石井さんは、EdibleParkを30〜35名くらいのお互いの顔がわかる規模で継続したいと考えています。事例4の齋藤さんは、サスティナブルライフ研究会に仕事という要素を取り入れ、発展させていこうと考えています。今後は松葉や竹細工、柑橘類といった湘南の特産物を有効利用した事業の展開を描いているのです。事例9の四條さんは、セカンドワーク協会を、①会員サービスの強化、②広報活動の強化、③事業リソースの強化、によって発展させていこうとしています。このように、ゆるい場が地道に継続していくことも重要なことでしょう。

　コード番号26は「地域内外のゆるい場同士の連携」。コード番号18の「多様な関係者との連携強化」では地域内のゆるい場が連携する状況がありました。このコードでは、ゆるい場の展望として、地域という枠組みを越えた連携を目指すことになります。事例2の辻さんは、まちの学校のコンセプトを日本の学校教育全体の変革につなげようとしています。事例13の溝の口減災ガールズは、「溝の口」という名称をあえてつけています。それは地形や環境など条件が違う各地域で、当地の減災ガールズ・ボーイズ・ファミリーができることへの願いを込めているからです。そして事例17の白戸さんと佐々木さんは、医カフェのコンセプトを日本全国と世界中に広げようと考えているのです。

ストーリーライン

　ここまで述べてきたゆるい場をつくる人々が歩む共通プロセスは、ストーリーライン（プロセスのストーリーとしての説明）としては、次のとおりとなります。

　ゆるい場をつくる人々の個性には「個人の多様な特徴」があります。その多様な特徴は、「地域とゆるい場に興味を持つきっかけ」に出会うことで「ゆるい場の生成」につながっていきます。ただそれは簡単な道のりではなく、ゆるい場をつくる人々は苦労しながらも、それを乗り越えていきます。うまく苦労を乗り越えると「ゆるい場の発展」の段階に移行します。この段階ではゆるい場が、より持続的な仕組みへと発展していく工夫がこらされます。こうして持続的な仕組みが構築されたゆるい場は、より地道に継続したり、新しい段階に発展したり、地域内外と連携したりという「今後の展望」を持つことになっていくのです。

2　ゆるい場は共振する

　ゆるい場をつくる人々が歩む共通プロセスで示されたとおり、ゆるい場はゆるい場から新しく生まれ、地域内外で連携します。そして共感する多様な人々が参加していきます。こうした現象を、「ゆるい場は共振する」と呼んでも間違いではないでしょう。

　筆者は、さらなるゆるい場の共振は、従来型の地域コミュニティ（義務的共同体）において生じてこそ意義があると考えています。序章で述べたとおり、従来型の地域コミュニティは地域の機能維持という重要な役割を果たしています。特に近年では防災という観点で注目されています。しかし、従来型の地域コミュニティへの参加は義務的（強制された自発性）であり、人間関係が濃密で、階層的な上下関係が生じやすいという負の側面がありました。

　これを地域防災・事前復興まちづくりという観点で取り組んでいるのは、

高知市の職員であり、また自らが高知市土佐山で暮らす住民である山中晶一さんです。山中さんは、下流域に生態系サービスを提供している上流域の暮らしと営みの持続可能性に危機感を募らせ、そこに住んでいる人だけではなく下流域や流域外からも関わる人を増やしたいと、「土佐山百年構想」や「鏡川流域関係人口創出事業」を通して多様な取り組みを進めてきました。上流地域と下流地域を分断して捉えるのではなく、一体化して捉える。さらに流域以外の関係者にも、関係人口としてつながってもらう。そうした流域内外のつながりこそが、平時にも災害時にも有効なのです。

　鏡川の流域にある中山間地域から都市部までが一体となっていくためには、それぞれの地域コミュニティに目的交流型サードプレイス（ゆるい場）の要素を取り入れていくことが必要。それでこそ多様な人々がゆるくつながる。そう考えた山中さんは、鏡川流域の自然と人、人と人をつなぐ「鏡川流域関係案内人」という役割を導入しました。この流域関係案内人が、鏡川流域の上流と下流、流域内と流域外の多様な人々をつなげるハブになっているのです。それは、高知のお座敷遊びなどによって楽しくつながることでもあります。

　ゆるい場が共振し、コミュニティの種類を問わず、その要素が広がっていく。そんな未来では、日本で暮らす人々の人生に楽しさという要素がどんどん取り入れられていくのではないでしょうか。

石山恒貴

あとがき

　事例 1 のチガラボについて原稿を書き終え、やれやれ、やっとやり遂げたと思った時のことです。清水さん（謙さん）に内容を確認いただくため、筆者は原稿を Facebook メッセンジャーで送りました。それに対して謙さんから返信されてきたメッセンジャーを読み、驚きを禁じえませんでした。謙さんは原稿についてお礼を述べるとともに、チガラボを 2024 年 3 月末にクローズする、とメッセージを送ってきたのです。

　その理由は次のようなものでした。2017 年 1 月にチガラボがスタートし、人のつながりから数多くの「たくらみ」が生まれ、個性ゆたかな地域のプレイヤーが増えたこと。チガラボから生まれたサステナブルライフ研究会＠湘南（サス研）やとまり木に代表されるように、「たくらみ」を支える素晴らしい場が育ってきたこと。それを象徴するように、「湘南のきさきフルーツプロジェクト」という取り組みがトヨタ財団の 2023 年度 国内助成プログラムとして採択されたこと[35]。そう考えると、チガラボは一定の役割を果たし終えたと思えること。さらに、まち自体がゆるやかなラボ（実験の場）になっていくのではないかと思えること。そして謙さん自身が、新たな挑戦に取り組みたいと思っていること。

　事例 1 では、新しいことに挑戦し続ける謙さんの姿を描いていました。またチガラボの今後の展開としては、最終的にはチガラボという存在がなくても、まち自体がラボ（実験の場）になればいいという謙さんの思いについても記載していました。ただ筆者は、「最終的にはチガラボという存在がなくなる」ことは遠い将来のことではないかと漠然と思っていました。まさか本書が世の中に上梓される前に、チガラボがなくなってしまうとは、筆者は夢にも思っていなかったのです。名残惜しいということが率直な気持ちでした。

　同時に、謙さんらしいなと思いました。謙さんの今までのキャリアを考えてみても、常に新しい分野に挑戦し続けてきました。そうなると、チガラボで一定の役

割を果たし終えたと感じたのなら、次の分野に挑戦したくなることもよくわかると筆者には思えたのです。

　その後、チガラボを訪問した時に、湘南のきさきフルーツプロジェクトについてサス研の齋藤さんから詳しくお話を伺いました。このプロジェクトは、サス研がリーダーで、湘南スタイル、チガラボ、とまり木をコアメンバーとして結成されたもの。本書でいえば、事例 1、4、7、12 のゆるい場が協働したプロジェクトです。東北から湘南に移住してきた齋藤さんにとっては、各家庭でよく見かける軒先のフルーツがとても珍しいものに見えたそうです。それは湘南の気候の温暖さ、ゆるやかな暮らしを象徴する美しい風景です。同時に齋藤さんには、それらの軒先のフルーツが利用されないままになってしまっていることが、とてももったいなく思えました。

　軒先のフルーツを、未利用の資源として活用する。そして地域の有志がフルーツを収穫することによって、ご近所同士のつながりを深めていく。収穫されたフルーツは、新たな湘南ブランドを冠されることで 6 次産業化していく。これは、まさに謙さんが感じたように「地域にひらいたプロジェクト」であり、まちをラボとする象徴的な取り組みでしょう。そして東北からやってきて、チガラボで成長した齋藤さんだからこそ思いつくことができたプロジェクトでしょう。謙さんがチガラボは一定の役割を果たし終えた、と感じた理由を体感することができました。

　クローズ間近のチガラボで、メンバーの何人かにクローズの感想を聞いてみました。感想として共通していたことは、正直名残惜しいと思うものの、チガラボが目指してきたことを自分たちが茅ヶ崎で継続したいという思いでした。やはり、ゆるい場としてのチガラボの思いは多くの人に継承されているのです。

　そして謙さんは、今後は日本全国での不動産そのものなどハードとしての場づくりに貢献するための取り組みに挑戦したいということでした。今までの謙さんのキャリアはソフトとしての場づくりに関する取り組みが中心。それを全く異なる方向に変えていく挑戦。さすがだと思いました。

　チガラボのクローズはゆるい場の本質を示していると筆者は思います。つくり上

げたゆるい場そのものを維持することが重要なことなのではない。その本質が多くの人々や団体に共振し、受け継がれていけばいいのだ、ということなのです。

本書の表紙のイラストは、事例1のチガラボのイベントで知り合ったイラストレーターのDOTさんにお願いしました。DOTさんには、「多様な人たちがゆるくつながるチガラボっぽい雰囲気を描いてほしい」とお願いしました。このお願いにDOTさんは、「多世代」「湘南（海）」「すでにつながっている人とこれからつながっていこうとする人たち」を意識しつつ、たくさんお世話になったチガラボへの感謝の気持ちも込めてイラストを描いてくださったそうです。まさに本書の雰囲気を表現するイラストが出来上がったと思います。

本書は研究室のメンバーとのフィールドワークを中心として編纂されました。2021年12月における新宿区のそらとだいちの図書館と戸山ハイツ団地へのフィールドワーク。2022年8月において、チガラボとmachimoriを訪問した茅ヶ崎と熱海での夏合宿。2022年11月においてHLSを訪問した弘前でのフィールドワーク。2023年3月において、マッチングセンターのお話を聞いた長浜での春合宿。こうした研究室の取り組みそのものがゆるい場となり、執筆者一同の思いがなにがしか社会に共振していくことになれば、望外の喜びです。

また本書は、学芸出版社代表取締役・井口夏実さんが企画に共感いただいたことにより実現し、世に問うことができました。井口さんの本書出版に関する多大なご支援に心より感謝いたします。また井口さんとともに、編集をご担当いただいた安井葉日花さんには、企画・校正・販促まで幅広くご支援いただきました。安井さんのご貢献にも心より感謝いたします。

2024年2月に訪問したクローズ間近のチガラボで　執筆者を代表して
石山恒貴

謝辞

本書の取材にご協力いただいた関係者のみなさまに、心より感謝申し上げます。みなさまなくして、本書は成立しませんでした。みなさまの思いをうまく伝えられていることを願わずにはいられません（各章、各事例での掲載順は、本書での記載順にしたがっています）。

序章　　：呉哲煥さん、土肥潤也さん、西原宏夫さん、中島あきこさん、山森達也さん、川村結里子さん
事例　1：清水謙さん、梅本龍夫さん
事例　2：辻正太さん、安斎輝夫さん、境江利子さん、佐藤綾哉さん
事例　3：石井光さん
事例　4：齋藤佳太郎さん
事例　5：岡本克彦さん
事例　6：矢沢正春さん、小野内裕治さん、萬谷ひとみさん、そらとだいちの図書館活動を支え・応援下さっている図書館職員・地域のみなさま
事例　7：大西裕太さん
事例　8：市川望美さん、山本弥和さん、大槻昌美さん、野澤恵美さん、Polarisに関わっているみなさま
事例　9：四條邦夫さん
事例10：市來広一郎さん、machimori　社会共創事業部メンバーのみなさん
事例11：大道和哉さん、井出幸大さん、川上大樹さん
事例12：渡部健さん、藁品孝久さん
事例13：山本詩野さん、山本美賢さん、木村奈穂子さん、鈴木さおりさん、畑野ちか子さん
事例14：コアゼユウスケさん、平井丈夫さん
事例15：谷口竜平さん、中村昌史さん、久間敬介さん
事例16：橋本勘さん、隅田あおいさん、北川勇夫さん
事例17：白戸蓮さん、佐々木慎一朗さん
終章　　：山中晶一さん

注

(1)
Oldenburg, R. (1989) *The Great Good Place: Cafés, Coffee Shops, Bookstores, Bars, Hair Salons and Other Hangouts at the Heart of a Community*, NY: Marlowe & Company. (忠平美幸訳 (2013)『サードプレイス—コミュニティの核となる「とびきり居心地よい場所」』みすず書房.)

Oldenburg, R. and Brissett, D. (1982) "The Third Place," *Qualitative Sociology*, Vol.5(4), pp.265-284.

(2)
石山恒貴 (2019)『地域とゆるくつながろう—サードプレイスと関係人口の時代』静岡新聞社.

(3)
熊沢誠 (1989)『日本的経営の明暗』筑摩書房.

(4)
片岡亜紀子・石山恒貴 (2017)「地域コミュニティにおけるサードプレイスの役割と効果」『地域イノベーション』Vol.9, pp.73-86.

小林重人・山田広明 (2014)「マイプレイス志向と交流志向が共存するサードプレイス形成モデルの研究—石川県能美市の非常設型「ひょっこりカフェ」を事例として」『地域活性研究』Vol.5, pp.3-12.

(5)
日本経済新聞 (2022年5月7日)「車の中で自分らしく　職場・家庭以外の「第3の場所」に」
https://www.nikkei.com/article/DGXZQOUE079P80X00C22A3000000/　(2024年2月12日最終アクセス)

(6)
前掲書 Oldenburg (1989)

(7)
あなたの静岡新聞 (2023年10月11日)「第3の居場所づくりに力　研究会設立　観光に新たな特色　三島市観光協会」
https://www.at-s.com/news/article/shizuoka/1333796.html　(2024年2月13日最終アクセス)

(8)
小さな物語と大きな物語は、もともと哲学者であるジャン＝フランソワ・リオタールのポスト・モダンという概念に基づくメタファー（喩え）です。しかし本書では、ゆるい場に関連してポスト・モダンの概念を発展させ、小さな物語と大きな物語という言葉を使用しています。

(9)
前掲書 Oldenburg (1989)

(10)
広井良典 (2010)「コミュニティとは何か」広井良典・小林正弥編著『コミュニティ：公共性・コモンズ・コミュニタリアニズム』勁草書房, pp.11-32.

(11)
Tuan, Y. F. (1977) *Space and place: The perspective of experience*, Minneapolis: University of Minnesota Press. (山本浩訳 (1993)『空間の経験』筑摩書房.)

(12)
吉永明弘 (2010)「場所の感覚とグローカルなコミュニティ論—コスモポリタン的炉端の概念をヒントに」広井良典・小林正弥編著『コミュニティ：公共性・コモンズ・コミュニタリアニズム』勁草書房, pp.11-32.

(13)
特定非営利活動法人 CR ファクトリーホームページ　https://crfactory.com/　(2024年2月21日アクセス)

(14)
土肥潤也・若林拓哉 (2023)『わたしのコミュニティスペースのつくりかた：みんとしょ発起人と建築家の場づくり』ユウブックス.

(15)
あひる図書館ホームページ　https://mamatone.net/ahiru-library/　(2024年2月19日最終アクセス)

(16)
ゲストハウス giwa ホームページ　https://www.giwa-guesthouse.com/　(2024年2月19日最終アクセス)

(17)
ワーカーズリビング三島クロケットホームページ　https://www.crqt.work/　(2024年2月19日最終アクセス)

(18)
Krumboltz, J. D. (2009). "The happenstance learning theory," *Journal of career assessment*, 17(2), pp.135-154.

(19)
川崎市ホームページ　https://www.city.kawasaki.jp/nakahara/cmsfiles/contents/0000116/116076/kosugiF.pdf　（2023 年 10 月 9 日最終アクセス）

(20)
2011 年に社会的な価値創造や課題解決を促すテーマに対し、企業・団体と連携しながら、様々なダイアログ手法を用いたワークショップ運営を行う場として発足。

(21)
絵、イラスト、図、グラフなどを使って、リアルタイムに会議やイベントの内容を記録していく手法。

(22)
コミュニティカレッジ・コンソーシアムが運営する全国のコミュニティカレッジが学びを共有することができる機会をつくることを目的に設立。
コミュニティカレッジ・コンソーシアムホームページ　https://comcolb.jimdofree.com（2024 年 3 月 29 日最終アクセス）

(23)
東京商工リサーチ（2020 年 6 月 19 日）「2019 年一般社団法人の新設法人調査」
https://www.tsr-net.co.jp/data/detail/1189938_1527.html　（2023 年 9 月 24 日最終アクセス）

(24)
内閣府 NPO「NPO 基礎情報 -NPO 統計情報 - 認証・認定数の遷移」
https://www.npo-homepage.go.jp/about/toukei-info/ninshou-seni　（2023 年 9 月 20 日アクセス）

(25)
新将命（2011）『伝説の外資トップが説く 働き方の教科書』ダイヤモンド社 , pp.45-46.

(26)
NPO としての Web サイト制作実績については、こちらのセカンドワーク協会の Web ページ「Web 制作実績」（https://second-work.or.jp/web-creation/web-support/）をご覧ください。

(27)
後房雄・藤岡貴美子（2016）『稼ぐ NPO 利益をあげて社会的使命へ突き進む』カナリアコミュニケーションズ , p.107.

(28)
総務省統計局「令和 2 年度国勢調査　調査の結果」
https://www.stat.go.jp/data/kokusei/2020/kekka.html　（2024 年 8 月 5 日最終アクセス）
総務省統計局「平成 30 年住宅・土地統計調査　調査の結果」
https://www.stat.go.jp/data/jyutaku/2018/tyousake.html　（2024 年 8 月 5 日最終アクセス）

(29)
NPO 法人湘南スタイルホームページ　https://www.shonan-style.jp/　（2024 年 3 月 27 日最終アクセス）

(30)
茅ヶ崎カンパニーホームページ　https://chigasaki.company/　（2024 年 3 月 27 日アクセス）

(31)
内閣府「減災のてびき（減災啓発ツール）＊」
https://www.bousai.go.jp/kyoiku/keigen/gensai/tebiki.html　（2024 年 3 月 27 日最終アクセス）
＊：災害による被害をできるだけ小さくするためのすぐできる備えをまとめた減災啓発ツール。

(32)
写真提供：一般社団法人防災ジオラマ推進ネットワーク

(33)
写真提供：満田結子さん

(34)
tvk（テレビ神奈川）（2023 年 8 月 27 日放送）『カナフル TV＊』
＊：神奈川県広報番組。毎週日曜よる 6 時〜放送中。出演者：田崎日加理（司会）・刈川杏奈（リポーター）。

(35)
PR TIMES（2023 年 11 月 10 日）「軒先未活用フルーツを使って地域のつながりをつくる、『湘南のきさきフルーツプロジェクト』始動！」
https://prtimes.jp/main/html/rd/p/000000010.000120669.html　（2024 年 2 月 24 日最終アクセス）

編著者

石山 恒貴（いしやま のぶたか）

法政大学大学院教授。一橋大学社会学部卒業、産業能率大学大学院経営情報学研究科修士課程修了、法政大学大学院政策創造研究科博士後期課程修了、博士（政策学）。NEC、GE、米系ライフサイエンス会社を経て、現職。越境的学習、キャリア形成、人的資源管理、タレントマネジメント等が研究領域。日本労務学会副会長、人材育成学会常任理事、産業・組織心理学会理事、人事実践科学会議共同代表、一般社団法人シニアセカンドキャリア推進協会顧問、NPO法人二枚目の名刺共同研究パートナー、フリーランス協会アドバイザリーボード、専門社会調査士等。主な著書に『地域とゆるくつながろう！─サードプレイスと関係人口の時代』『カゴメの人事改革─戦略人事とサステナブル人事による人的資本経営』『越境学習入門─組織を強くする冒険人材の育て方』『日本企業のタレントマネジメント─適者開発日本型人事管理への変革』など。

著者

秋田 志保（あきた しほ）料理家／法政大学大学院政策創造研究科研究生、修士（政策学）

大川 朝子（おおかわ ともこ）出版社勤務／法政大学大学院政策創造研究科修士課程修了、修士（政策学）

小山田 理佐（おやまだ りさ）地域ICT化支援講師／法政大学大学院政策創造研究科修士課程修了、修士（政策学）

片岡 亜紀子（かたおか あきこ）早稲田大学グローバルエデュケーションセンター講師／法政大学大学院兼任講師／法政大学大学院政策創造研究科博士後期課程修了、博士（政策学）

北川 佳寿美（きたがわ かずみ）キャリアコンサルタント・精神保健福祉士／法政大学大学院キャリアデザイン学研究科修士課程修了、修士（キャリアデザイン学）

近藤 英明（こんどう ひであき）不動産会社勤務／法政大学大学院政策創造研究科博士後期課程在籍、修士（政策学）

佐々木 梨華（ささき りか）社会事業コーディネーター（一般社団法人RCF／株式会社machimori）／法政大学大学院政策創造研究科修士課程修了、修士（政策学）

佐藤 雄一郎（さとう ゆういちろう）教育機関勤務／消費者関連事業者団体研究所長／法政大学大学院政策創造研究科博士後期課程修了、博士（政策学）

谷口 ちさ（たにぐち ちさ）高知大学学び創造センターキャリア開発ユニット特任助教／法政大学大学院政策創造研究科博士後期課程在籍、修士（政策学）

平田 朗子（ひらた さえこ）人材サービス会社PMO／法政大学大学院政策創造研究科修士課程修了、修士（政策学）

本多 陽子（ほんだ ようこ）フリーランスPR／法政大学大学院政策創造研究科研究生、修士（政策学）

宮下 容子（みやした ようこ）法政大学大学院政策創造研究科修士課程在籍

森 隆広（もり たかひろ）企業人事／法政大学大学院政策創造研究科修士課程修了、修士（政策学）

八代 茂裕（やしろ しげひろ）短期大学職員／法政大学大学院政策創造研究科修士課程修了、修士（政策学）

渡辺 萌絵（わたなべ もえ）キャリアコンサルタント／そらとだいちの図書館コミュニティリーダー／法政大学大学院政策創造研究科修士課程在籍

ゆるい場をつくる人々
サードプレイスを生み出す 17 のストーリー

2024年 9月20日 第1版第1刷発行
2024年10月30日 第1版第2刷発行

編著者	石山恒貴
著者	秋田志保・大川朝子・小山田理佐・片岡亜紀子・北川佳寿美・近藤英明・佐々木梨華・佐藤雄一郎・谷口ちさ・平田朗子・本多陽子・宮下容子・森隆広・八代茂裕・渡辺萌絵
発行者	井口夏実
発行所	株式会社 学芸出版社 〒600–8216 京都市下京区木津屋橋通西洞院東入 電話 075-343-0811 http://www.gakugei-pub.jp/ E-mail info@gakugei-pub.jp
編集	井口夏実・安井葉日花
DTP	梁川智子
装丁	美馬智
挿画	DOT
印刷・製本	モリモト印刷

© 石山恒貴ほか　2024　　　　Printed in Japan
ISBN978-4-7615-2907-9

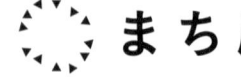